拉美 非洲 跨境电商新平台开拓指南

A GUIDE FOR CROSS-BORDER E-COMMERCE DEVELOPMENT ON NEW PLATFORMS

钟佩滢　童阳帆　檀铭芳 ——— 编著

LATIN AMERICA AND AFRICA

中国海关出版社有限公司
中国 · 北京

图书在版编目（CIP）数据

拉美、非洲跨境电商新平台开拓指南 / 钟佩滢，童阳帆，檀铭芳编著. —北京：中国海关出版社有限公司，2020.3

ISBN 978-7-5175-0399-6

Ⅰ. ①拉… Ⅱ. ①钟… ②童…③檀… Ⅲ. ①电子商务—拉丁美洲—指南 ②电子商务—非洲—指南 Ⅳ. ① F737.304.6-62 ② F734.004.6-62

中国版本图书馆 CIP 数据核字（2019）第 236984 号

拉美、非洲跨境电商新平台开拓指南

LAMEI、FEIZHOU KUAJING DIANSHANG XIN PINGTAI KAITUO ZHINAN

作　　者：钟佩滢　童阳帆　檀铭芳
责任编辑：景小卫
策划监制：赵宇
出版发行：中国海关出版社有限公司
社　　址：北京市朝阳区东四环南路甲 1 号　　邮政编码：100023
网　　址：www.hgcbs.com.cn
编 辑 部：01065194242-7535（电话）
发 行 部：01065194221/4227/4238/4246（电话）　01065194233（传真）
社办书店：01065195616（电话）　01065195127（传真）
http://www.customskb. com（网址）
印　　刷：北京鑫益晖印刷有限公司　　经　　销：新华书店
开　　本：710mm × 1000mm　1/16
印　　张：17.5　　字　　数：287 千字
版　　次：2020 年 3 月第 1 版
印　　次：2020 年 3 月第 1 次印刷
书　　号：ISBN 978-7-5175-0399-6
定　　价：56.00 元

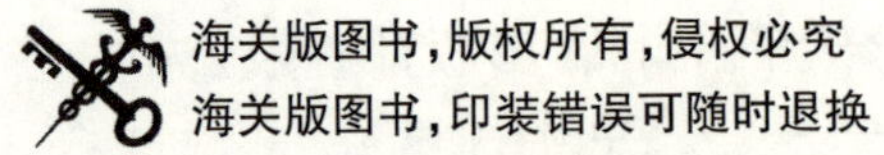
海关版图书，版权所有，侵权必究
海关版图书，印装错误可随时退换

序

我对《跨境电商新平台开拓指南》系列丛书是由衷地赞叹和喜爱。

这3个月以来，尽管工作很忙，但我仍然抽出时间深入地阅读了《跨境电商新平台开拓指南》系列的三本书。

个人认为，这是一套关于跨境电商开拓“新大陆”的很棒的指南！

例如，在“运营实操”章节，这套丛书如备受赞誉的宜家产品使用说明书一样友好。即便是一位电商新人，也能够依照章节指引，无障碍入驻平台，展开“新大陆”电商的创业梦想。

至于东南亚、印度、中东、拉美和非洲的电商大势，丛书开宗明义，以坚实的数据做了极为清晰和简明的解读。

如它的两部姊妹篇一样，《拉美、非洲跨境电商新平台开拓指南》的“友好与聪明”，让我想起了世界上第一册真正意义上的使用说明书。

18世纪末，詹姆斯·瓦特（James Watt）制造了最初的文字复印机，比这更了不起的是他亲自绘制了附在机器上并被公认为世界上最早的使用说明书。

两百多年来，研究者认定了一册好的说明书，应该像“詹姆斯·瓦特说明书”一样有三个基本原则：

第一，指导用户解决问题；

第二，简单、直接、易于理解；

第三，知道下一步该做什么。

相信我，《拉美、非洲跨境电商新平台开拓指南》是你和拉美、非洲电商“新大陆”之间，最短的直线。

2020 年 1 月

——王树彤，企业家，现任敦煌网首席执行官。1993 年担任微软公司市场服务部经理和事业发展部经理；1999 年担任思科公司市场营销部经理，同年创立卓越网；2004 年创立敦煌网。在 2018 年度“商界木兰”榜单中，王树彤排名第 4 位。

前 言

近年来，跨境电商成为社会各界关注的焦点，中国电子商务的发展，促使传统贸易方式转变与升级，给国内创业者及企业带来了前所未有的重大发展机遇。如今的跨境电商行业已不再是几年前的形势，以欧美市场为主流的跨境电商平台竞争日趋激烈。放眼全球，越来越多的新兴市场正在崛起。尤其是以东南亚、印度、中东、拉美、非洲为代表的电商“蓝海”市场发展高歌猛进。

但是，在跨境电商行业“掘金”也存在诸多阻碍，如各国的税务新规、消费习惯、审美观念、宗教信仰等方面存在差异，新兴市场消费者和国内消费者的需求不同等。在开拓新的跨境电商市场方面，国内企业如何抓住转瞬即逝的发展机遇，在“巨头”林立的国际市场中建立强大的核心竞争力，是摆在广大跨境电商从业者面前的时代课题。

在过往接触的跨境电商从业者身上，笔者发现了一个共同的现象：许多卖家要么难以接触新兴平台的正确打开方式，或入驻后不懂得这些新兴平台的运营技巧，要么触犯平台的“红线”，导致账号受限，损失资金的同时，白白浪费了许多时间，贻误了最佳时机。

看到众多中小卖家在新兴市场“掘金”的道路上屡屡受挫，笔者感到十分惋惜。做跨境电商，如果没有人领路，单纯靠自己摸索，确实不是一件容易的事情，如果能有相对系统的指导，必然能少走许多弯路。为了帮助广大卖家扫清创业路上的重重障碍，笔者所在的跨境派团队于 2017 年涉足跨境电商领域，短短 3 年内，集合了 25 万高素质的跨境电商从业者，逐渐成长为跨境电商最大的卖家社群组织。在过去 3 年的时间里，跨境派团队成员在网络上分享了数百篇有关跨境电商新兴平台的知识，许多“粉丝”从中受益。值得一提的是，不少卖家在跨境派分享的文章和社群的陪伴下，一步步地成长起来，在适合自己的平台上开拓了自己的事业。

跨境电商的发展如火如荼。当很多人将目光投向欧美市场时，却鲜有人开辟拉美、非洲电商市场。由于政治、经济、文化的差异，拉美、非洲市场一直是中国跨境电商出口卖家所忽视的新经济增长点。在本书中，笔者整理了多位常驻拉美、非洲市场卖家的平台实操经验，形成一套系统、完整的理论和实操体系。

本书从拉美和非洲市场的电商历史、主流平台入手，详细介绍了拉美、非洲电商市场的平台运营实操、选品分析、物流发货等内容，并通过大量的实操案例及分析，多维度地为卖家解决平台运营上的困惑，帮助卖家准确把握市场。本书注重实操性，旨在为广大创业者及企业提供一条清晰而明确的跨境电商平台开拓路径。

本书内容实用、详略得当，符合初学者的认知规律，注重实际性和可操作性。行文以示例和图表引导全程，避免了不同章节之间的知识脱节，内容连贯统一，助力卖家快速上手。独有的节日营销策略，能够极大地激发初学者的兴趣。

本书适用于初涉新兴平台的从业者，已从事跨境电商行业的运营人员，计划转型外贸工厂的从业人员，对跨境电商、商务英语感兴趣的大中专院校学生，想要通过跨境电商新平台创业的人员，以及其他对跨境电商有兴趣的人员。

值得注意的是，拉美、非洲新兴电商平台的运营规则变化非常快，所以希望读者能够保持不断学习的态度，通过本书的学习能领悟到这些新兴平台运营的核心技巧。

最后，希望本书能带给将要进入跨境电商行业或者已经在行业中摸索的卖家一些实用的技巧和建议，为其大卖之路铺垫好最牢靠的基础。

编著者

2020 年 1 月

CONTENTS

第一章

世界跨境电商发展新格局

第一节　跨境电商市场的转移：从欧美到新兴市场

一、全球“海淘”：发展势头迅猛的跨境电商

最近几年，如果我们的微信朋友圈里没有一两个代购在刷屏，说明我们还不够国际化。代购满世界飞，为我们带回 CK、Tiffany、Burberry 等众多保真且价廉的奢侈品。但由于代购日渐显露出的假货泛滥、售后无法保障等问题，于是有了“海淘”——消费者自己上国外的购物网站淘货。慢慢地，代购和海淘的进阶版——高大上的“跨境电商”横空出世了！

跨境电商分为进口和出口，出口就是国内卖家通过电商平台把货卖到外国人手里，进口则是国内消费者通过电商平台把国外卖家的货买回来。

本书主要讲述的是出口电商。自 2012 年起，大量中国卖家涌入跨境电商平台，低调赚得人生第一桶金。电商平台已成为世界富豪的重要聚集之地。根据《福布斯》2019 年全球富豪榜，全球最大的跨境电商平台亚马逊的 CEO 杰夫·贝佐斯以 1310 亿美元的资产成为世界首富。

根据 Statista 最新统计，2017 年，全球零售电子商务销售额达到 2.3 万亿美元，2021 年电子零售收入预计增长至 4.88 万亿美元。[①]

二、“海淘”中国产品，已成外国人的消费习惯

中国跨境电商卖家的数量之所以能增长得如此快速，是因为外国人对物美价廉的中国货实在是爱不释手。2016 年 11 月，PayPal 和 Ipsos 联合发布的《第三届全球跨境贸易报告》显示，中国首次成为最受全球网购消费者欢迎的“海

① 中华人民共和国商务部 . 2017 年：全球零售电子商务销售额达两万三千亿美元［EB/OL］. (2018-06-10)［2019-07-20］. http://www.mofcom.gov.cn/article/i/jyjl/k/201806/20180602754053.shtml.

淘”国家。

世纪之初，人们很难相信中国能够超越美国，成为全球出口贸易的领跑者。然而，到了2013年，中国超越美国成为全球货物贸易第一大国，2014—2015年保持这一地位。2017—2018年，中国继续保持全球货物贸易第一大国地位。1978—2018年，中国货物进出口增长223倍，年均增速14.5%，高出同期全球货物贸易平均增速7.5个百分点。①

与中国出口贸易的高速增长相比，中国跨境电商的增速则更令人惊讶：2010—2016年，中国跨境电商交易规模保持33.19%的复合增速，预计到2020年，跨境电商交易规模仍将保持15.68%的复合增速，高于传统进出口贸易3.12%的复合增速。②

一串串令人惊叹的数字背后，有赖于国家政策的推动，当然也离不开中国卖家的努力。

三、“四足鼎立”的全球跨境电商平台

近几年，从中国卖家的角度来看，跨境电商平台中四大巨头分别是：亚马逊、eBay、Wish和速卖通。这四大平台每年的跨境销售额都是千亿美元级别的，每天的访问量、流量是一般小平台的十几倍。

首先是eBay。2002年，eBay通过收购易趣网进入中国。这个时候，一大批集中在深圳华强北做3C电子产品以及上海地区的卖家知晓了商机，率先在eBay上开通了账户，通过铺货的方式把中国的产品卖给了外国人。曾有卖家坦言：“2008年以前在eBay上卖货就是躺着赚钱，只要你敢做，没有不赚钱的。”

其次是速卖通。阿里巴巴为了帮助中小卖家完成小批量多批次快速销售，在2010年4月，上线了一个面向全球的电商平台速卖通，被广大卖家称为“国际版的淘宝”。因为速卖通的崛起，浙江、广州、福建很多本来就做着国内淘

① 人民日报海外版官网.中国成为全球货物贸易第一大国[EB/OL].(2019-09-26)[2019-10-23].http://m.haiwainet.cn/middle/3541089/2019/0926/content_31635933_1.html.

② 福明.跨境电商行业高速增长2018年交易规模将达到8.8万亿元[EB/OL].(2018-04-10)[2019-06-15].https://d.qianzhan.com/xnews/detail/541/180410-66db130e.html.

宝的卖家正式入驻。其中，速卖通俄罗斯站点表现尤为突出。2018 年，发往俄罗斯的 2.9 亿个跨境包裹中，有 90% 来自中国。[①]

再次是亚马逊。作为全球最大的电商平台，亚马逊吸引了无数卖家，其中也包括中国卖家。2012 年，亚马逊开始招募中国卖家入驻美国站等站点；2015 年，中国卖家 Anker 在全球的销售收入达到了 1.931 亿美元。一时间，中国卖家的数量极速增长，其百万美元级卖家中，中国卖家占比从 2016 年的 24% 上升到 2019 年 10 月的 38% 。[②]

最后是 Wish。Wish 是 2014 年成立的平台，App 日均下载量稳定在 10 万左右。Wish 平台的商品物美价廉，移动端的客户体验感非常好，得到了消费者的认可，平台上中国卖家居多，主要销售轻小、利多的产品。

四、欧美跨境电商市场已成“红海”，诸多瓶颈显现

2018 年，跨境电商行业呈现爆发式增长，然而随着资本与大批卖家的涌入，跨境电商主战场——欧美市场，从“蓝海深潜”变成了“红海血拼”，卖家的获利越来越少。

这股势头似乎有增无减。2019 年，亚马逊全球市场已经拥有超过 600 万卖家。根据 Marketplace Pulse 的研究数据，2017—2019 年，全球已有 330 万新的卖家加入亚马逊平台，其中超过 100 万的卖家加入了亚马逊美国站。该数据相当于过去 1000 天每天有 3317 个新卖家。尽管有 330 万新卖家加入了亚马逊平台，但在同一时间段内，销售额在 10 万美元以上的卖家只增加了 18 万。[③]

产品“同质化”“价格战”是跨境电商卖家两大亟须突破的瓶颈。面对下滑的销量、同行的竞争，许多卖家运营下去的唯一办法就是把价格降到最低，

---

① 速卖通草帽. 2018 俄罗斯 2.9 亿跨境包裹 90% 来自中国[EB/OL]. (2019-07-29)[2019-08-23]. http://www.sohu.com/a/330118619_421247.

② EGAINNEWS. 100 万美元级亚马逊卖家中，美国卖家占 47%，中国卖家占 38% [EB/OL]. (2019-10-06) [2019-10-23] . https://www.egainnews.com/article/556.

③ CIFNEWS. 新统计：2017 年至今亚马逊新增 330 万卖家，各站点新卖家分布比例如何？ [EB/OL] . (2019-10-11) [2019-10-23] .https://www.cifnews.com/article/51938.

生存也愈发艰难。

“价格战”本身是一场“没有硝烟的战争”，同行之间互相压价、排挤、“挖墙脚”等扰乱市场规则和秩序的行为，每时每刻都在发生。这种恶性循环的最终结果只能是两败俱伤。

平台严苛的规则限制是诸多卖家遇到的一大难题。很多平台在一开始进入市场时，都只顾大量招商，一旦形成一定的卖家规模后，平台就开始推出各种政策以规范平台朝着精品化、品牌化的经营方向转变。例如，Wish 推出了“不活跃账户罚款 2000 美元”的政策和“品牌流量扶持（大卖）计划”等。

精品化和品牌化对平台的发展来说固然是好事，但是对平台上数以万计的中小卖家来说，平台对品牌的流量倾斜只会加速他们的衰竭，最终只能被迫退出市场。

另外，由于大量中国卖家涌入欧美跨境电商市场，网络交易量急速上升，直接导致实体业销售额下滑，跨境电商这个“新物种”开始被各个国家“盯上”。多数欧美国家为保护本土贸易，开始征收跨境电商税。

在美国，最高法院税收新政规定：“州外的网络零售商如果在该州的年销售额达到 10 万美元，或者进行超过 200 项涉及该州的交易，就必须向该州交税。”

在德国，政府要求电商平台的卖家必须注册德国 VAT(Value Added Tax，增值税）并进行申报，其中包括 19% 的标准税率和 7% 的低税率，一年申报 13 次。

在英国，卖家必须注册英国 VAT，并且每个季度要向英国税务海关总署 (HMRC) 进行申报，英国 VAT 主要有 3 种税率：标准税率 (20%)，适用于大部分的商品和服务；低税率 (5%)，适用于少部分商品及服务，如儿童汽车安全座椅、家庭能源材料；零税率 (0%)，适用于零评级商品和服务，如未经加工的食品、儿童服装。

在瑞典，瑞典海关从 2018 年 3 月开始对所有非欧盟电商物品（含邮件）征收 VAT。征收方式不区分货值高低，VAT 将向收件人征收，瑞典 VAT 税率一般为 25%。

瑞士自2019年1月起向营业额超过10万CHF（瑞士法郎）的跨境B2C[①]卖家征收VAT。

综上，可以看出，越来越多的国家正在施行税收政策。产品价格低本来是中国卖家最大的优势，但现在卖家不得不提高售价以填补高额的税金。为了更好地发展，卖家不得不选择更低利润的产品或者着眼当下新兴流量大的平台。

第二节　新兴市场浮现：拉美、非洲

目前，越来越多的卖家将目光放到一些新兴市场，如电商正处于起步阶段的亚洲、中东、拉美、非洲等地。

一、尚处“萌芽”中的拉美电商市场

近年来，在全球跨境电商市场上，拉美电商市场作为一个新兴市场，潜力十足。首先，拉美的人口结构偏年轻化。其次，拉美的人均GDP比中国高，消费能力较强，蕴藏着巨大的商机。

目前，拉美电商市场处于“萌芽”阶段，互联网覆盖率仅55%，电商仅占5%的市场份额，但已经达到200亿美元。据业内人士分析，未来该地区的互联网覆盖率将逐步上升，用户将逐渐倾向于网购。该地区的人均可支配收入在逐年提高，这也将促进拉美地区电商交易规模的扩大。

拉美约有6.35亿人口，其中网购人数只有2亿人，在线购物的渗透率还比较低。但拉美的B2C电商交易的增长速度是其经济发展速度的5倍多，2012—2017年的复合年增长率达20%。这意味着，拉美市场有很大的发展潜力，也表明拉美是发展跨境电商的“蓝海”市场。

① B2C：企业到客户，是指利用互联网进行全部的贸易活动，即在网上将信息流、资金流、商流和部分的物流完整地实现连接。在今天，B2C电子商务以完备的双向信息沟通、灵活的交易手段、快捷的物流配送、低成本高效益的运作方式等在各行各业展现了其强大的生命力。

二、被誉为“最后一块处女地”的非洲电商市场

以前，谈起非洲，大家会想到炎热的天气、广袤的草原，以及落后的经济。随着时代的变迁、经济的发展，现在的非洲早已不是曾经印象中的模样了，虽然天气还是那么热，草原还是那么大，动物还是那么多，但是非洲人民的生活条件和经济发展状况已不似当年。

随着“一带一路”倡议的实施，我国与非洲地区的贸易投资不断扩大，扭转了我国与非洲地区贸易额连年下滑的局面。其中，南非更是成为中国在非洲地区最大的贸易伙伴，2017 年的贸易额达 392.1 亿美元，占中国对非洲及拉美地区进出口总额的 60.4%。[①]

随着全球电商的普及和互联网技术的改善，非洲消费者也在逐渐养成网上购物的习惯。据 Statista 数据显示，截至 2019 年 3 月，非洲经济发展最快的国家——尼日利亚已经拥有 1.116 亿互联网用户，排名第二的埃及，其互联网用户数量也已达到 4932 万户，即将突破 5000 万户。[②] 从发展的角度来看，这一数字还是极为可观的。虽然从整体上说，非洲电商市场尚处于“开垦”的阶段，但还是涌现了一些具有代表性的“独角兽”平台，如已于 2019 年 4 月在纽交所上市的 Jumia 平台。如今，被誉为“最后一块处女地”的非洲电商市场，已经开始在全球电商市场崭露头角，不容忽视。

---

① 国家信息中心“一带一路”大数据中心等．“一带一路”贸易合作大数据报告（2018）[R/OL].（2018-05-09）[2019-06-15].http://www.sic.gov.cn/archiver/SIC/UpFile/Files/Default/20180509162109827517.pdf.

② CLEMENT J. Number of internet users in selected countries in Africa as of March 2019, by country (in millions). (2019-06-06)[2019-08-01]. https://www.statista.com/statistics/505883/number-of-internet-users-in-african-countries/.

第二章

正被开垦的拉美电商市场

拉丁美洲历来是世界上经济最多元化的地区之一。相比欧美、东南亚、中东等地区的电商发展，拉美地区的电商市场仍然很小。2018 年，拉美地区的电商销售总额为 800 亿美元，只占全球电商销售总额的 2%。

在拉美地区，除了巴西的电商发展相对繁荣以外，其他国家电商的发展均受到了不同因素的阻碍。例如，基础设施匮乏，政府法规的诸多限制，信用卡或银行卡使用率低，电信产业发展不足等，使得拉美地区的互联网不能像电商发展较快的地区那样普及。与此同时，拉美地区电商的发展还存在网络支付欺诈、货物配送效率低等问题。而在互联网创业方面，拉美国家也受到了传统观念的影响，许多大型投资者倾向于将资金投放在传统企业或企业集团上，喜欢用“旧经济”指标衡量“新经济体”。

总体而言，拉美电商市场还未被深入研究和开发，算是一块“处女地”。

在近几年的发展中，拉美电商市场逐渐凸显出自身的潜力，拉美电商平台也开始向世界抛出橄榄枝。很多创业者逐渐发现，拉美地区的电商市场蕴藏着巨大的商机。本章将重点就拉美电商市场做更深入全面的分析。

第一节　拉美主要国家电商市场的发展现状

近年来，拉美地区电商的线上销售额增长速度非常快，其中巴西、墨西哥和阿根廷这三个国家的电商销售额更是惊人，2015 年就达到了 590 亿美元。巴西作为拉美地区最大的电商市场，占了拉美地区 42% 的市场份额；墨西哥是拉美的第二大电商市场，占了拉美地区 15.6% 的市场份额；排名第三的阿根廷电商占了拉美地区 14.6% 的市场份额。

一、葡语七国中的“电商大牛”——巴西

巴西是葡语七国中唯一的南美洲国家，同时也是拉美地区最大的国家。凭借超过两亿人口的优势，巴西成为世界上第九大电商零售市场，想要出海拉美市场的跨境卖家，一定不能错过这个国家。

（一）巴西电商发展的优势

1. 互联网普及率居拉美之首

在拉美，巴西的互联网用户数量排名第一。根据 Statista 2018 年 10 月公布的数据，巴西以 1.19 亿互联网用户数量排名全球第四。截至 2019 年 1 月，巴西已拥有 1.491 亿互联网用户，墨西哥拥有 8800 万互联网用户，阿根廷拥有 4159 万互联网用户，哥伦比亚拥有 3400 万互联网用户。

巴西人平均在互联网上花费的时长也在拉美国家中位居第一，平均每月花费 25.7 小时上网，远高于拉美国家 7.1 小时的平均水平。

巴西的城镇人口和富裕阶层更加容易接触到互联网。巴西城镇居民中有 59% 的人能够上网，农村居民中有 26% 的人可以上网。家庭收入高于最低工资标准十倍的家庭中，97% 能够上网，而家庭收入刚达到最低工资标准的家庭中，只有 29% 能够上网。[①]

2. 移动电商成为市场新趋势

在巴西，电商绝对是一个非常有前景的行业。巴西在线消费行为研究公司 E-Bit 发布的报告显示，2016 年，巴西的电商交易额为 165.79 亿美元（约合人民币 1117.19 亿元）。该报告预测，2021 年，该国电商交易额的年增长率将达到 11.9%，市场交易额则达到 290.6 亿美元（约合人民币 1958.49 亿元）。智能手机的快速普及为巴西电商发展提供了很大助力。2015 年，约 45% 的巴西互联网用户通过智能手机进行过支付，而 2014 年同期数据仅为 21%。未来几年，巴西电商市场仍会有较大的增长空间。

3. 本土电商占据市场主流

巴西目前排名靠前的电商平台中，大部分是采用线上线下融合运营的模式。2018 年巴西流量最大的前十名电商网站中，只有沃尔玛和阿里巴巴旗下的速卖通是来自拉美之外的企业，其余都是巴西和拉美地区本土的电商公司。美国电商巨头 eBay、亚马逊等也都非常关注巴西市场，但是由于文化差异、本地服务、客户体验等多方面因素的制约，巴西消费者大都倾向于在本土电商网站上进行

---

① 齐玉山 . 巴西互联网用户数拉美第一 [EB/OL]. (2018-10-08)[2019-08-01]. http://www.ccpit.org/Contents/Channel_3929/2018/1008/1070590/content_1070590.htm.

购物。

4. 当地海淘人数增加

最近几年，巴西的海淘人数出现爆炸性增长。有 54% 的巴西网购用户会从其他国家的跨境电商平台购物，进口商品主要来自美国和中国。2017 年，有 2240 万巴西消费者进行了跨境购物，每位消费者平均花费 36.8 美元。巴西消费者选择跨境购物主要是因为商品更便宜，通常本地的商品价格比国际网站的价格贵三倍，比如巴西的 iPhone 和游戏机价格是全球最贵的。而且国际网站的产品种类也更加丰富。当地消费者也喜欢选购中国跨境卖家的商品，中国最火热的在线购物节“双十一”也已成为巴西的购物节，他们经常网购中国的服装、配饰、美容和保健品、家电、电子产品和网络游戏产品等。近五年来，巴西人对中国商品的喜爱日渐增长，他们觉得购买的商品质量超乎预期，并认为中国商品价格上更有优势，设计也更现代化。

如果我们认真研究巴西的电商平台，会发现平台上的商品单价相当高。笔者在 MercadoLibre 网站和阿里巴巴网站任意截了几张图片进行对比，如图 2-1、图 2-2、图 2-3 所示，可以看到在阿里巴巴进货 10 元人民币的削皮切丝器可以在 MercadoLibre 网站卖到 80~120 元人民币，进货 50~100 元人民币的电钻可以卖到 1000 多元人民币。所以，中国的小商品在拉美地区加价十倍出售，依然是“便宜货”。

图 2-1 和图 2-2 中的货币单位为巴西雷亚尔。1 雷亚尔约等于 1.7 元人民币。

图 2-1　MercadoLibre 网站削皮切丝器售价

图 2-2 MercadoLibre 网站电钻售价

图 2-3 阿里巴巴网站商品售价

尽管我们觉得价格很高，但是对巴西人来说，这些价格还是容易接受的。一方面是因为巴西本土的税负很重，在线下门店购买，价格只会更高；另一方面是因为巴西的轻工业不发达，小商品多依赖进口，很多商品非常稀有，想买也买不到。

5. 移动支付方式兴起

巴西拥有南美洲最大的支付平台 MercadoPago，该支付平台业务范围覆盖 13 个国家和地区。此外还有在巴西占主导地位的在线支付方式 Ebanxt 和 Boleto，也是当地人交水电费等生活费用的主要方式。

巴西的电商支付方式有很多，最常见的是信用卡支付，其次是 Boleto 支付①和银行卡支付。全球四大信用卡 Visa、MasterCard、American Express 和

① Boleto 支付：是比较受巴西人欢迎的一种支付方式，支付流程是银行给消费者发放一张付款单，顾客可以在乐透店、超市、邮局、网上银行或者银行机构进行支付。

Diners Club 在巴西也都能使用。巴西本地的信用卡 Hipercard、Elo 和 Aura 也很流行。

6. 电商基础设施逐渐改善

巴西基础设施薄弱的现状给电商发展带来巨大的挑战。巴西骨干物流相对较为完善，但“最后一公里”的条件却很差。尽管有 DHL、UPS、TNT、FedEx 等全球快递公司的补充，但巴西国有企业——巴西邮政一家独大，巴西电商物流总体来说还是存在价格贵、服务差、效率低、错误多等问题，给当地电商产业发展带来巨大的阻碍。在巴西，87% 的电商网站通过巴西邮政运输货物，36% 的电商网站选择使用专业快递公司，这些快递公司一般没有包裹大小的限制，并且可以根据送货速度、价格要求等提供不同的服务，但往往价格很高。而区域性物流公司的兴起对巴西物流市场产生了非常大的影响，虽然市场占有率仅为 3%，但因为其配送程序简单，电商企业能够向一些地区提供“次日送达”服务，比起程序复杂的全国性物流公司，运费降低了二到四成。

（二）“雨后春笋”般的电商平台

相对于拉美其他地区，巴西的电商平台稍微多些，如 Dafiti（巴西最大的时尚电商网站）、Peixe Urbano（巴西最大的团购网站）、OLX（巴西版“58 同城”）、MercadoLibre（巴西版“淘宝”）、Buscape（巴西最大的比价网站）。此外，还有 AliExpress、Americanas、Bomnegocio、Submarino、Netshoes、Admngronline、Walmart 等巴西消费者常用的线上购物网站。

（三）巴西电商发展的阻碍

1. 巴西的“魔鬼海关”

巴西对于进口产品的审查十分严格，带电产品和有卡通图案的产品是极其难以清关的，可以算是“魔鬼海关”。虽然巴西市场需求巨大，不过海关的问题导致很多跨境电商的卖家望而却步。为了拿下这个单价高、利润大的宝库市场，在清关方面，卖家要多加注意。有很多商品如果没有获得许可证是不能进口的，比如，药品、食品和 LED 产品是最常见的需要进口许可证的产品。此外，巴西也有相关规定，禁止进口二手商品，除非是古董和艺术品等具有特殊属性的产品。对于玩具等特定类型的商品，在进口转售时需要监管实验室的检测检查。

2. 巴西物流与关税

巴西的物流成本高、时效性差，清关速度缓慢且复杂，这是卖家的一块“心头病”。

（1）巴西物流

俗话说，“时间就是金钱”。在国内做电商，一般 3 天内还不到货，顾客就开始催单了。然而，如果我们做的是巴西跨境电商的生意，就会发现这句话并不总是适用的。巴西消费者平均要等 45 天才能收到网购于中国的产品，尽管等待时间有点长，但巴西的国际订单平均每年增长 16%。虽说巴西人愿意等待，但如果我们真打算做巴西市场，在设置店铺物流时效时，一定要保证在承诺的天数内送达。如果临时出现任何状况，一定要提前告知买家，并给出解决方案以免被投诉。

（2）巴西关税

许多做巴西市场的卖家，往往忽视其复杂的法律体系，一不小心就导致税收比产品成本高出一倍多。因此，出口到巴西销售的商品，其价格至少是亚马逊等国际网站同类产品的两倍。

巴西作为南方共同市场[①]成员国，在共同市场内部可以自由贸易，对外关税为 23%。2010 年，巴西平均关税为 11.45%，进口税为 10%~35%，所以卖家必须明确向买家说明关税费用。商品价值不能低申报，否则会被重新估值。对于 3000 美元以上的订单，巴西海关要征收 60% 的进口税。

从现在的资料和市场上的反映来看，巴西被列为全球最难清关的国家之一，除航空小包裹外的其他包裹经常被查，尤其是逢 FedEx 和 DHL 的包裹必查，并且要提供收件人的 VAT 登记号。所以笔者推荐还是发 EMS（邮政），毕竟私营公司也收取清关的费用，而且要比国家邮政局高出 4~5 倍，邮政服务交付的商品只需收取 60% 的进口关税。

---

① 南方共同市场，是南美地区最大的经济一体化组织，也是世界上第一个完全由发展中国家组成的共同市场。该组织宗旨是通过有效利用资源、保护环境、协调宏观经济政策、加强经济互补，促进成员国科技进步，最终实现经济、政治一体化。

巴西跨境电商进口关税分三种：

① 零关税——书籍、报纸和杂志类。

② 税率 60%——使用邮政服务交付的商品。

③ 税率 85% ~88%——使用私营快递公司交付的商品。

巴西法律规定，价值低于 50 美元的产品在国际运输时不征收进口税。

巴西海关规定，所有寄给巴西当地私人的物品，同样的货物，数量不能超过 3 件，否则海关将拒绝清关并直接退回发货地（退件前不会有任何通知），所产生的一切运费均由发货人承担。巴西海关对进口报关货物实行抽检的方式，即按照绿色（全部免检自动报关）、黄色（仅检查报关文件，核实后自动通关）、红色（报关文件和货物均需经过检查后方能通关）三种不同颜色分类处理。海关在 5 个工作日内给出验货结果，验货时收件人应在场，若需抽样检测，费用由收件人承担。

除进口关税之外，巴西消费者也需要支付清关费。巴西邮政现已对所有由海关处理的国际包裹加收约 15 雷亚尔（约 24.5 元人民币）的邮资费。

对于同样的产品，数量如果超过 3 件，只能寄给公司，不能寄给个人，而且须以正式清关的模式进口。如货件需正式清关，收件人必须在当地海关有备案登记，且需要雇用一家清关代理公司来协助办理清关手续。

收件人也可以使用自己的清关代理。目前巴西只有圣保罗的 VCP 和 GRU 两个口岸可以办理正式清关手续，若收件人不在这两个口岸城市，也可以申请将货物转至就近的海关监管中心（会有额外费用产生）来处理。由于巴西 DHL 在当地并没有保税转运货物的权限，所以需交给第三方代理来做，由此产生的仓租和转运费等相关费用，卖家需直接支付给代理。巴西不接受无费用弃件，目的地清关失败，发件人选择弃件，需要支付每票至少 50 欧元的弃件费，否则，巴西海关会安排到付退回。

值得注意的是，一些不接受关税到付的城市郊区及一些偏远的未列明归属的地区，税款必须由寄件人支付。若是运单和发票上没有备注 VAT 号（收件人增值税号），海关将不做任何通知，直接退回始发地。

（3）其他税种及费用

既然是做跨境电商，自然少不了快递进入巴西需缴纳的税种及各种费用。

需要注意的是，巴西邮政国际快递和国际航空快递（如 TNT、UPS、DHL、FedEx）所需缴纳的税种会有所不同。

快递进入巴西需要交纳的税种和费用共有 5 个项目：

① I.I，进口关税，分为 0%、60%、85%、88% 几种。

② ICMS，商品流通服务税，类似增值税，通常为 18%。

③ FECP，巴西扶贫基金，通常为 1%。

④ TAXA ADMINISTRATIVA，国际航空公司的操作费。操作费一般是固定的。例如，货值 500 美元以下，TNT 是 17 美元，UPS 差不多是 17.5 美元，DHL 最贵，为 20~30 美元。这些费用中有一小部分是交给巴西联邦机场基建公司的。

⑤ TARIFA DE ARMAZENAGEM，机场仓储费用，一般是产品重量乘以 0.7 美元。

除了以上 5 种税费外，还有可能缴纳滞留费。如果期限内未缴清钱款，还会收取 2% 的 FOB 价格的罚款加上 1% 的 FOB 价格的罚息。

举例来说，假设一位中国卖家收到了一个来自巴西的订单，产品价格为 45 美元，走的是邮政快递，那么他需要缴纳多少税费呢?

由于是巴西邮政，所以默认国际航空公司的操作费、机场仓储费用、巴西扶贫基金、滞留费为 0。由于产品价格低于 50 美元，所以不需要缴纳其他费用，只需要付给对应的物流商操作费和运费即可。

另外补充几点：

在巴西，货值低于 50 美元是免税的，但仅限个人到个人。如果是公司到公司或是个人到公司，都是不免税的。

如果货值低于 500 美元，那么可以通过巴西邮政系统给客户送货，比较方便。

如果货值为 500~3000 美元，需要通过 Regime de Tributação Simplificada（RTS）简化税制的 Declaração de Remessa Expressa（DRE）邮政快递申请。

如果货值高于 3000 美元，那么就要另外请有进口权的公司操作了，不在这个范畴。

如果把药品寄给巴西的个人使用，也是免税的。

二、有望赶上巴西的墨西哥

提到墨西哥，很多人觉得，这个国家似乎并不是一个做生意的好地方。但在全球经济出现缓慢增长时，各方却普遍看好墨西哥的发展前景：经济发展蒸蒸日上，政治稳定，债券信用评级①也升级了。虽然墨西哥本土的电商正在发展，但不乏很多跨境电商平台想要进军墨西哥抢占先机，其中就有中国跨境电商平台。

2018 年，中国作为墨西哥十大进口来源国之一，在各国进口贸易额中排名第二，但与占据墨西哥进口市场半壁江山的美国相比，中国制造仅是美国制造的三分之一。可喜的是，在这个前程似锦的墨西哥市场中，中国制造的进口数额在逐渐增大。

国际市场研究机构 eMarketer 的数据显示，2016—2017 年，墨西哥电商市场的销售额增长了 25%，达到 76 亿美元。预计到 2020 年，墨西哥电商销售额将达到 180 亿美元。

（一）各大巨头纷纷下注墨西哥

1. 亚马逊

2017 年 3 月，亚马逊在墨西哥推出 Prime 会员制度，10 月推出了现金支付服务。

截至 2019 年，亚马逊已经在墨西哥建立了两个配送中心，总占地面积达 4.65 万平方米。亚马逊还计划在墨西哥城附近建造一座占地 9.29 万平方米的巨型仓库，这将使亚马逊在墨西哥的仓储面积达到原来的三倍。

2. 沃尔玛

2017 年 3 月，沃尔玛宣布在墨西哥新增投资 8.67 亿美元，数额较 2016 年增长 19%，公司将在物流、电商及商品防腐等基础设施方面加大投资力度。

---

① 债券信用评级（Bond Credit Rating），是以企业或经济主体发行的有价债券为对象进行的信用评级。债券信用评级大多是企业债券信用评级，是对具有独立法人资格的企业所发行某一特定债券按期还本付息的可靠程度进行评估，并标示其信用程度的等级。这种信用评级，是为投资者购买债券和证券市场债券的流通转让活动提供信息服务。

此外，沃尔玛墨西哥计划在10年内实现销售额翻倍。

3. 阿里巴巴

2017年9月，墨西哥政府宣布与阿里巴巴达成协议，将通过阿里巴巴的B2B交易平台帮助墨西哥的中小企业进入中国和其他国际市场。

时任墨西哥总统培尼亚·涅托表示："通过与阿里巴巴合作，我们可以扩大墨西哥在中国和亚洲的出口选择，增加墨西哥中小企业的跨境贸易知识。"

（二）墨西哥电商发展的潜力

墨西哥拥有1.28亿人口，是仅次于巴西的拉美第二大经济体。作为之前被忽视的市场，为什么现在又被视作电商的"掘金"圣地？

1. 互联网使用率提高等同于电商机遇增多

之前限制墨西哥电商发展的一个主要原因就是互联网使用率低，不过现在情况改变了。2019年，墨西哥拥有8800万互联网用户和8200万网上购物者。Statista数据显示，预计到2020年，墨西哥网上购物者将超过9640万人。2019年，墨西哥互联网覆盖率比2000年提高了2000%，64%的人口连接到了互联网。有上网设备的人数比例也达到了最高水平，89%的人有台式机或者笔记本电脑，81%的人有手机，55%的人有平板电脑。互联网使用率的迅速提高让更多的墨西哥用户能够上网购物，75%的互联网用户表示他们想从网上购买商品。

2. 墨西哥人对网购的态度转变

缺乏网购经验及顾虑安全问题，一直是制约墨西哥消费者上网购物的阻碍。随着网络购物的不断普及，消费者在网购上变得越来越自信了。数据显示，墨西哥B2C电商规模在过去五年增长了400%，2017年网购交易额为73.12亿美元，到2019年年底达到92.24亿美元。

3. 信用卡用户逐渐增多

相对较低的信用卡使用率曾经是阻碍墨西哥电商发展的因素之一。为此，墨西哥相关机构采取了一些措施，使得能接受银行卡支付的销售终端比例提高，同时网购支付技术也日益进步。不过许多墨西哥消费者仍然希望有其他方式可以替代银行卡支付，比如货到付款、PayPal、银行转账、电子钱包等。

虽然墨西哥消费者使用各种设备浏览商品，不过大多数还是喜欢在台式机或者笔记本电脑上购物，86% 的网购是发生在电脑上。

4. 墨西哥低端消费品售价高

墨西哥人口众多，但大多数人倾向于购买低价产品。墨西哥收入非常不均衡，普通工人的收入无法负担高价的产品。可见，低价产品在墨西哥市场有很大的潜力。中国产品大多物美价廉，低端产品也可以获得较丰厚的利润。与很多新兴市场一样，25~35 岁的年轻人是消费的主力，主要消费品类为美妆、3C 电子产品及配件、家具厨具、玩具类产品。随着墨西哥经济的不断发展，休闲运动类产品也展现出了巨大的市场需求。

（三）墨西哥主流电商平台

1. MercadoLibre

截至 2017 年 6 月，单就墨西哥站点而言，MercadoLibre 的浏览量高达 8000 多万人次，平台的热销品类主要包括手机及配件、其他电子产品、时尚、家居园艺、运动用品和汽车配件等。根据欧睿国际（Euromonitor International）的数据显示，2017 年，MercadoLibre 占据了墨西哥 7% 的市场份额，如图 2–4 所示。

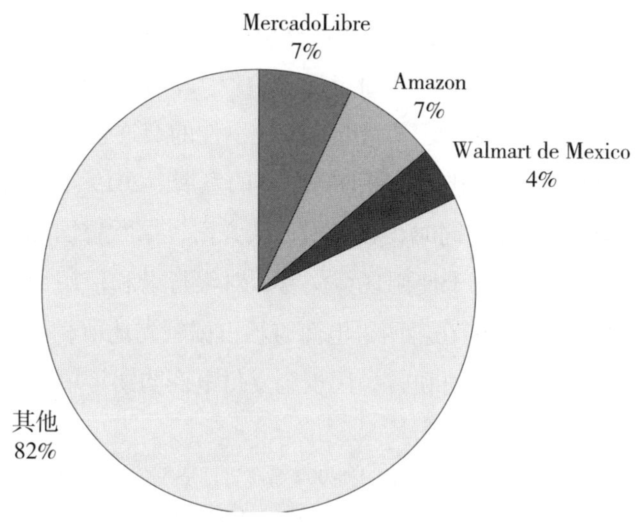

图 2–4　2017 年墨西哥各大电商平台所占市场份额

2. 亚马逊墨西哥站

亚马逊墨西哥站在2016年就有超过两万的国内和国际卖家为墨西哥顾客提供超过5000万种商品。从亚马逊墨西哥站点的相关交易品类来看，衣物配饰、体育健康用品、3C电子产品、家居家电及玩具娱乐等，都较为热销。据欧睿国际数据显示，2017年，亚马逊墨西哥站点收入年增长106%，高达5.02亿美元。

3. Linio

Linio于2012年开始涉足拉美市场，总部位于墨西哥，主要服务于拉美西班牙语区域5亿多的消费者。据Linio招商经理Race表示，在Linio平台的所有品类中，3C类目涨幅明显，健康美妆等产品相较2016年同期实现了10倍的大幅增长，包括服饰配饰、箱包、手表及香水在内的时尚类产品，更是实现了高达12倍的爆发式增长。

（四）墨西哥电商市场发展的挑战

1. 不完善的电商发展环境

纵观各国的电商发展史，电商越繁荣的市场，在物流、网购资金安全、网络发展、移动设备、互联网发展等方面发展得就越快。一系列配套措施被电商的发展推着前进，完善之后又能促进电商更快速地发展，所以这是一个相辅相成的过程。虽然墨西哥电商市场潜力巨大，但目前还处于初级阶段，需要完善“周边环境”才能更进一步发展。不佳的交通情况、不完善的无线网络条件、金融欺诈等都阻碍着墨西哥电商的发展。2019年，网购金额仅占据墨西哥年零售额的4%。同时，在支付方式方面，据欧睿国际数据显示，墨西哥有超过90%的人倾向于使用现金交易，对银行卡和信用卡的接受程度较低。MercadoLibre之所以能在墨西哥电商市场占据领先地位，一个重要的原因就是，允许消费者在Oxxo便利店[①]用现金支付电商购物订单。

① Oxxo成立于1978年，在拉美拥有超过14000家商店，是墨西哥最大的连锁便利店。当买家在网上下单后会生成一张账单，打印账单后可去Oxxo的便利店付现金或者用Oxxo的借记卡（Saldazo）支付。Saldazo借记卡是Oxxo与Visa、Banamex Bank（墨西哥第二大银行）联合发行的。顾客可以使用此卡在网上购物、转账、取款、存储等。

目前墨西哥政府已经开始了长期的现代化建设项目，包括高速公路、国际机场、铁路和港口等的建设；亚马逊、沃尔玛等企业也在不遗余力地推进现金支付等业务。未来，随着基础设施不断完善，墨西哥将迎来电商市场的新一轮竞争和增长。

2. 严格的清关政策

尽管墨西哥是拥有十二个自贸协定的全球最开放经济体之一，但中国作为其主要商品来源地，仍需缴纳平均 2%~5% 的关税，其中棉织品关税高达 24%，而鞋类关税则高达 26%。墨西哥海关在进口清关、查验、税收和认证方面有着严格的规定。此外，墨西哥还有 10%（美墨边境 20 公里内的边境城市）到 15%（其他城市）的增值税和 1.2% 的清关税。

三、最具发展潜力的阿根廷

阿根廷电商的发展虽不及巴西和墨西哥，却通过逆风生长的势头展现了自身强大的生命力和发展潜力。

在过去几年的经济困难和政策调整时期，阿根廷实体经济显著受挫，普通商品消费累计下降了 5%，在此背景下，电商业务却始终保持着高增长态势。阿根廷的电商已达到 28% 的年增长率，在整体经济增长乏力时期，可谓“一枝独秀”。如今随着政策向商业倾斜，阿根廷的电商行业也迎来了反弹的机会，成为拉美电商市场最具发展潜力的国家之一。

（一）阿根廷电商发展的潜力

阿根廷位于南美洲的东南部，是拉美地区第三大经济体，国民文化程度较高，识字率达 98%，较其他拉美国家拥有更庞大的中产阶级。总人口约 4449 万人，其中 37% 集中在首都布宜诺斯艾利斯。全国互联网用户数量 4159 万户，普及率 93%。移动用户数量 3847 万户，普及率 86%。

拉美最大的电商网站 MercadoLibre 就诞生于阿根廷。目前阿根廷是拉美增长最快的电商市场，每年达到 28% 的增长率。2015—2020 年，拉美三国电子商务在零售总额中的份额预期如图 2-5 所示。

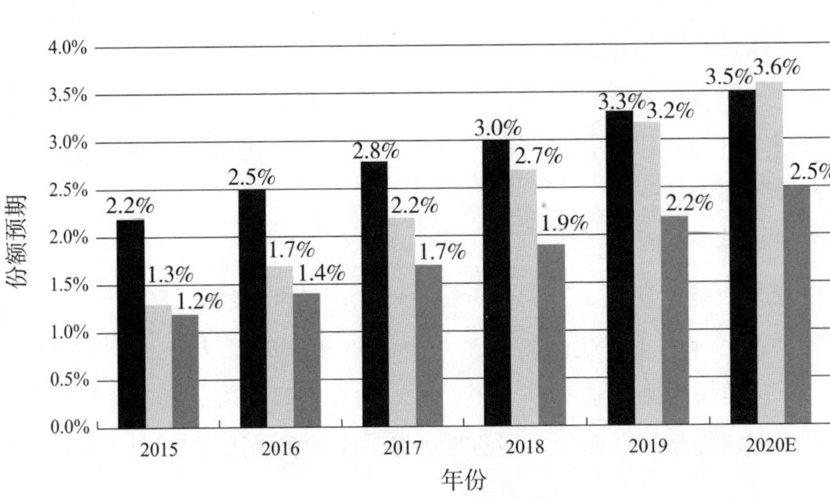

数据来源：Statista，iiMedia Research（艾媒咨询）

图 2-5　2015—2020 年拉美三国电子商务在零售总额中的份额预期

1. 热衷于在线购物

预计到 2021 年，阿根廷将有多达 2000 万人在线购物。与拉美其他国家相比，阿根廷的主要消费者集中在 25~34 岁这类具有稳定收入的人群。阿根廷人十分热爱网购，中国的网店由于产品丰富、价格低廉，加上常常提供送货上门及免运费的服务，尤其受到阿根廷年轻消费者的青睐。在阿根廷的一些网站和论坛上还能看到诸如“如何在中国网站购物”的教学帖，如图 2-6 所示。

Contenido [hide]

1 Tiendas Chinas Online: Comprar en China nunca fue tan fácil
- 1.1 A) Comprar en China para consumo propio
- 1.2 B) Comprar en China para abastecer tu negocio
- 1.3 ¿Por qué elegir las tiendas online chinas para tu negocio en Internet?
- 1.4 Dropshipping en Tiendas chinas online
  - 1.4.1 ¿Qué es el Dropshipping?
- 1.5 Veamos cuáles son las mejores tiendas chinas online para comprar (aceptan Dropshipping)
  - 1.5.1 AliExpress
  - 1.5.2 PandaWill
  - 1.5.3 DealeXtreme (DX)
  - 1.5.4 Banggood
  - 1.5.5 FocalPrice
  - 1.5.6 Myefox
  - 1.5.7 Miniinthebox
  - 1.5.8 Modlily
  - 1.5.9 MiniTake
- 1.6 Conclusiones
  - 1.6.1 Tal vez también te interesen...
  - 1.6.2 Relacionado

图 2-6 “如何在中国网站购物”的教学帖

2. 多种多样的支付方式

阿根廷的电商支付方式主要有现金支付、网银转账和信用卡支付等。

（1）现金支付

Rapipago——阿根廷当地的一种线下支付方式，消费者在线上下单后可以到线下 Rapipago 的任一网点完成支付。

PagoFacil——墨西哥的一家支付公司，用户既可以在线上使用信用卡、POS 机、邮件等方式完成支付，也可以到线下小型超市完成支付。

Banelco——阿根廷当地的电子银行服务商，在阿根廷拥有广泛的自动提款系统。

DineroMail——用户用邮箱注册了账户后，可往账户里存钱，之后用邮箱账户完成支付即可。

（2）网银转账

用户在注册网银账户时，阿根廷四大银行是首选，如图 2–7 所示。

Banco de la Naci ó n Argentina（阿根廷国家银行）是阿根廷规模最大的银行。长期以来，在阿根廷信贷紧缩的经济体系中，阿根廷国家银行已成为国内贷款的主要机构。

Santander Ri ó（桑坦德银行），也叫西班牙国际银行，是全球知名的多功能银行，该银行交易规模目前在全世界排名第九，在欧元区排名第二。

Ita ú（伊塔乌银行），拉美最大的银行，于 2008 年 11 月与 Unibanco 合并，成立 Ita ú Unibanco，银行总部位于巴西圣保罗市。约有 96000 名员工，在美洲、亚洲和欧洲的 20 多个国家和地区开展业务。

Banco Provincia（布宜诺斯艾利斯省银行），阿根廷的一家国有银行。按资产和存款价值计算的话，它是阿根廷第二大银行。

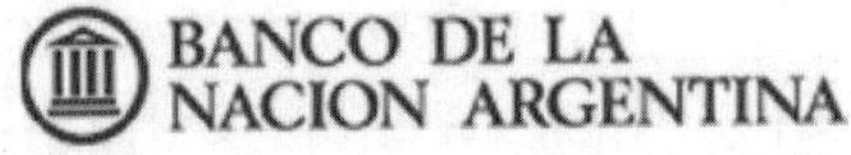

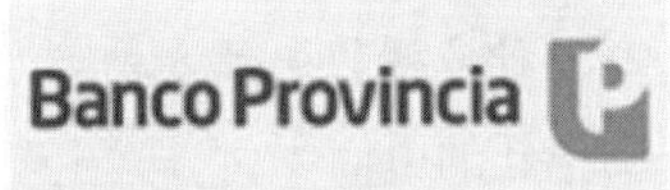

图 2–7　阿根廷四大银行图标

（3）信用卡

信用卡在阿根廷的普及率正在逐渐上升，但是由于政府的外汇管制，消费者使用信用卡境外消费要额外承担 35% 的税费。

3. 相对友好的跨境电商新政

在阿根廷及拉美的很多国家，由于轻工业基础薄弱，很多大众消费品的价格普遍偏高。中国制造的商品性价比高，往往成为民众的首选。此前，考虑到外汇流失严重，为了在外汇流失和老百姓生活质量之间达到平衡，阿根廷出台了针对跨境电商的新政策，大致如下：

（1）人们每年可以从国外购买 5 件产品，每件产品最高限额 999 美元；

（2）总重量低于 50 千克的相同产品不得超过 3 件；

（3）进口商品目的不是用于转卖。

看到这个政策，很多人可能会以为阿根廷的跨境电商政策在收紧，对中国卖家的出口跨境电商业务可能会产生不利影响。

实际上，阿根廷此前的政策更为严格。阿根廷海关曾规定：

（1）自 2014 年年初起，民众通过海外电商平台购买的商品入境后，将不再享有邮政递送上门服务。这些商品将统一汇总到海关办公室，由消费者自行领取。此外，消费者在海关领取时必须签署一张申报书，以方便进口税收统计。

（2）每人每年最多进行两次境外网上购物，每年购物金额若超过 25 美元，则应对超出部分缴纳 50% 的关税。

显然，相对于此前的“限购两次”“25 美元限额”，阿根廷新政放宽了对大众跨境网购的限制。这对于中国的出口跨境电商卖家来说，是利好！

（二）阿根廷电商发展的最大障碍——物流

近几年，虽然阿根廷的物流体系在派送时效上有了大幅度提升，目前全国范围内的门到门派送时效不超过一星期，不过，大多数物流公司仍无法快速可靠地实现交付。这其中既有基础设施落后的原因，也有物流管理缺乏经验的问题。以阿根廷第二大电商网站 Avenida 为例，该公司在布宜诺斯艾利斯市内设立了 11 个取货点，提倡用户“自提”以提高运送效率，但仍不能实现高效地送货上门。

鉴于跨境电商的产品以低货值、轻小件为主，主流的配送方式仍是邮政小包，正常的配送时效为 20~40 天；而对于一些价值略高的产品，如平板电脑、手机等，客户一般会选择商业清关的专线，配送时效一般为 7~14 天，运费也比邮政小包高。

当前，通往拉美的空运承运商都需要通过北美进行中转，这是导致发往拉美地区快递配送周期长、成本高昂的主要原因。另外，货件丢失、破损率高也额外增加了卖家的物流运输成本。此外，拉美的清关和地面服务能力也有待改善。

四、电商增速最快的智利

智利是南美洲的经济强国。科技基础设施的快速发展、鼓励经商的政治环境和互联网的高普及率相结合，使智利的电商市场在强大的竞争对手面前脱颖而出。

（一）电商落后中国 5 年，但市场潜力巨大

智利一直是南美洲经济发展水平靠前的国家，同时也是中国在拉美的第三大贸易伙伴。中国是智利在全球的第一大贸易伙伴及第一大进口来源国。2005 年，中智两国签署自贸协定，90% 的产品实现零关税。2005 年中智双边贸易额为 80 亿美元，而 2015 年达到了 318 亿美元。

智利的 B2C 平台成长非常快。智利很多传统的生产型企业，如鞋子服装、日用品等行业的生产企业，都在往线上转型，推动了 B2C 平台的发展。近几年，智利正在建立电商网络，走在了拉美国家的前列，五年来，智利每年电商销售额的自然增长率都在 20% 左右。

1. 持续增长的电商交易额

与巴西和墨西哥两个庞大的市场相比，智利只拥有 1873 万人口，仅占拉美地区人口的 2%，但电商份额占到拉美电商市场的 9%。2018 年，智利电子商务销售总额达到 20 亿美元，比 2016 年增长 20%。[①]

2. 政府长期鼓励互联网创业

在智利，约 80% 的人可以上网，40% 的人会选择线上购物，45% 的人拥有智能手机，不过只有 15%~20% 的人通过手机在线购物。有趣的是，智利政府为了让大家积极购物，2014 年起，每年五月都设立一个“网络日”，各大电商平台共同推出折扣优惠，颇有国内“双十一”的味道。自设立至今，“网

---

① CHEVALIER S. B2C e-commerce sales revenue in Chile from 1999 to 2018 (million U.S. dollars) [EB/OL]. (2018-11-09)[2019-05-05]. https://www.statista.com/statistics/256610/annual-b2c-e-commerce-sales-in-chile/.

络日”的销售额一直在刷新纪录。以 2017 年“网络日”数据为例，销售额与 2016 年同比增长 24%，营业收入超过 1.45 亿美元，折扣网站共获得 4500 万次访问。

3. 网购用户多为年轻人

截至 2017 年 6 月，智利有 1504 万互联网用户，占人口的 80%。据 We Are Social 统计，2017 年，智利笔记本电脑和台式机上网流量占网络流量的 56%，与 2016 年相比下降 16%，而手机占 42%，比 2016 年增长 34%。据 Gfk 调查公司于 2016 年进行的问卷调查显示，智利在 2015 年约有 22% 的人网购，其中有 62% 是通过电脑网购，32% 通过手机，4% 通过平板电脑，25~34 岁的年轻人群占了网购用户的 33%。调查显示，智利人买入最多的商品是服装，其次为家电、旅行用品、门票、家具。

4. 银行卡得到普及

在支付方式方面，银行卡已经在智利得到广泛普及。截至 2017 年 5 月，智利发行的信用卡数量为 1286 万张，借记卡数量为 2131 万张，平均每人持有一张以上的银行卡。

（二）物流、支付、语言——跨境卖家的痛点

随着亚马逊、速卖通等大型电商平台先后入驻智利，智利邮政也同越来越多的物流公司建立了合作关系，以推动跨境网购便利化。智利半数的电商交易来自亚洲，其中，阿里巴巴旗下的速卖通已成为中国和亚洲产品在智利最大的分销商，在当地与亚马逊和 MercadoLibre 势均力敌。

与巴西和阿根廷相似，物流和移动电商一直是智利电商市场需要克服的最大障碍。 但是相比之下，智利的电商物流已更加精简。2019 年，智利在物流配送方面排名世界第 42 位，阿根廷排名第 60 位，巴西排名第 65 位。

此外，语言和时差问题，卖家也需要预先考虑到。

一位曾做智利 B2B 网站的中国卖家表示，目前做智利跨境电商业务主要面临两个比较大的挑战。

1. 时差问题

中国和智利相距甚远，有 12 个小时（夏季）或 13 个小时（冬季）的时

差。如果要和买家保持密切联系，卖家就必须每天凌晨三四点钟起床回复邮件，一旦耽误，可能会造成两天或者更长时间的延误。

2. 翻译问题

葡萄牙语或西班牙语在中国并不普及，要找到真正精通、配合度高且收费合理的翻译人才或翻译公司略有难度。但翻译必须准确，比如手机、葡萄酒等品类的交易都有很多细节需要交流，需要正确翻译之后才能更好地沟通。

总的来说，智利电商市场的潜力尚未充分发掘，但飙升的电商规模增长率和强大的国际地位使智利成为拉美顶级的电子商务生态系统之一。包括亚马逊、沃尔玛和速卖通在内的知名企业继续占据主导地位，小型创业公司正在激烈竞争。随着越来越多的智利人通过智能手机上网，智利所面临的下一个挑战将是如何实现整个国家在物流上能更快地交付，并提升移动电商的普及率。凭借强劲的经济增长，智利的电商市场无疑将能很好地应对新的挑战。

五、即将腾飞的哥伦比亚

（一）尚处早期的电商潜力股

哥伦比亚是拉美第四大经济体，截至 2018 年，拥有 4965 万人口，其电子商务市场仍处于早期发展阶段，但随着基础设施的改善和贸易政策的开放，哥伦比亚为跨境电商的发展提供了大量机会。

哥伦比亚电子商务市场在 2015—2016 年曾出现爆发式增长，一年内增长 64%，截至 2017 年，哥伦比亚有大约 1200 万在线购物者和超过 8700 万单在线交易量。根据 Statista 统计，2017 年，该国的电子商务交易额约 48 亿美元，与上一年相比，增长率为 22%。另据哥伦比亚电子商务协会（CCCE）统计，其电子商务产值占 2017 年国内生产总值的 5.61%。

1. 日益攀升的移动设备数量

2019 年，哥伦比亚的互联网用户数量已达 3400 万户。哥伦比亚全境主要城市已覆盖 3G 网络。为满足日益增长的移动互联网服务需求，哥伦比亚政府正在大力推动4G网络的设施建设。据哥伦比亚电信部门预计，到2020年，全国使用移动互联网的手机、平板电脑等终端设备的数量将达到4亿部（台）。

2. 宽带普及率较高

就宽带订阅量而言，哥伦比亚是拉美的第三大国，仅次于巴西和阿根廷。该国有近400万固定宽带用户和200多万移动用户。尽管哥伦比亚的宽带普及率相对较高，但该国32个省大多基础设施薄弱，光纤宽带主要集中在城市里。

3. 网银支付大受热捧

在支付方面，57%的哥伦比亚网民网购时倾向于使用信用卡支付。在政府政策的激励下，哥伦比亚国内的主流银行合作推出了本国的网银支付方式：PSE支付。2014年3月，经过PSE达成的月交易已经超过了200万笔，成为哥伦比亚人网购付款主要的选择。2015年，PayPal官方宣布退出哥伦比亚市场，所有哥伦比亚PayPal账户不能关联本国银行账户，这也使得很多哥伦比亚用户选择其他支付渠道付款，比如PSE。

哥伦比亚人普遍习惯使用银行转账付款，即使要去线下很远的银行排队，他们也愿意去做，而PSE支付正好迎合了哥伦比亚人的付款习惯。

（二）急需突破重围的哥伦比亚电商

1. 物流运输困难

哥伦比亚由于山脉连绵，地势崎岖，因此快递配送困难重重。一旦碰上极端的天气情况，快递更是无限延期。

2. 金融服务不完善

在哥伦比亚，只有不到40%的成年人拥有正式的银行账户。很多投资者看中了这巨大的机遇，纷纷进入金融行业，相信用不了几年，拥有银行账户的人数就会大大增加。

3. 对网络支付信任度低

虽然哥伦比亚的网络欺诈率很低，仅0.45%，但是消费者对于网购仍十分谨慎，截至2019年，大多数平台对于没有银行账户的网民，依然没有提供有效的付款方案。

4. 尚待完善的电商平台管理方案

由于哥伦比亚在国际上的一些负面影响，很多不了解情况的电商投资者担心被卷入与金钱相关的不正当活动中。为了解决这些问题，哥伦比亚政府要求所有企业从 2019 年 1 月开始使用电子发票。此外，哥伦比亚还是拉美唯一设有专门的“电子商务部”的国家。电子商务部和相关技术部门合作设立了非营利性电子商务观察站，以监测和评估电商市场的增长。

当然，随着软硬件设施的加速建设、手机的使用和网络的普及，这些阻碍哥伦比亚电商发展的挑战将会转变成为难得的商机。

第二节　拉美电商市场发展的潜力

跨境电商小语种市场备受关注已久。在“一带一路”倡议的推动下，小语种跨境电商市场异军突起，成为跨境电商市场的巨大增长点。不少数据调研机构在对跨境电商未来 5 年新兴市场的预测中，都多次提及西班牙语、葡萄牙语普及的拉美地区。被众多跨境电商大佬、大卖家们看好的拉美市场究竟有何魅力?

虽说拉美拥有全球 9% 的人口数量，但是配对到其自身的零售市场却不足 2%，较之欧美等发达国家的电商，拉美地区电子商务的发展尚未完善，还是尚待开发的“处女地”。墨西哥网上零售占全国零售业份额不到 5%，其他国家如智利、秘鲁，也只有不到 1% 的电商渗透率。

目前，拉美仅有两大本土电商力量：一个是 MercadoLibre，已于纳斯达克上市，属于拉美版“淘宝”，交易体量大，但缺乏对假货的控制；另一个就是 Linio，属于拉美版“天猫”，在拉美 8 个国家都有电商网站和本地客服团队，交易量虽不如 MercadoLibre，但胜在有健全的监管和规范体系，提供优质、正品的货源。

从长远来看，拉美电商市场具有一定的发展潜力。

一、拉美网购者对价格敏感

不同于欧美产品在拉美所走的高端、高价销售的路线，中国产品更具有较高的性价比。拉美是一个价格高度敏感的市场。就电子产品而言，是否名牌并没那么重要。消费者会比较，如果两款手机有同样的功能、同样的配置，那么便宜的一款对于他们来说是有很大的吸引力的。目前，中国产品与国际上很多同类产品相比，价格优势非常明显，如果进入拉美市场，在与当地卖家的竞争中也处于有利地位。

二、国外品牌的商品在当地网上热销

拉美经济整体以第一产业为主，石油、金银铜等各类资源丰富，多种植大豆、玉米等经济作物，但制造业相对落后。

拉美本土零售商不可能在没有市场销量支撑的情况下，大批量采购名牌厂商的全线产品。本土零售商也很难拿到最新款的产品，使得当地产品更新换代速度比较慢（针对国际货源）。而国际卖家中，有的临近货源地，有的能自己制造生产。通过跨境电商平台，最新款产品也可以流通进入拉美市场，而拉美消费者也恰好有此需求。

三、极具诱惑的人口红利

根据联合国最新估计，拉美地区目前的人口已经超过 6 亿。更重要的是，拉美地区人口平均年龄在 27 岁左右，是全球人口最年轻的区域之一。他们的消费理念不像中国，他们不存钱买房，更乐意花钱添置自己喜欢的东西。

四、互联网用户数量激增

拉美地区目前是世界上互联网人口数量增长最快的地区。截至 2018 年，拉美是第四大区域在线市场，仅次于亚洲、欧洲和非洲。2018 年，拉美互联网用户数量约为 3.78 亿户，互联网渗透率达 60%，比 2013 年增长近 1 亿户，详见图 2–8。

Internet Users and Penetration in Latin America, by Country, 2013-2018

	2013年	2014年	2015年	2016年	2017年	2018年
Internet users (millions)						
Brazil	99.2	107.7	113.7	119.8	123.3	125.9
Mexico	53.1	59.4	65.1	70.7	75.7	80.4
Argentina	25.0	27.1	29.0	29.8	30.5	31.1
Colombia	24.2	26.5	28.6	29.4	30.5	31.3
Peru	13.0	14.5	16.0	17.6	19.0	20.1
Chile	10.7	11.6	12.3	12.7	12.9	13.2
Other	56.7	62.7	67.0	70.7	73.7	76.2
Latin America	**282.0**	**309.5**	**331.7**	**350.6**	**365.5**	**378.3**

a）互联网用户数量

Internet user penetration (% of population in each group)						
Chile	62.4%	66.7%	70.5%	71.7%	72.7%	73.5%
Argentina	58.7%	63.0%	66.8%	68.0%	69.0%	69.8%
Colombia	53.0%	57.3%	61.1%	62.3%	64.0%	65.0%
Brazil	49.3%	53.1%	55.7%	58.2%	59.5%	60.3%
Mexico	44.9%	49.7%	53.8%	57.8%	61.2%	64.5%
Peru	43.5%	48.1%	52.6%	57.1%	61.1%	64.3%
Other	38.9%	42.4%	44.8%	46.7%	48.1%	49.2%
Latin America	**46.9%**	**51.0%**	**54.1%**	**56.7%**	**58.5%**	**60.0%**

Note: individuals of any age who use the internet from any location via any device at least once per month
Source: eMarketer, Nov 2014

b）互联网渗透率

图 2-8　2013—2018 年拉美互联网用户数据增长趋势图

五、智能手机设备普及

智能手机的日益普及，被普遍认为是拉美电商市场增长的主要动力之一。拉美智能手机用户主要集中于 6 个国家：巴西、墨西哥、哥伦比亚、阿根廷、智利和秘鲁。截至 2018 年年底，拉美地区智能手机普及率为 63%，2023 年，这一数字预计将升至 79%，如图 2-9 所示。

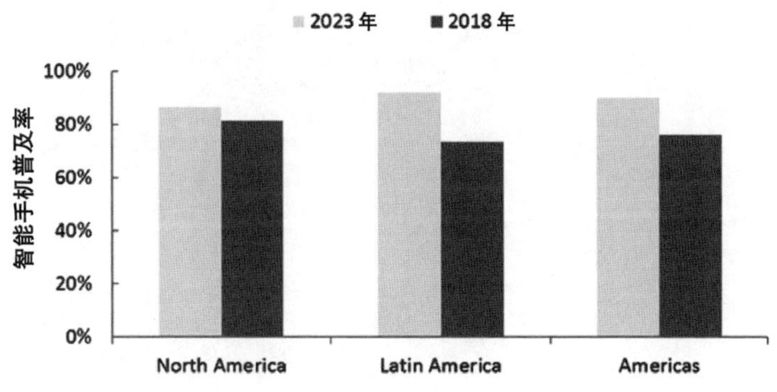

图 2-9　2018 年和 2023 年拉美地区智能手机普及率趋势预期图

六、稳定增长的电商零售额

在过去 10 年中，拉美的中产阶级收入翻了一番，整个地区的购买力正在迅速增长。据“网经社电子商务研究中心”的监测数据显示，2018 年，拉美地区线上交易额达 712 亿美元，同比增长 15%。BI Intelligence 的高级研究分析师 Cooper Smith 曾对拉美的电商市场进行过分析，预计到 2021 年，拉美地区的电商规模将达到 1180 亿美元。

第三章

拉美电商平台及选品指南

第一节 “世界巨头”布局拉美

相对于大热的其他小语种市场，西班牙语所覆盖的广袤的拉美市场，还未被深入地研究和开发，不少嗅觉灵敏的电商巨头正逐渐将视野投向这片“新蓝海”，纷纷押宝于此。2014 年，速卖通重点发展巴西、西班牙站点；同年 7 月，eBay 拓展了全球运送计划，增加了 6 个拉美国家；整个 2014 年，拉美更是亚马逊业务增长最快的市场。从速卖通、eBay、亚马逊等巨头对拉美的频频动作不难看出，拉美市场是真正的“潜力股”。

相较于东南亚市场，拉美地区是中国人相对陌生的市场，但它亦是下一个快速发展的电商新兴市场，存在巨大的发展潜力。人口结构偏年轻化、人口红利带来的潜在消费人数增长、网络普及率日益提高、社交媒体使用广泛是拉美电商市场被看好的主要原因。

虽然目前拉美地区已有本土几个主要的电商网站，但电商总额也仅占整体零售市场的 5%，亚马逊、速卖通等国际电商巨头对于拥有大幅成长空间的拉美市场无不虎视眈眈。

一、亚马逊

亚马逊进入拉美市场是以巴西为起始点：2012 年，亚马逊在巴西先推出 Kindle 电子书店，2014 年进一步销售实体印刷书籍，2017 年 10 月亚马逊巴西站向第三方卖家开放，截至 2017 年 12 月，亚马逊巴西站卖家人数达到 1700 家。亚马逊会继续扩大电子商品的销售范围，电视、显示器、电脑、数码相机、手机及配件等都在扩张的品类之中。亚马逊巴西站官网如图 3-1 所示。

图 3-1　亚马逊巴西站官网

亚马逊于 2015 年 6 月推出亚马逊墨西哥站。由于墨西哥当地消费者的信用卡使用率不高，该国有高达 80% 的消费者倾向于使用现金付款，因此亚马逊与当地的 Oxxo 便利商店合作，消费者可以在此便利商店购买亚马逊的礼品卡。Oxxo 便利商店原有的预付卡也可以在亚马逊平台上使用，这大大增加了当地消费者的信任度。

2017 年 3 月，亚马逊在墨西哥推出 Prime 会员制度，为超过 2000 万种商品提供免运费服务，部分地区更可一日送达。2018 年 5 月，亚马逊为了缩短配送时间，与 Oxxo 便利商店展开进一步合作：消费者在亚马逊购买的商品，都可以至邻近的 Oxxo 便利商店收货和支付货款。

目前，墨西哥共有 1.3 万家 Oxxo 便利商店，借此，亚马逊的触角初步铺开。

不过，尽管在美国本土取得了巨大的成功，但亚马逊发现自己还是很难将这种成功模式快速复制到拉美地区。在过去的 5 年里，亚马逊一直在开拓拉美市场，曾先后在巴西、阿根廷、智利和墨西哥市场试水，但进展略缓慢。看来，想要吃下拉美市场这块“大蛋糕”，不是一朝一夕的事情。

二、阿里巴巴

过去十多年来，中国和拉美一直在展开密切的经贸合作，促成了中国与拉美的贸易规模增长 22 倍的佳绩。同时，中国也是巴西、智利、秘鲁等国的重要贸易合作伙伴。中国电商巨头阿里巴巴把握住这难得的大势，积极在拉美展开布局。

2013 年年初，阿里巴巴集团旗下的全球速卖通 (AliExpress) 转型为海外购物平台，并积极拓展海外新兴市场，在巴西大获消费者认可。

2014 年，速卖通在巴西的单月浏览量已高达 1000 多万人次。同年，阿里巴巴进一步与巴西邮政 (Correios) 建立合作伙伴关系，借由巴西邮政遍布巴西的驻点及仓储设施，完成“最后一公里”的配送服务，加快包裹的配送速度。

2017 年，阿里巴巴与阿根廷、墨西哥签署电商合作协议，包含：协助阿根廷将食品及葡萄酒销往中国；阿里巴巴与墨西哥公司共享物流和支付方式。马云在访问阿根廷与墨西哥时，也公开表示，阿里巴巴将视拉美市场为长期发展的重点目标，预期投入 10 年的努力，发展拉美的电子商务。

第二节　拉美各大电商平台

相对于东南亚、印度、中东等新兴市场，拉美的电商平台并不多，图 3–2 是拉美前十大电商网站排名。从图中我们可以看到，拉美本土的电商平台只有 3 个，分别为 MercadoLibre、B2W 和 Buscape。

	Total Audience, Home and Work, PC/Laptop.	Total Unique Visitors (000)
	Total Internet: Total Audience	183,917
	Retail	117,009
1	Mercado Libre	57,255
2	Amazon Sites	21,126
3	B2W Digital	17,281
4	Alibaba.com Corporation	12,886
5	eBay	9,898
6	CNova	8,283
7	Apple.com Worldwide Sites	7,762
8	Wal-Mart	7,554
9	Google Shopping	7,095
10	Buscape Company	5,796

图 3–2　拉美前十大电商平台排名

中国卖家如果想进军拉美市场，除了选择中国的阿里巴巴、美国的亚马逊之外，拉美本土的电商平台也可以作为考虑的对象。以下为笔者推荐的几个拉美地区比较有代表性的电商平台。

一、MercadoLibre

MercadoLibre 是拉美地区最大的电商平台。该网站每月浏览数超过 1.5 亿人次，市场覆盖阿根廷、玻利维亚、巴西、智利等 16 个国家。MercadoLibre 扩展了移动销售点终端（POS）交易业务，它的 MercadoPago 线上支付工具，可以让用户在其账号中存储现金。MercadoLibre 在拉美地区的市场份额高于 eBay 和亚马逊，被外媒称为正在崛起的电商巨头。MercadoLibre 现拥有 1.6 亿用户，相当于拉美 50% 的互联网用户。

二、B2W

B2W 是巴西本土最大的电子商务公司，扩张速度惊人，至今共合并了近十家巴西本土电商网站，旗下的 Americanas、Submarino 和 Shoptime 三大平台已成为巴西电商行业的标杆，占据了巴西线上零售业 50% 以上的市场份额。

三、Americanas

Americanas 是巴西本土综合购物型电商网站，拥有近 50 万件在售产品、1000 万名客户和超过 20 万个 B2C 和 B2B 的卖家。其母公司 Lojas Americanas 成立于 1929 年的里约热内卢，在巴西拥有数百家线下零售店。2019 年 3 月 11 日，Americanas 国际站（Americanas Mundo）上线，允许中国卖家入驻。

四、Linio

Linio 成立于 2012 年，是拉美地区最大的 B2C 电商平台之一。其业务范围覆盖墨西哥、哥伦比亚、秘鲁、委内瑞拉、智利、阿根廷、巴拿马和厄瓜多尔等国家，这些国家的人口共约 3.5 亿人，其中最大的市场是墨西哥。Linio 现有 2000 多名员工，网站每月访问量达 3500 万人次，平台目前共有 27000 名卖家，产品类目涵盖 60 大类，SKU 数量超过 600 万。

五、Buscape

Buscape 是巴西最著名的比价网站。成立于 1999 年，该平台提供拉美 100 余家网站的价格信息，支持卖家在网站展示产品，由顾客对比价格并进行交易，收入主要来自卖家的年费、网上广告、点击付费和交易佣金。随着平台不断发展壮大，2006 年，Buscape 收购了总部位于里约热内卢的竞争对手 Bondfaro。2009 年，Naspers① 出资 3.42 亿美元收购了 Buscape 91%的股份，将其纳入市场扩张计划的一部分。

六、Dafiti

Dafiti 成立于 2011 年，在德国新创企业孵化器 Rocket Internet 的支持下，由起初只是销售鞋类产品的平台转型成为巴西最大 B2C 时尚电商网站。Dafiti 在巴西、墨西哥、阿根廷等国合并运营，提供 2000 个国内外品牌，超过 12.5 万种产品。涉及种类包括：服装、鞋类、配饰、美容产品、家居、体育用品等。其网站每月访问量达 3500 万人次。2014 年，Dafiti 创造了 1.9 亿欧元的收入，并被并入新兴的全球时尚集团 GFG。2015 年 7 月，Dafiti 收购了体育与户外用品在线零售商 Kanui 和专注于婴幼儿产品的电商平台 Tricae，以扩展销售品类。

七、B2Brazil

B2Brazil 平台总部位于巴西圣保罗，是巴西在线 B2B 领军平台，也是巴西开展国际贸易的入口。该平台与各大公司、协会和政府机构建立了战略伙伴关系，采用双语（英语、葡萄牙语）搭建，是巴西唯一受谷歌信任并建立合作关系的 B2B 国际贸易平台。

---

① Naspers 是一家领先的跨国传媒集团，成立于 1915 年。经过多年发展，Naspers 已从一个从事印刷的传统媒体公司发展成为业务涉及多个领域的电子媒体公司。Naspers 还持有非洲、巴西、中国、波兰及匈牙利等国家发行商、电子商务网站和数字广播电台的股份。

八、Mercantil

Mercantil 是智利最大的综合性 B2B 平台，致力于帮助中小企业创造网络曝光机会，并使他们在互联网上实现业务交易。该平台覆盖整个拉美市场，有 20 万家企业用户。

九、Yeatrade

Yeatrade 是一家覆盖整个拉美地区全行业的 B2B 平台。它的主要优势是使用直接索引从已经注册的进口商、出口商、顾客数据中进行供需关系匹配，以达到更快速、更精准促单的目的。目前主要覆盖的国家和地区有：中国、阿根廷、智利、哥伦比亚、厄瓜多尔、墨西哥、秘鲁等。

十、QuimiNet

QuimiNet 是拉美最大的 B2B 在线网站和行业平台，它主要帮助企业寻找供应商、客户、销售商、分销商、商业代理等。从 2000 年成立至今，有超过 2000 万拉美企业通过 QuimiNet 寻找到新的供应商及客户。

十一、Extra

Extra 成立于 2003 年，是巴西最大的家居采购和电子产品网上商城，销售家具、电器、手机、笔记本电脑等，网站每月访问量近 3000 万人次。该网站母公司为 Cnova（法国电商巨头）。Extra 原本是当地著名的实体商店，销售多种类别的产品，但其在线商店 Extra 更专注于销售电子产品、家用设备和家用电器等。Extra 旗下另一家网站 Clube Extra 则专注于销售食品、保健食品和其他杂货产品。

目前，拉美地区本土电商平台众多，多以 B2B 为主。如果是作为卖家进军拉美市场，可以考虑 MercadoLibre、Linio。如果只想专注巴西市场，可以考虑 B2W。或者如果想做单一品类的话，Dafiti 也是一个不错的选择。在后面章节，笔者将对拉美市场的选品、MercadoLibre 的实操进行重点讲解，而 Linio、B2W、Dafiti 作为次重点进行讲解。

第三节　拉美主要国家消费者特征及选品参考

一、巴西的消费者特征

（一）最热衷社交媒体的消费群体之一

巴西人对社交媒体有着浓厚的兴趣，87% 的互联网用户都注册了社交平台账号，其用户群更是活跃于 Facebook、Instagram、Twitter 等社交平台。巴西拥有 Facebook 世界第三大用户群，仅次于印度和美国。Twitter 的巴西用户群体大约有 1800 万人，使得巴西成为 Twitter 的世界第六大用户群。

巴西平均每位用户每天花 3.8 小时在社交平台上，男性平均每个月的上网时间达 38.5 小时，女性为 32.5 小时，是全球社交媒体访问时间最长的国家。社交媒体是消费者上网的主要动力，其中 Facebook 平台最受巴西用户喜爱，也是卖家吸引消费者的一个必备平台。社交媒体的活跃度也是推动电商快速发展的重要因素。

巴西消费者喜欢在社交平台上关注卖家，以追踪卖家提供的商品和促销。所以卖家要善于利用社交媒体推广品牌、发展客户，挖掘新需求，培养忠诚客户。

（二）巴西人爱好现金支付、分期支付

巴西男性和女性消费者的购物金额大致相同。35~49 岁人群是最具消费力的群体，占目前网购人数的 37.8%；50 岁以上的人群为第二大消费群体（30.4%），其次为 25~34 岁（23.4%）及 24 岁以下（8.4%）。巴西最流行的支付方式是现金支付（52.1% 的网购使用 Boleto 支付）和信用卡分期付款。19.5% 的消费者选择分 2~3 期付款，28.5% 的消费者选择分 4~12 期付款。

分期付款结算约占交易总量的 80%。无论是线下商店超市明码标记分期付款价格的大件商品，还是线上 30 元的拖鞋，都可以选择 12 个月分期付款。

据统计，巴西家庭每月收入的 40% 是用来还分期付款的。不过，如果是国际卖家，可以不用担心分期付款这个问题，由于网上的价格相对线下更便宜，所以大多数巴西消费者都是愿意一次性结清货款的。

（三）注重产品质量及售后服务

巴西人在消费方面很注重产品质量及售后服务，同样的价格，如果一款产品质量更好、更耐用，就会更受消费者欢迎。此外，巴西人比较喜欢欧式的和带有 CE 认证的产品。如果是有做欧美市场经验的中国卖家，那么在选品这块就不用太过于担心了。

二、墨西哥的消费者特征

（一）爱好分期付款

由于经济水平的限制，墨西哥消费者更喜欢物美价廉的产品，价格成为购买者首要考虑的因素。跟巴西的消费者相似，墨西哥人同样具有超前的消费意识，习惯采取分期付款的方式进行结算，尤其是在购买大件产品时，一般都是选择分期付款。因此，很多百货商店和超市为了满足消费者的购买需求，都提供分期付款的服务，一般是分期 2~4 个月。

由于过去几年墨西哥的通货膨胀率较高，墨西哥人养成了在尽可能短的时间内将手中的钱花光的习惯，储蓄较少，经常会超支，所以对于 2~4 个月的还款周期，无论是线上的卖家还是线下的商场和零售商，都不得不承担消费者无法及时还款的风险。

（二）3C 产品最受欢迎

3C 电子类产品属于墨西哥的热卖品类，主要包括电子产品、电脑、电子游戏和配件。因为在墨西哥，手机普及率高达 86.7%，所以用户对 3C 产品具有天然的偏好与依赖。3C 产品中的平板电脑和电子游戏最受墨西哥人欢迎。除此之外，他们对书籍、DVD 和 CD 也有需求，甚至还包括黑胶唱片。墨西哥电商卖家据此可对销售的产品类型做出相应的调整。不过选品时要注意的是，紫色是墨西哥的禁忌，黄色表示死亡，红色表示符咒。

（三）社交媒体

墨西哥拥有超过 5000 万 Facebook 活跃用户，为商品广告营销提供了肥沃的土壤。想进入墨西哥市场的卖家们也可以利用现有的社交媒体平台，开发自己的专有网站、品牌、应用程序等。

三、阿根廷的消费者特征

（一）网购用户偏好服饰品类

与巴西一样，阿根廷网购用户的偏好排在第一位的是服饰鞋子类的产品，排在第二位的是特殊品类，之后是 3C 电子产品。2015 年，阿根廷的电商收入为 51.82 亿美元。其中，最多的收入来自衣物、鞋子类，约占 33%；其次是特殊品类（包含玩具、婴儿用品、户外用品和奢侈品等），约占 24%；最后是 3C 电子类，约占 21%。2014—2020 年各类产品在阿根廷电子商务中的占比如图 3–3 所示。

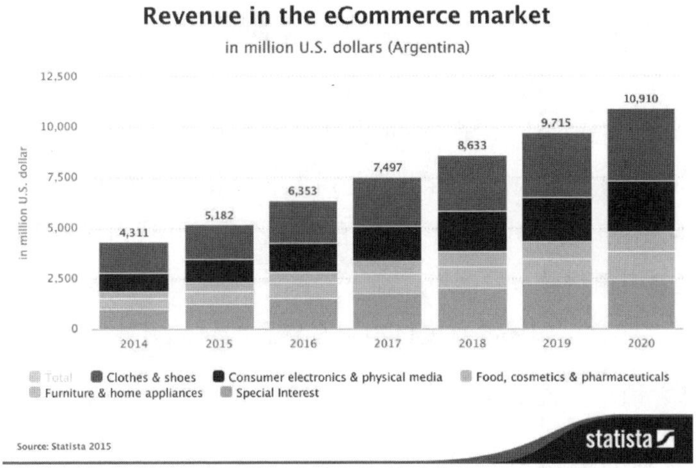

图 3–3　2014—2020 年阿根廷各类产品在电子商务中的占比

卖家在服装选品上需要注意的是，阿根廷人穿衣非常讲究，无论严寒酷暑，男士上班都需要穿西装打领带，女士则以套装为主。他们一般不会穿灰色的衣服，认为灰色代表阴郁、悲伤，会给人带来不快。

（二）90% 的互联网用户热衷社交媒体

阿根廷 25~34 岁网购用户的网购额占到了所有销售额的近四成，且低龄互联网使用者呈现出了持续增长的态势。90% 的阿根廷互联网用户热衷于使用社交网站，越来越多的阿根廷消费者会在线上与卖家协商价格成功后，在线下购买，这种方法在汽车销售领域尤其火爆。

（三）消费者爱好现金支付

阿根廷消费者爱好现金支付，如果卖家想获得更多的订单，支付解决方案上建议选择拉美本地支付 DineroMail。卖家可自行注册收款账号或找到跟 DineroMail 合作对接的中国公司。目前，国内的几家公司——鼎付、唐付通、Payssion 等已经和 DinerMail 对接。

DineroMail 主要是为中小企业解决收款问题，支持的国家有：阿根廷、巴西、智利、墨西哥、哥伦比亚等。DinerMail 开户免费，无月费，收款需收取一定比例的手续费。该公司在当地和超过 10 万家机构，如邮局、连锁零售商等有合作。消费者在支持 DineroMail 的卖家网站订购商品后，向 DineroMail 合作点出示打印的卖家网站商品的收据，并以现金支付。合作点工作人员扫描收据条形码，把现金以电子支付的方式转给卖家。

DineroMail 和多家银行、信用卡公司也有合作，消费者也可以通过借记卡、信用卡、电汇的方式进行付款。消费者还可以开通自己的 DineroMail 电子钱包，通过充值付款。

卖家需要注意，如果没有提供消费者熟悉的付款方式，可能会导致消费者取消订单。

四、智利的消费者特征

（一）社交媒体渗透率高

截至 2019 年 6 月，智利有 1300 万活跃的社交媒体用户，渗透率为

71%。在所有社交媒体用户中，68%的人每天访问社交网络。智利有1230万Facebook用户，其中51%是女性，超过70%的人年龄在18~44岁。

智利最受欢迎的社交网络分别是Facebook（68.31%）、YouTube（13.46%）、Pinterest（9.6%）、Twitter（5.53%）、Instagram（2%）和Tumblr（0.67%）。[①]

（二）网购品类多样

相较于其他商品，智利人更喜欢在网上购买电视、手机和电子游戏等科技产品。此外，智利消费者也喜欢在网上购买衣物、鞋子，以及与旅游有关的产品。智利数字基金会的数据指出，2018年，27%的智利民众曾经在网上购买过某些商品或服务。Brand & Label公司指出，虽然智利人基本上全年都在买东西，但是季节性销售或大型购物节才是智利互联网购物金额增长最快的时候。

（三）速卖通为智利人网购首选平台

在智利，外国电商的影响超过了本土电商。智利本土的电商平台基本都是全品类电商，在智利消费者中的影响力日益扩大。不过，亚马逊、eBay、速卖通等外国电商的份额增速更快，尤其是速卖通。在2018年Cyber Monday（智利版“双十一”）期间，速卖通在智利的销售额是亚马逊的四倍——3%的在线消费在亚马逊完成，而12%的在线消费是在速卖通完成的。

智利消费者热衷于中国产品。中国的智能手机、数据线、平板电脑是最受智利消费者热捧的网购商品。此外，鞋子服装也是热销品，尤其以运动服为最。

（四）从传统超市购物逐渐转移到线上

智利国家统计局（INE）发布的第八版家庭预算调查显示，智利人平均每月去超市采购4.3次，大约花费8.1万比索（约合人民币805元），平均每

① SOCIETE GENERAL. Chilean market: e-commerce [EB/OL].（2019-02-01）[2019-05-05]. https://import-export.societegenerale.fr/en/country/chile/ecommerce.

次花费 1.8 万比索（约合人民币 179 元）。在家庭预算中，超市购物开支是大头，在食品和非酒精饮料上的消费额占家庭总支出的 18.7%。此外，智利人在 Cornershop（智利线上零售平台）的购物频率为每月 4.4 次，比实体店高出 0.1 个百分点，单次购物的平均支出为 2.7 万比索（约合人民币 268 元），比连锁超市 Líder 的数据还高 1000 比索（约合人民币 9.9 元）。

（五）智利本地支付 Redcompra 成为网购支付首选

智利人网上购物最常用的三种付款方式是现金、信用卡及借记卡支付。40% 的智利人有银行账户，使用银行转账付款是智利人主要的网购支付选择。虽然信用卡支付在智利也普遍，但由于网购带来的安全隐患及智利存在大量信用卡负债人群，借记卡相对更加安全便捷。

Redcompra 支付系统由智利金融机构 Transbank S.A. 在 2001 年推出。买家网购时选择 Redcompra 支付方式，点击跳转到银行列表，再通过常用的银行来完成支付。这一系统可以覆盖 35% 的智利网购者。目前 Redcompra 支付支持智利的 15 家主流银行进行付款。客户在付款交易时只需输入四个数字（PIN 码），无须填写身份证号码或签名凭证。

五、哥伦比亚的消费者特征

（一）76%的互联网用户曾网购过

据哥伦比亚电子商务商会称，76%的哥伦比亚互联网用户都在网上购买过至少一件产品或一项在线服务。其中，服装、电子产品和食品是最受追捧的产品；在线服务则包括旅游、活动和电信业务。

（二）电脑网购仍为主流

哥伦比亚在线购物网站 Picodi 公布的一项调查分析报告指出，尽管全球移动电子商务的发展速度越来越快，但哥伦比亚的消费者依然非常喜欢使用电脑网购。为应对电子商务的飞速发展，跨境卖家需要更加了解消费者的购买习惯以便作出合适的对策。例如，使用电脑购物的哥伦比亚人在早上 11 点左右购物的数量最多，使用智能手机等移动设备购物的人则大多集中在晚上8~10 点下单。

但是，消费者使用的设备在过去三年已有变化，笔记本电脑购物比例从97%降至 94%，手机的使用比例由 30%提高到 49%，而平板电脑购物比例从32%下降到 26%。这些变化可以说明每天有更多的用户通过智能手机浏览购物网站，但不一定会在手机上完成购买，而是转移到电脑上完成支付。

（三）女性、年轻人更乐于网上购物

哥伦比亚女性消费者比男性消费者更倾向于在网上购物。数据显示，哥伦比亚女性消费者在网上进行的交易数量占总数量的 61%，男性仅占 39%。此外，62% 的消费者为 18~34 岁；19% 的消费者为 35~44 岁；45~54 岁的哥伦比亚消费者仅占网络购物人数的 10%。

（四）购物旺季平均消费额较高

每年的 11—12 月是哥伦比亚消费者的购物旺季，此间消费者在网上购物的订单数量占全年订单总数的 36%；9—10 月，哥伦比亚消费者网购订单数量较少，是网络购物的淡季。如果按照消费者月均消费额来计算，3 月、4 月及 11 月的平均消费额最高，其他月份相对来说较低。服装、旅行服务、儿童用品、食品和书籍是哥伦比亚人最喜欢在网上购买的商品类别。

（五）宠物用品需求旺盛

哥伦比亚拥有超过 500 万只宠物，宠物们会和自己的主人一起旅行、锻炼，拥有自己的社交网络页面，吃有机食品，睡在豪华的床上，甚至消费昂贵的高档用品。研究结果表明，72% 的哥伦比亚受访者在家里养宠物。哥伦比亚人最喜欢的宠物是狗，69% 的人表示愿意选择狗作为陪伴，其次是猫（21%）。平均来看，68% 的哥伦比亚人每月会给自己的宠物购买食品，开销在 5.7 万 ~17 万比索，最喜欢的购物地点是超市，也有人会去专卖店或者网店购买。

第四节　拉美主要国家的节假日购物季

许多卖家进入拉美市场前，首先想到的是语言沟通上的困难，却忽略了一个相当重要的细节——当地与众不同的节日，而节日对卖家的销售额和转化率有着巨大的影响。对于想分享拉美电商市场这块“大蛋糕”的跨境卖家，熟知当地的特殊购物节日，做到在对的日子为消费者提供优惠活动是非常重要的。

为了帮助跨境卖家更好地把握当地的节日，表 3–1~ 表 3–5 列出了拉美主要国家重要的节假日，供卖家参考。

表 3–1　巴西 2020 年重要节假日一览表

节假日名称	日期	备注
元旦 / 新年	1 月 1 日	
狂欢节	2 月 24—26 日（每年不固定）	巴西狂欢节被称为世界上最大的狂欢节，有“地球上最伟大的表演”之称，每年吸引国内外游客数百万人。在巴西各地的狂欢节中，尤以里约热内卢狂欢节最为著名
耶稣受难日	4 月 10 日	基督教重要节日之一
蒂拉登特斯日	4 月 21 日	每年 4 月 21 日是巴西全国假日“蒂拉登特斯日”，在这一天，人们会举办多种活动，以纪念巴西民族独立运动先驱蒂拉登特斯
劳动节	5 月 1 日	国际劳动节
独立日	9 月 7 日	
阿帕雷西达圣母节 / 儿童节	10 月 12 日	

续表

节假日名称	日期	备注
国殇纪念日 / 阵亡将士纪念日 / 和平纪念日	11 月 2 日	
共和国宣言日	11 月 15 日	相当于中国的国庆节
圣诞节	12 月 25 日	大多数巴西人信奉天主教，因此非常重视圣诞节

表 3–2　墨西哥 2020 年重要节假日一览表

节假日名称	日期	备注
元旦	1 月 1 日	
清明节 / 阵亡将士纪念日	2 月 3 日	
劳动节	5 月 1 日	国际劳动节
独立日	9 月 16 日	纪念墨西哥独立的节日
革命日	11 月 20 日	1910 年，墨西哥资产阶级民主革命爆发，同年 11 月 20 日爆发武装起义。在每年的这一天，墨西哥都会举行游行活动
圣诞节	12 月 25 日	

表 3–3　阿根廷 2020 年重要节假日一览表

节假日名称	日期	备注
元旦	1 月 1 日	
狂欢节	2 月 24—25 日	
清明节 / 阵亡将士纪念日	3 月 24 日	
退伍军人节	4 月 2 日	

续表

节假日名称	日期	备注
耶稣受难日	4 月 10 日	复活节前一个星期五
劳动节	5 月 1 日	国际劳动节
国庆日（五月革命）	5 月 25 日	1810 年 5 月 25 日在布宜诺斯艾利斯成立了政务会，推翻了西班牙在南美洲的殖民统治。因此每年的 5 月 25 日被定为阿根廷的国庆日
国旗日	6 月 20 日	阿根廷国旗是“三横二色”的国旗，最顶端和最底端是蓝色，中央部分为白色，并加上一个 32 道光线的太阳。阿根廷的国旗起源于 1807 年身穿蓝、白军服的阿根廷士兵，他们击退了殖民军
独立日	7 月 9 日	阿根廷 16 世纪中叶沦为西班牙殖民地，经过大规模武装斗争，于 1816 年 7 月 9 日宣告独立。阿根廷人民把这一天定为独立日
圣马丁日	8 月 17 日	何塞·德·圣马丁，阿根廷将军，南美西班牙殖民地独立战争的领袖之一。他将南美洲南部从西班牙统治中解放，与西蒙·玻利瓦尔一道被誉为南美洲的解放者，被视为国家英雄
国家主权日	11 月 23 日	
圣母无染原罪节	12 月 8 日	天主教节日之一
圣诞节	12 月 25 日	基督教传统节日

表 3–4　智利 2020 年重要节假日一览表

节假日名称	日期	备注
元旦	1 月 1 日	
耶稣受难日	4 月 10 月	
圣周六 / 复活节前夜	4 月 11 日	
劳动节	5 月 1 日	国际劳动节

续表

节假日名称	日期	备注
海军纪念日	5月21日	海军纪念日这天，智利全国上下都会举办各类庆祝活动，缅怀英雄先烈。一般庆祝活动包括海上阅兵及官方庆典。每年的庆祝活动都会有众多民众参加，其中伊基克广场举行的庆典已经成为了智利的旅游盛事
圣彼得和圣保罗日	6月29日	
加尔默罗山圣母节	7月16日	智利最著名的节日之一。节日期间，信徒、歌舞表演者、游客从四面八方聚集到蒂拉纳小镇，大家跳舞、游行、狂欢，度过一个不眠之夜
圣母升天节	8月15日	
国庆节	9月18日	智利最盛大的节日，节日期间，全国将举行盛大的狂欢活动，每家每户的房子上都挂着国旗，大街小巷、窗户阳台飘满了红蓝白三色国旗
哥伦布发现美洲纪念日	10月12日	纪念克里斯托弗·哥伦布发现美洲新大陆
万圣节	11月1日	
圣母无染原罪瞻礼 / 圣母无染原罪节	12月8日	纪念圣母玛利亚的日子，同时也是孩子们表达对母亲的爱的节日，类似“母亲节”。
圣诞节	12月25日	基督教传统节日

表 3–5　哥伦比亚 2020 年重要节假日一览表

节假日名称	日期	备注
元旦	1月1日	
三王节 / 主显节	1月6日	基督教重要节日之一

续表

节假日名称	日期	备注
耶稣受难日	4 月 10 日	复活节的前一个周五，基督教的重要节日
劳动节	5 月 1 日	国际劳动节
圣彼得和圣保罗日	6 月 29 日	
独立日	7 月 20 日	1810 年 7 月 20 日哥伦比亚宣布独立，7 月 20 日为独立日
博亚卡战役纪念日	8 月 7 日	博亚卡战役，新格拉纳达独立战争中的一次决定性战役
情人节	9 月 19 日	哥伦比亚本国节日
哥伦布发现美洲纪念日	10 月 12 日	纪念克里斯托弗·哥伦布发现美洲新大陆
万圣节	11 月 2 日	
妇女节	11 月 14 日	哥伦比亚妇女节
卡塔赫纳独立日	11 月 16 日	
圣母无染原罪瞻礼 / 圣母无染原罪节	12 月 8 日	天主教节日之一
圣诞节	12 月 25 日	基督教传统节日

第五节　开拓拉美电商市场的难点及建议

一、语言是突破口

很多拉美公司的网站都是西班牙语，墨西哥、智利、巴西等拉美国家能讲英语的极少。所以想开发拉美市场，西班牙语是必学科目。西班牙语是世界第三大语言、联合国工作语言之一，也是拉美大多数国家的官方语言。拉美国家跟中国时差大概是 12 小时，中国时间晚上 10 点与拉美客户联系最好。

二、最重要的服务是耐心

拉美国家大多数人做事的效率比较低，经常会出现被“放鸽子”的情况。在他们看来，约会迟到或爽约不是什么大不了的事情。所以如果想和他们做生意，耐心是很重要的，不要以为他们几天不回邮件就是没下文了，有可能只是撞上了节假日。在拉美，一旦碰上节假日，或者是快到周末的时候，人们的状态都会提前进入假期，假期开始前两三天直至假期结束后两三天，工作状态都是比较散漫的。例如，智利法律规定，节假日不可以强迫加班，即使加班也要付四倍的薪水。所以与拉美人谈判，要为漫长的谈判程序留出足够的时间，同时在最初出价时要留足余地，因为拉美人普遍擅长讨价还价，因此要保持耐心。

三、注重需求多样性

巴西作为“南共市”（南方共同市场，“南共市”成员国间绝大部分商品实行无关税自由贸易，共同对外关税则为 23%）的重要成员国，很多工业产品都从巴西流入整个拉美地区。巴西相对于其他国家而言，拥有完善的产业体系，工业基础较雄厚，与中国的产业有很多重合的地方，所以中巴的行业互补性不是很大。简言之，很多中国制造的产品，巴西也能制造。而中国的大部分产品，虽然具有绝对的成本优势，但是由于地理位置远离拉美各国，高运费增加了产品的成本。所以，在进军拉美市场的时候，要尤其留意自己的产品在巴西是否也有生产，以及竞争对手的情况，准确定位自己的产品优势，做好差异化。

虽然进入拉美市场，必将面临一些问题，但正因为这个市场还不够完善，有待开发，才正是我们进入的好时机。只要我们愿意克服这些小困难并坚持下来，“大卖”的很有可能就是下一个产品。

第四章

MercadoLibre 基础运营实操

第一节 MercadoLibre 平台概况及入驻指南

一、MercadoLibre 平台简介

在拉美这片电商“蓝海”市场里，亚马逊、阿里巴巴最强有力的对手就是拉美市场本土的电商巨头 MercadoLibre。

1999 年，Hernan Kazah 和 Marcos Galperin 在阿根廷的布宜诺斯艾利斯共同创办了 MercadoLibre。目前，其服务覆盖阿根廷、玻利维亚、巴西、智利、哥伦比亚、哥斯达黎加等站点，见图 4-1。

图 4-1 MercadoLibre 各大站点

在整个拉美地区，有 47% 的网购消费者会选择 MercadoLibre，选择亚马逊的仅为 17%。以墨西哥市场为例，尽管亚马逊在墨西哥市场提供的服务与

美国市场的几乎一模一样，也只有 21% 的墨西哥网购消费者会选择亚马逊，而选择 MercadoLibre 的消费者比例高达 38%。

MercadoLibre 在拉美投资了数十家企业，收购了 15 家科技公司。在拉美体量较大的企业中，MercadoLibre 属于为数不多的能够通过并购获取顶尖人才的公司。

MercadoLibre 是第一家在纳斯达克上市的拉美科技企业，在 2017 年 IPO 时募集了 2.89 亿美元。

与巴西手机巨头 Movile 的成长路径类似，MercadoLibre 也是通过一系列的投资收购动作成为拉美市场中无可争议的电商巨头的。

MercadoLibre 是拉美蓬勃发展的电商市场中最大的玩家之一。作为拉美创投生态最早一批的掘金者，一直以来，MercadoLibre 通过一系列的战略收购及投资等动作，抵挡住了不少全球电商巨头在本地发起的竞争攻势，其中也包括亚马逊、沃尔玛和阿里巴巴这样的超级玩家。如今，拉美地区的网购市场竞争越来越激烈，MercadoLibre 也需要不断地创新来提升服务质量，增加产品供给，以坐稳自己在拉美第一把交椅的位置。

二、MercadoLibre 平台优势

（一）流量大

目前，MercadoLibre 是拉美地区第一大平台。根据 Alexa 统计，MercadoLibre 的流量大多来自推荐流量，占比约 46%，其中占比最高的是 Facebook，占比约 50%。如果卖家想做 MercadoLibre，最好学会使用 Facebook 为自己的产品引流。

（二）后台操作为英文

虽然拉美地区大部分国家讲西班牙语，但是 MercadoLibre 平台允许卖家编辑上架英文 Listing。卖家在不懂西班牙语的情况下也能在平台上上架产品。上架后平台会自动把 Listing 翻译成西班牙语或者葡萄牙语。不过，笔者还是建议卖家提前做好语言方面的准备。

（三）可使用 ERP 上传产品

MercadoLibre 平台可以通过 ERP 上传产品，可以通过 API 接口对接第三方货源分销平台进行产品的上传、订单的同步和物流信息的更新。

（四）平台运营支持

MercadoLibre 为卖家建立了四个支持方案，分别解决市场、线上支付、线上广告和店铺运营四大难题，以解决“新手小白”初来乍到的担忧。

三、MercadoLibre 入驻条件

（一）本地卖家入驻材料

本地手机号码、电子邮箱、本地退货地址、本地银行账号。

（二）中国卖家入驻要求

（1）企业营业执照。
（2）有跨境电商运营经验。

截至 2019 年 8 月，仍有很多中国卖家难以顺畅入驻，主要是由于平台尚未大量开放入驻名额，加上拉美人工作效率比较低，很多卖家提交信息后长时间未收到回复。笔者建议可以主动上网搜索并联系平台的招商经理，通过招商经理入驻，速度会快一些。

四、MercadoLibre 开店费用

（一）平台佣金

MercadoLibre 所有类目的佣金收取比例是一样的，但不同的站点存在差异。具体收取情况如表 4-1 所示。

表 4–1　MercadoLibre 各站点佣金比例

站点	佣金比例
墨西哥站	17.5%
巴西站	16%
阿根廷站	16%
智利站	16%

（二）平台入驻费用

本土卖家入驻：无费用。

通过 MercadoLibre 招商经理入驻：无费用。

五、MercadoLibre 注册流程

想要入驻 MercadoLibre 的卖家，可以登录 MercadoLibre 的官网进行注册。MercadoLibre 卖家入驻，可分成三个步骤：

（1）创建账户，按照要求填写公司信息，包括公司名称、联系方式、密码、国家和详细的地址等。

（2）完善账户信息，包括品牌标识（Logo）上传、银行账户设置、物流设置等。

（3）登录邮箱，核对信息，反馈给招商经理，申请激活账户。详见图 4–2。

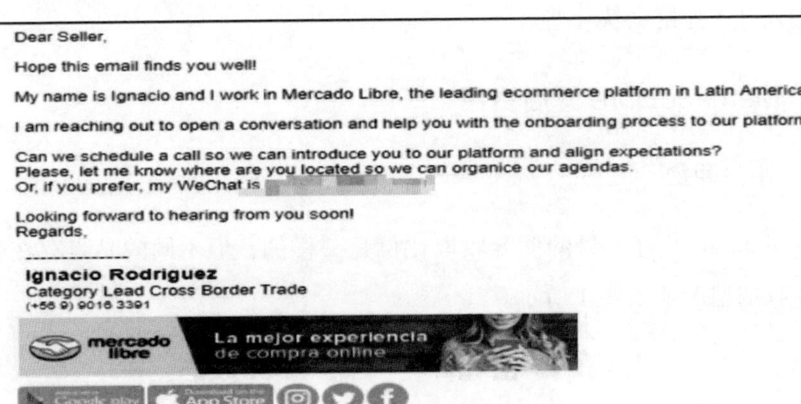

Dear Seller,

Hope this email finds you well!

My name is Ignacio and I work in Mercado Libre, the leading ecommerce platform in Latin America.

I am reaching out to open a conversation and help you with the onboarding process to our platform.

Can we schedule a call so we can introduce you to our platform and align expectations?
Please, let me know where are you located so we can organice our agendas.
Or, if you prefer, my WeChat is

Looking forward to hearing from you soon!
Regards,

Ignacio Rodriguez
Category Lead Cross Border Trade
(+56 9) 9016 3391

mercado libre
La mejor experiencia de compra online

Google play　App Store

图 4–2　登录邮箱、核对信息

六、MercadoLibre 收款方式

MercadoLibre 平台使用 Payoneer（中文名称：派安盈，以下简称“P 卡”）进行收款。

第二节　MercadoLibre 卖家中心板块介绍

卖家中心是 MercadoLibre 卖家平时开展运营工作的后台，包括上传产品、处理订单、广告促销、回复买家消息等，所有的运营工作都要在这里进行。

一、MercadoLibre 卖家中心登录

打开 MercadoLibre 卖家中心后台首页，填好邮箱和密码，点击“Login”（登录）直接进入卖家中心后台页面，如图 4-3 所示。

图 4-3　登录 MercadoLibre 卖家中心后台

二、MercadoLibre 卖家中心六大板块

MercadoLibre 卖家中心后台菜单栏包括 My Account（我的账户）、Flat File（平面文件）、Products（产品管理）、Sales（销售管理）、Questions（买家问题）、Payments（付款）六大板块，如图 4-4 所示。

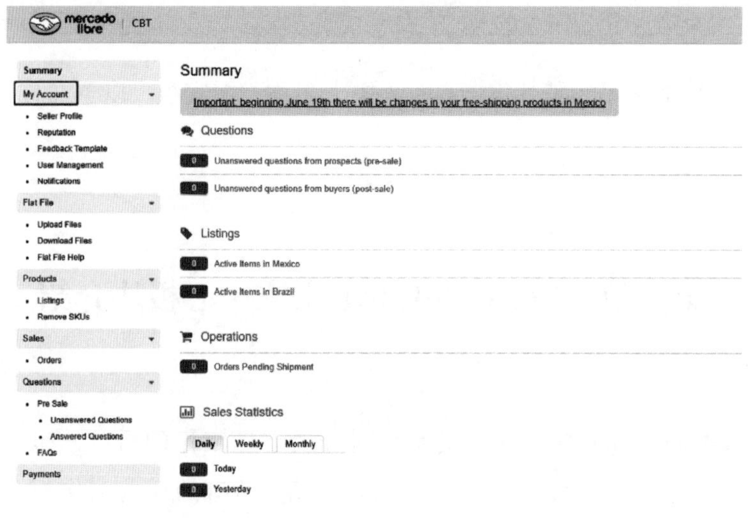

图 4-4　MercadoLibre 卖家中心后台首页

（一）My Account（我的账户）

这个板块包含 Seller Profile（卖家信息）、Reputation（卖家等级）、Feedback Template（店铺自动回复）、User Management（账户信息管理）、Notifications（通知）。

1. 卖家信息（Seller Profile）

卖家可以在“Seller Profile”这一栏看到自己的店铺信息。一旦注册店铺后，卖家不可以修改店铺名称（所以在前期注册时一定要拟一个合适的名字），但是密码、邮箱、发货地址、手机号码、税号、店铺 Logo 都是可以修改的。

2. 卖家等级（Reputation）

在“Reputation”这一栏，卖家可以看到自己的店铺等级。店铺需保持绿色 5 分，才能获得店铺曝光和活动报名资格，从而有更多订单量。新店铺不显示店铺等级，一般运营 3 个月后，卖家才可以看到平台给店铺评定的等级。Reputation 是卖家店铺在所有店铺排名中占据的位置，并用颜色表示等级的高低。

MercadoLibre 会根据卖家为买家提供的服务来评定等级，从左往右，等级从低到高。如果卖家的销售情况表现良好，Reputation 将为绿色。如果卖家完成 10 个以上的订单，平台会综合考虑卖家的投诉率、运输时效、订单取消率等因素进行评级。

（1）卖家投诉率

绿色卖家，投诉订单不得超过总订单的 3%。

黄色卖家，投诉订单不得超过总订单的 7%。

橙色卖家，投诉订单不得超过总订单的 12%。

（2）运输时效

在物流方面，平台会以相同类目的卖家运输时效进行比较。一般来说，在 24 小时内发货，卖家等级不会受到负面影响，超过 24 小时发货，会被算作“延迟处理”，延迟处理的货件不应超过总订单量的 20%。

绿色卖家，超时订单不得超过总订单的 15%。

黄色卖家，超时订单不得超过总订单的 20%。

橙色卖家，超时订单不得超过总订单的 30%。

（3）订单取消率

如果买家自己取消订单，店铺等级不受影响。如果是卖家因缺货等原因取消订单，则会降低店铺评分。

3. Feedback Template（店铺自动回复）

在“Feedback Template”这一栏，卖家需要用西班牙语和葡萄牙语设置店铺自动回复消息，如图 4-5 所示。

图 4-5　设置双语店铺自动回复

以设置西班牙语为例，点击“Edit”，进入自动回复页面。

第一步：卖家如果选择“Automatically leave buyer feedback once order is shipped”（订单发出后，自动给买家回复），店铺将会开启自动回复，只要有买家咨询，就会第一时间回复；如果选择“Do not leave feedback automatically”（不自动回复），店铺不会开启自动回复。一般来说，由于时差过长的问题，中国卖家都会选择开启自动回复。

第二步：在“Feedback Message”中有5个栏目，卖家可以将需要自动回复的信息复制到各个栏目中，如图4-6所示。

第三步：点击“Save”（保存），自动回复消息就设置完毕了。

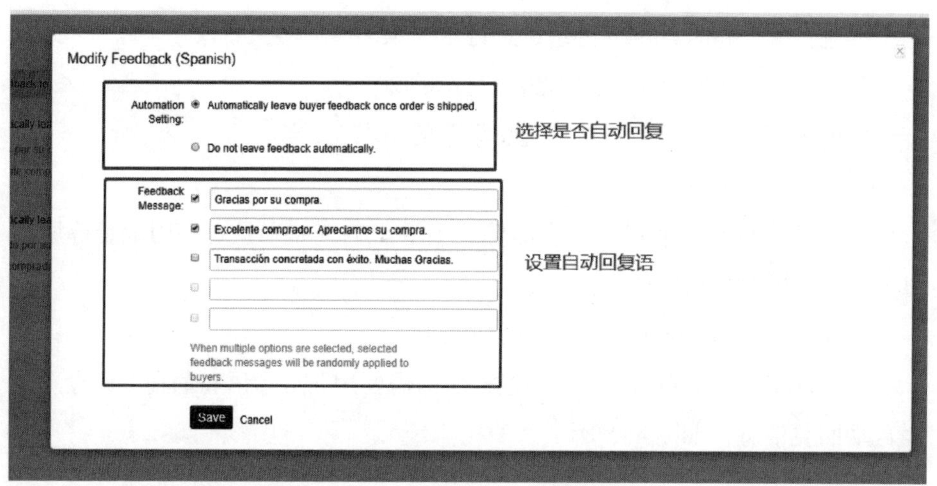

图4-6　填写店铺自动回复消息

4. User Management（账户信息管理）

在“User Management”这一栏中，卖家可以绑定多个运营者，并看到运营者的邮箱、类目和各个站点的店铺信息，如图4-7所示。

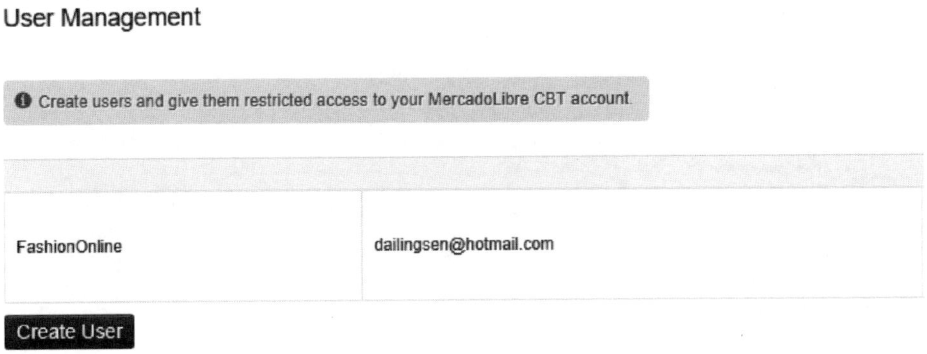

User Management

Create users and give them restricted access to your MercadoLibre CBT account.

FashionOnline	dailingsen@hotmail.com

Create User

图 4-7 店铺账户信息管理

5. Notifications（通知）

在 Notifications（通知）这一栏，卖家可以开启店铺实时通知，包括订单、买家咨询、平台推送、订单异常等情况的通知，在“Email”栏目，输入卖家的邮箱，点击“Save”（保存），如图 4-8 所示。

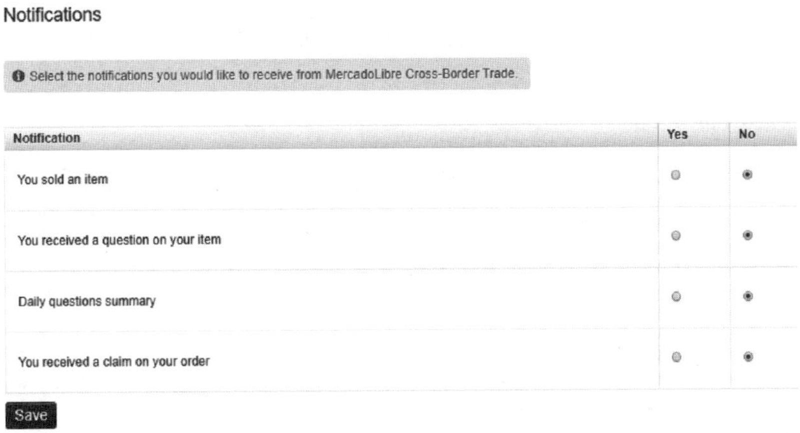

Notifications

Select the notifications you would like to receive from MercadoLibre Cross-Border Trade.

Notification	Yes	No
You sold an item	○	●
You received a question on your item	○	●
Daily questions summary	○	●
You received a claim on your order	○	●

Save

图 4-8 Notifications（通知）界面

（二）Flat File（平面文件）

在“Flat File”（平面文件）这个栏目，卖家可以通过 Excel 表格填写信息或者对接 ERP 系统来上架产品，如图 4-9 所示。

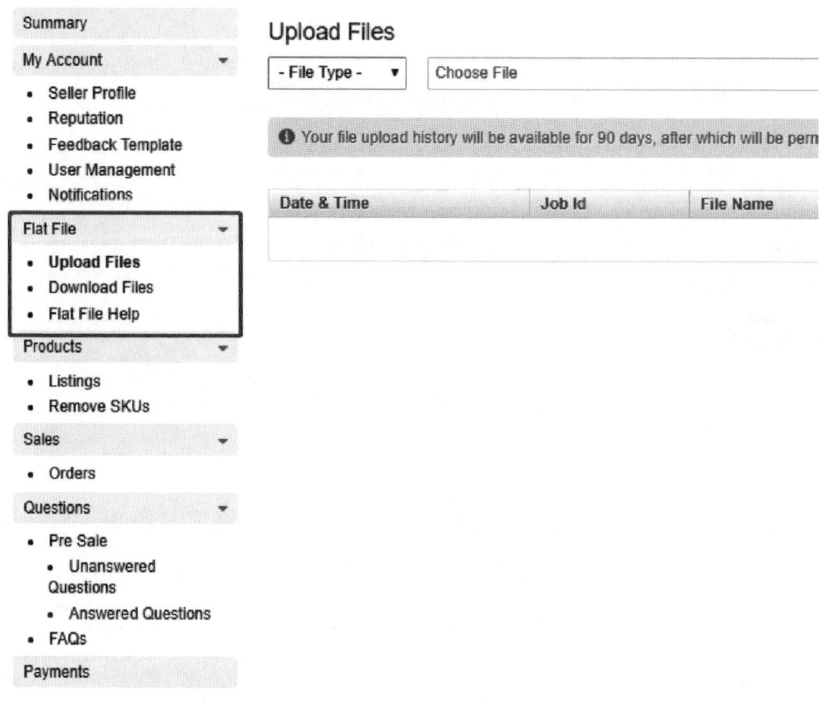

图 4-9 Flat File（平面文件）界面

1. Flat File 介绍

Flat File（平面文件）是一种上传产品的方式。平面文件也称为逗号分隔值文件（CSV），可以由 ERP 系统或 Excel 等电子表格软件生成，如图 4-10 所示。

B5 fx

	A	B	C	D	E
1	Product information (*) Required fields				
2	SKU (*)	Parent associated SKU	Variation (*)	Product type (*)	Title of the product in english (*)
3	sku	primary_variation_sku	is_primary_variation	product_type	product_title_english
4					
5					
6					
7					
8					
9					

图 4-10 上传产品 Flat File（平面文件）界面

（1）通过平面文件可以做些什么

使用平面文件，卖家可以将库存（SKU）批量上传、更新、删除，还可以下载订单，批量更新送货状态和跟踪信息。如果卖家相同的 SKU 数量较多，笔者推荐使用 Flat File（平面文件）；不过由于 Flat File（平面文件）并不是实时同步的，所以卖家应该经常更新库存以免导致缺货，影响卖家的信誉等级。所以，笔者建议卖家使用第三方跨境电商 ERP 软件[①]与平台进行 API[②]对接，方便卖家上传、更新、删除产品信息。

（2）Flat File（平面文件）要求

新手卖家往往没有自己的 ERP 软件，通常会采用 Flat File（平面文件）上传产品，但系统经常会提示无法上传，所以，熟知平台对 Flat File（平面文件）的要求显得尤为重要。

① 文件上传要求

文件大小：不超过 7MB。

每个表格中的工作表数量：不超过 10 个。

文件格式：CSV，分隔符为“,”。

文件编码：UTF-8。

② 文件下载要求

每天最多订单文件下载数量：99。

每天最大库存下载数量：12。

下载请求输出是压缩的 CSV 文件。

2. Upload Files（上传文件）

在“Upload Files”这个栏目中（见图 4-11），点击“File Type”（文件类型），分别有“Add SKUs”（添加库存）、“Update SKUs”（更新库存）、“Delete SKUs”（删除库存）、“Add Shipment”（添加运费），卖家可根据实际情况选择需要上传的文件类型。

---

① 跨境电商 ERP 是一套针对企业内部业务流程管理、企业团队管理的系统，初级的 ERP 管理系统会在业务上帮助卖家操作，提高操作效率，比如卖家在操作 SKU、编辑产品资料时会很方便，并且资源对接也很方便，节省很多的流程操作时间。

② API 指的是应用程序编程接口。

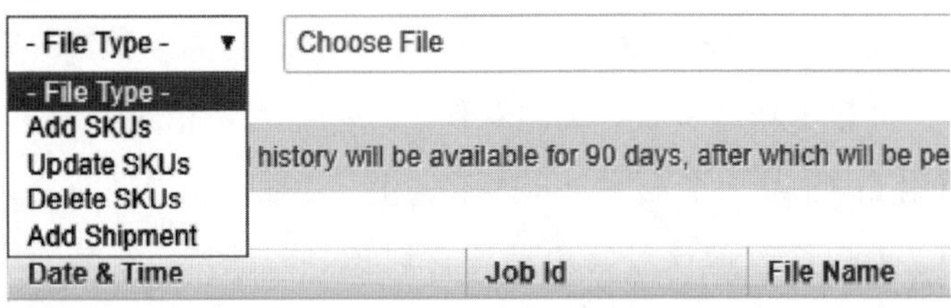

图 4-11　Upload Files（上传文件）界面

3. Download Files（下载文件）

在“Download Files”这个栏目中（见图 4-12），点击“File Type”（文件类型），分别有“Orders”（订单）、“Inventory-Price & Quantity”（价格数量管理）、“Inventory-Full Data”（全部数据管理），卖家可根据实际情况选择需要下载的文件类型。

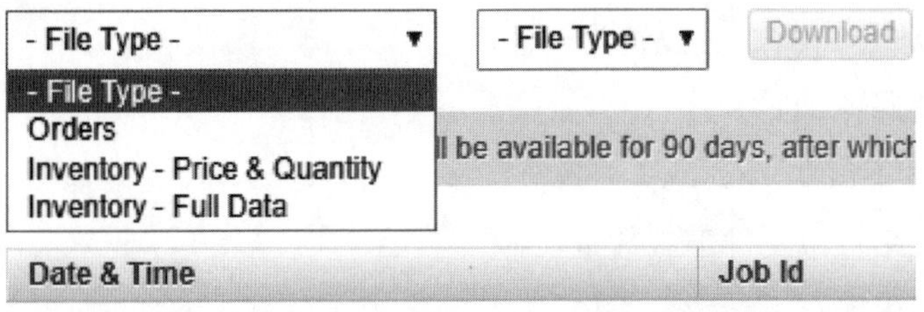

图 4-12　Download Files（下载文件）界面

（1）Orders（订单）：卖家可选择四种类型，分别为“今日订单”“近 7 天订单”“近 30 天订单”“近 3 个月订单”，见图 4-13。

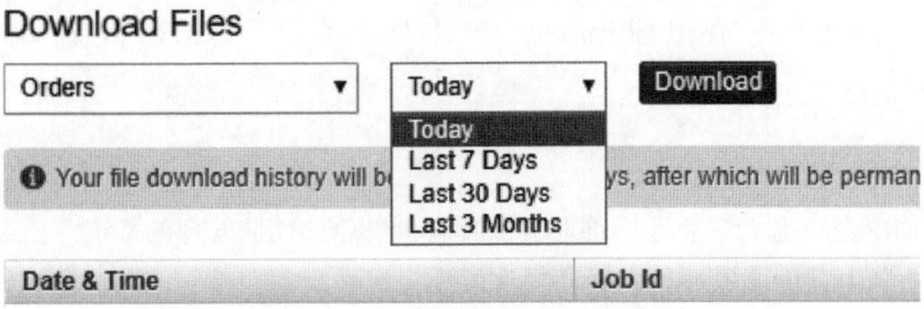

图 4-13　Orders（订单）界面

（2）Inventory–Price & Quantity（价格数量管理）：卖家可以选择“Active”（正在售卖中的产品）、“Out of Stock”（缺货产品）、“All”（所有产品）。通常卖家需要补货或者更改产品价格时，往往会选择“Inventory–Price & Quantity”（价格数量管理），这样可以方便卖家快速更新库存和价格，见图 4–14。

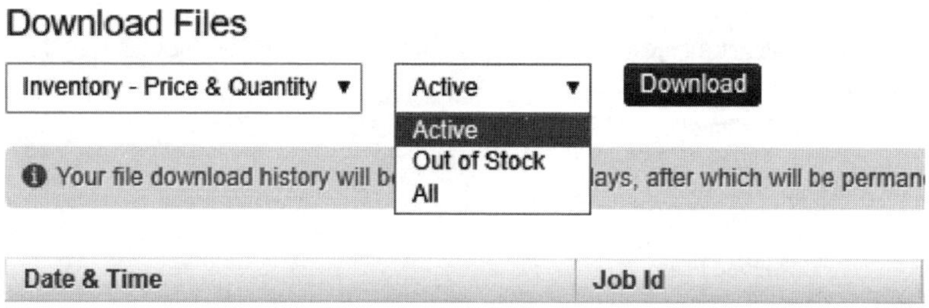

图 4–14　Inventory–Price & Quantity（价格数量管理）界面

（3）Inventory–Full Data（全部数据管理）：卖家可以选择“Active”（正在售卖中的产品）、“Out of Stock”（缺货产品）、“All”（所有产品）。销售一段时间后，如果卖家想对目前的产品进行分析，选择“Inventory–Full Data”（全部数据管理）可以更加直观地了解目前产品的销售状态，销售数据可为日后选品、备货提供参考，见图 4–15。

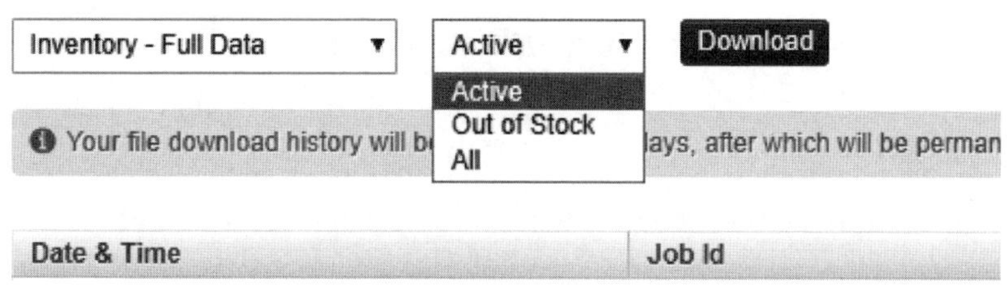

图 4–15　Inventory–Full Data（全部数据管理）界面

（三）Products（产品管理）

在“Products”这一栏，卖家可以查看产品详情页，以及移除 SKU，如图 4–16 所示。

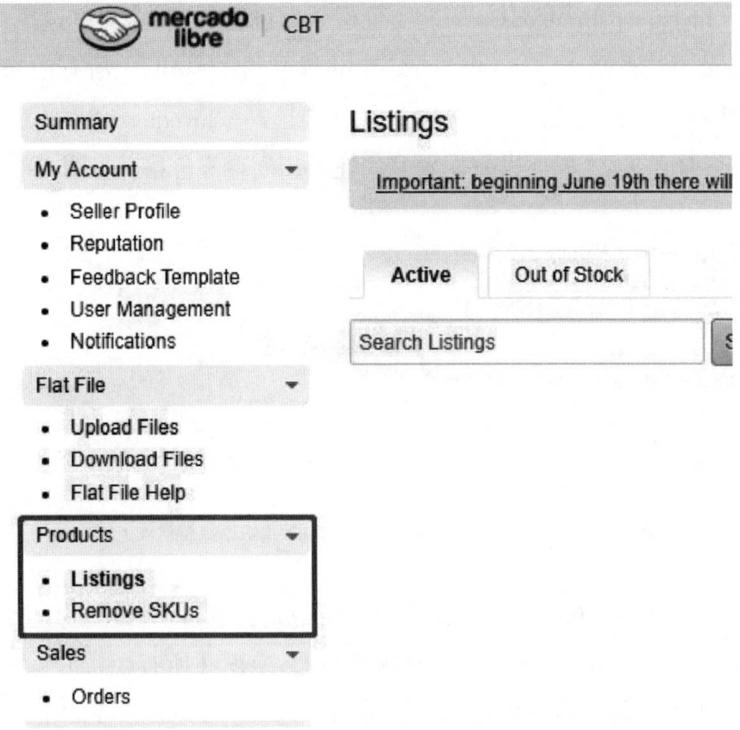

图 4-16　Products（产品管理）界面

1. Listing（产品详情页）

Listing 在这里分为两种状态，一种是“Active”（正在售卖中的产品），另一种是“Out of Stock”（缺货产品），如图 4-17 所示。

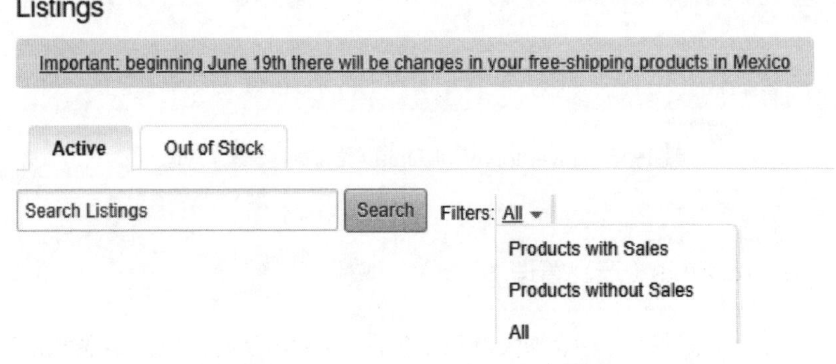

图 4-17　Listing（产品详情页）界面

2. Remove SKUs（移除 SKU）

如果卖家需要移除 SKU，可将 SKU 码复制到图 4-18 中的白色框格内，并用“,”分开，一次性最多可删除 500 个 SKU。一旦卖家点击“Submit”（提交）后，这些 SKU 将从系统中永久删除，Listing 列表也将会停止在前台展示，所以，卖家在复制 SKU 码的时候一定要核对一遍，避免出现错误。

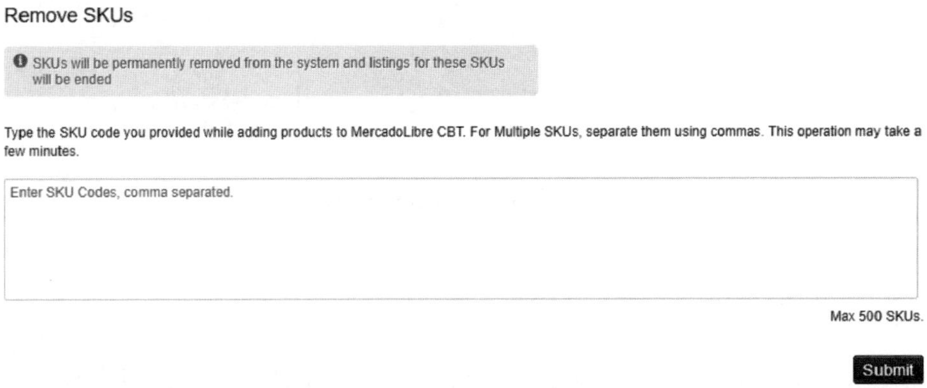

Remove SKUs

SKUs will be permanently removed from the system and listings for these SKUs will be ended

Type the SKU code you provided while adding products to MercadoLibre CBT. For Multiple SKUs, separate them using commas. This operation may take a few minutes.

Enter SKU Codes, comma separated.

Max 500 SKUs.

Submit

图 4-18　Remove SKUs（移除 SKU）界面

（四）Sales（销售管理）

在“Sales”（销售管理）这一栏，卖家可以查看订单状态。如果是“Open”，表示正在进行销售的产品订单。如果显示“Closed”，表示因为各种原因被关闭的订单。

图 4-19 中，第一列为购买者的信息；第二列为产品订单详情；第三列为交易支付状态，如果显示“Payment Confirmed”，表示订单已支付，“Payment Dispute”表示订单未支付，“In Transit”表示运输中。

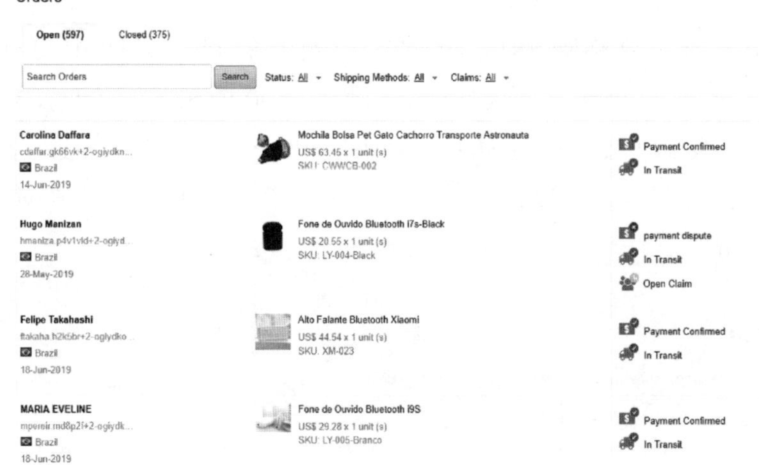

图 4-19　Sales（销售管理）界面

（五）Questions（买家问题）

MercadoLibre 不像中国的淘宝有旺旺后台，可以实时在线解答买家问题。因此，“Questions”（买家问题）板块就起到了联系卖家和买家的作用。如果买家在购物过程中对产品存在疑问，会留言到该板块，卖家看到问题后需要回复买家。

“Questions” 分为三个模块：“Pre Sale—Unanswered Questions”（预售未回复问题）、“Pre Sale—Answered Questions”（预售已回复问题）、“FAQs”（常见疑问），如图 4-20 所示。

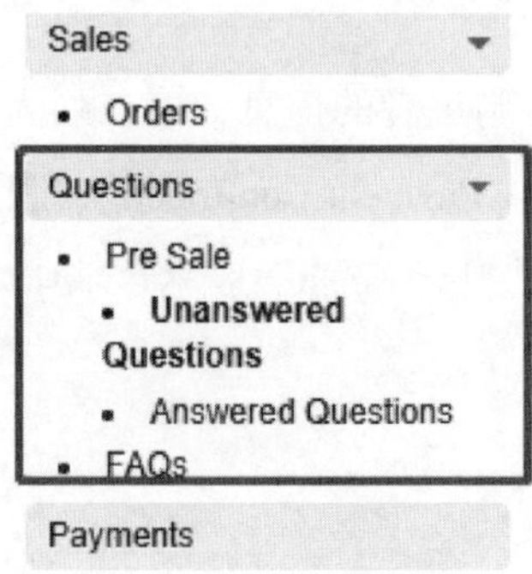

图 4-20　Questions（买家问题）界面

（1）“Pre Sale—Unanswered Questions”（预售未回复问题）：表示买家咨询的问题卖家暂时未回复，如图 4–21 所示。

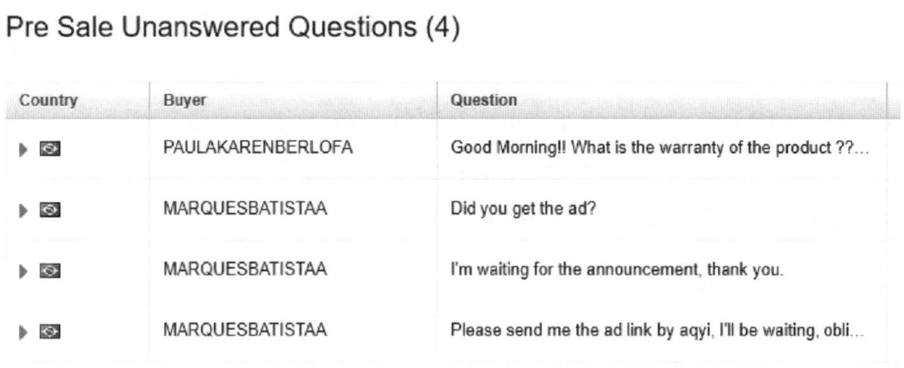

Pre Sale Unanswered Questions (4)

Country	Buyer	Question
	PAULAKARENBERLOFA	Good Morning!! What is the warranty of the product ??...
	MARQUESBATISTAA	Did you get the ad?
	MARQUESBATISTAA	I'm waiting for the announcement, thank you.
	MARQUESBATISTAA	Please send me the ad link by aqyi, I'll be waiting, obli...

图 4–21　Pre Sale—Unanswered Questions（预售未回复问题）界面

（2）“Pre Sale—Answered Questions”（预售已回复问题）：表示买家咨询的问题卖家暂时已解决。

（3）“FAQs”（常见疑问）：卖家可提取一些买家经常提出的疑问与回复，展示在此页面中，从而简化流程。

（六）Payments（付款）

在“Payments”（付款）栏目，卖家可以找到订单的详细付款报告。需要特别注意的地方是：卖家需要至少提前两天提交提现申请，申请金额最低为 500 美元。

此外，不同站点的结算时间不同：墨西哥站点为每两周的星期四结算一次；哥伦比亚、阿根廷和智利站点为每两周结算一次；巴西站点可以随时提现，到账日期以当地银行处理时间为准。

第三节　MercadoLibre 产品上传与库存更新

MercadoLibre 产品上传方式主要有两种：Excel 表格或者 ERP 系统。对于绝大多数中小卖家来说，在资金有限的情况下，首选 Excel 表格。所以，笔者本节就以 Excel 表格上传产品为例来讲解。

一、上传 SKU

（一）上传 SKU 的步骤

第一步：打开网址 https://cbt.mercadolibree.com/secure/login/merchant/，登录 MercadoLibre 平台卖家账户。

第二步：转到“Flat File”（平面文件），选择“Upload Files”（上传文件），如图 4-22 所示。

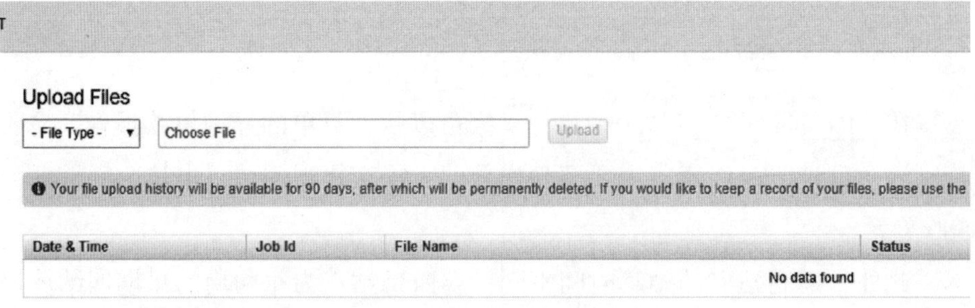

图 4-22　Upload Files（上传文件）界面

第三步：从电脑中选择文件，点击“上传”，如图 4-23 所示。

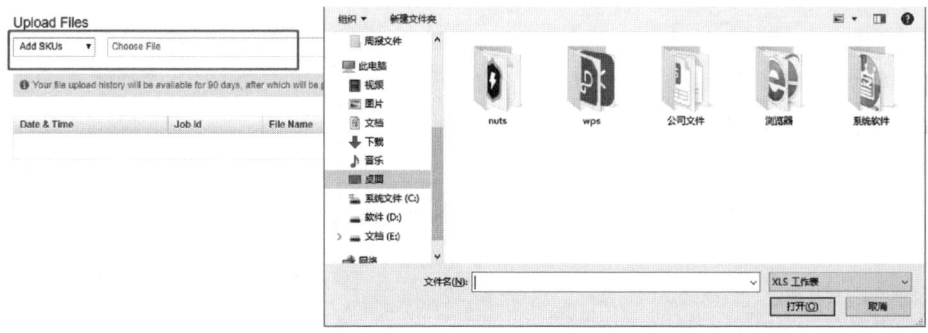

图 4-23　选择上传文件

需要注意，系统只接受 CSV 文件（逗号分隔），最大文件大小为 7MB。编码应该是 UTF-8。

卖家可以在图 4-24 方框位置“here”处找到示例上传文件。

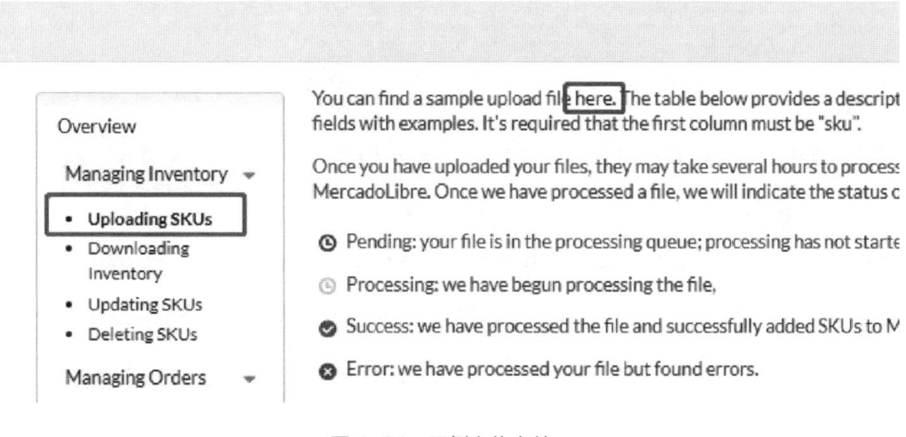

图 4-24　示例上传文件

（二）Flat File（平面文件）状态

上传文件后，可能需要几个小时才能处理完毕。上传成功后的文件，都会在 Upload Files 界面上看到目前的文件状态，如图 4-25 和图 4-26 所示。

Job Id	File Name	Status	File Type
28532	SHome-002.csv	Successful	Add SKUs
28491	YSE 06.19.csv	Successful	Add Shipment
28469	SHome-001(2).csv	Successful	Add SKUs
28459	(BXD)shipping upload 2019.06.19.csv	Successful	Add Shipment
28427	SHome-001.csv	Failed	Add SKUs
28391	shipping upload 2019.06.18.csv	Successful	Add Shipment
28344	Milai MMB-015.csv	Successful	Add SKUs
28275	YSE 06.17.csv	Successful	Add Shipment
28232	YSE 06.16.csv	Successful	Add Shipment
28122	BG-08~BG-014.csv	Successful	Add SKUs
28121	Milai 2019.06.14 -2.csv	Successful	Add SKUs
28119	Milai 2019.06.14.csv	Successful	Add SKUs

图 4-25　上传后的文件状态

Pending: your file is in the processing queue; processing has not started yet,

Processing: we have begun processing the file,

Success: we have processed the file and successfully added SKUs to MercadoLibre CBT,

Error: we have processed your file but found errors.

图 4-26　不同的文件状态指示

Pending（待处理）：文件在处理队列中，尚未开始处理。

Processing（正在处理）：系统已经开始处理文件。

Success（成功）：系统已经处理完文件，并成功将 SKU 添加到 MercadoLibre CBT（CBT 为国际卖家标志）后台。

Error（错误）：系统已处理文件但发现错误。

上传完文件后，卖家可以从“Flat File”界面下载 Excel 表格。如果系统发现文件上传错误，则会生成包含 SKU 和错误消息的文件。有时候，卖家会同时收到系统提示上传成功和错误的消息，这种情况是正常现象。出现这样的情况，往往是由于卖家在上传的文件中有一部分填写正确，有一部分填写错误。举个例子，如果我们上传了 500 个 SKU，有可能会收到信息，表明已成功上传 450 个 SKU，但同时也收到提示，有 50 个 SKU 上传错误。出现这种情况，一般是因为卖家在产品标题、产品描述或其他文字文本中出现不合适的符号。

（三）表格填写要求及示例

卖家下载表格后，会看到几十个栏目，各个栏目如何填写呢？在填写表格前，卖家可以提前准备好产品信息，下面这些是必填项：

（1）SKU ："Stock Keeping Unit"（库存量单位）的缩写，填写自设置的条码，以便在后期发货时快速找到相应产品。

（2）is_primary_variation（父体默认值）：用于指定父体 SKU 的字段，默认值为 0，将其设置为 1 可以添加父体 SKU。一般来说，此处填 0 或 1。

（3）product-type（产品类别）：不知道产品属于什么类别，可以在该库存文件的"Valid Values"查询。例如，卖家下载的是运动类目的库存，此处可以选"Sporting Goods"，最大长度为 25 个字符。

（4）product-title-English（产品英文标题）：平台会自动将英语转化为西班牙语或葡萄牙语，也可参考同行卖家或类似产品的产品标题和详情页，最多 150 个字符。例如，LED 运动充电式手电筒，可以填写"Sport Wrist Watch LED Illuminated"。

（5）description-English（产品英文描述）：在产品描述这一栏，只允许提供产品的信息，不能含有特殊符号，不能包含促销信息及卖家联系方式，最多 4000 个字符。

（6）brand（产品品牌）：品牌名最多为 50 个字符。例如，手表的品牌名称是"Citizen"，这里就需填写"Citizen"。如果卖家的产品没有品牌，可填写"other"。

（7）model（产品型号）：最大长度为 50 个字符。品牌产品请填写产品的具体型号，没有品牌的产品可填写其他信息，比如产品名称，或者

SellerSKU 等。

（8）IMAGE-URL（图片链接）：产品图片必须为纯白色背景，不包含边框、徽标或水印。不得含横幅、促销文本或 QR 码。像素大小至少为 500×500，像素建议为 1200×900。图片格式可以为：jpg、jpeg、png 或 gif（不带动画）。图片数量最多 6 张，每张不超过 10MB。在"Images"（图片）页面，上传图片需要用到图片外链网站[①]，卖家可以自行搜索。然后，运用文本文档整理到一起，再复制填入表格。如果需要插入两张图片，则在图片这一栏填写图片链接，并用 ~^~ 分隔产品的图片网址，例如：

http://img2.mlstatic.com/s_MLB_v_I_f_233107321_9038.jpg~^~http://img2.mlstatic.com/s_MLB_v_I_f_233107321_9038.jpg

（9）country-of-origin（生产国家）：产品在哪个国家生产的，可以填写相应国家的代码（例如：US、CN）。

（10）shipping-from（发货地）：包裹从哪个国家发出，可以填写相应国家的代码（例如：US、CN）。

（11）UPC（通用产品代码）：UPC 码主要有两种，分别是 UPC-E 和 UPC-A。它们本质上是相同的，只不过 UPC-E 码里没有数字 0。现在美国和加拿大都主打 UPC 码，其他国家大多数都使用 EAN。卖家可以从 UPC、EAN、ISBN 或 GTIN 中至少选填一个，最大长度为 25 个字符。

（12）weight-unit（包裹重量计量单位）：一般产品的重量单位为磅（lb）或千克（kg），卖家可根据实际情况选择。

（13）package-weight（包裹重量）：仅限数值。例如，产品重量为 2.5kg，仅需填写 2.5。

（14）dimension-unit（产品尺寸）：一般尺寸单位为英尺（in）或厘米（cm）。

（15）package-width（包裹宽度）：仅限数值。例如，包裹宽度为 25cm，仅需填写 25。

（16）package-height（包裹高度）：仅限数值。例如，包裹高度为 10cm，

① 外链网站就是网站的外部链接，即在除本站外的网站出现本站链接或者锚文本。外链出现的方式有两种：直接链接（就是直接出现网站的 URL）和锚文本（就是在文字中加入相应的超链接）。

仅需填写 10。

（17）package-length（包裹长度）：仅限数值。例如，包裹长度为 10cm，仅需填写 10。

（18）condition（产品条件）：可选选项为“New”（新的）、“Used”（二手的）、“Refurbished”（翻新的）。如果是国际卖家，必须填写“New”。

（19）sale-price（销售价格）：如果是以美元计价，不应包括货币符号，如果卖家填写为“US $ 54.05”，产品无法上传，应填写 54.05。中国卖家需要考虑运输成本，给出有利润的价格。

（20）site-xx（平台站点）：卖家应该在运营的对应站点下填写对应的价格。

（21）quantity（产品数量）：允许的最大数量是“999”。

需要注意：

（1）新账户上传产品一次不得超过 100 个 SKU。如果卖家已经达到限制要求，需要与 MercadoLibre 平台联系，增加产品的 SKU 上传数量。

（2）如果卖家提交的表格中没有西班牙语或葡萄牙语，平台将自动翻译表格内容。当然，卖家如果能使用准确的当地语言撰写产品的 Listing，对提高转化率有很大的帮助。

（3）在产品标题、产品说明或任何其他文本字段，不得含有分隔符号。如果卖家需断句，可使用空格。

二、更新与删除 SKU

MercadoLibre 后台不可直接更改 SKU。在更新 / 删除 SKU 前，卖家需要自己先下载库存表，手动修改 SKU 的现有库存数据、价格，再上传 SKU。

三、下载库存

MercadoLibre 平台卖家无法在后台查看库存，需每天下载库存表，查看产品销售情况。

（一）下载库存表的步骤

第一步：打开网址：https://cbt.mercadolibre.com/secure/login/merchant/，登录 MercadoLibre CBT 卖家账户。

第二步：转到“Flat File”（平面文件），点击“Download Files”（下载文件）。

第三步：选择要下载的文件类型：“Inventory-Price & Quantity”（价格数量管理）或“Inventory-Full Data”（全部数据管理）。

第四步：选择要下载的项目：“All”（全部）>“Active”（正在售卖中的产品）>“Out of Stock”（缺货产品），然后单击“Download”（下载）。

下载的库存价格和数量将生成一个文件，其中包含所有 SKU。具体项目包括各自的产品 ID、价格和库存数量。

（1）Inventory-Full Data（全部数据管理）：全部数据管理生成内容包含所有 SKU 文件，以及与该 SKU 关联的所有字段，包括产品描述、标题和类别。

（2）Active（正在售卖中的产品）：选择“正在售卖中的产品”将仅下载当前在一个或多个 MercadoLibre 站点中正在出售的项目。

（3）Out of Stock（缺货产品）：选择“缺货产品”只会下载当前缺货的商品（数量 = 0）。

（4）All（全部）：选择“全部”将下载所有项目，包括在售项目和缺货项目。

（二）下载过程状态

选择下载的数据，将看到一个或多个具有各种状态的文件列表，见图 4-27。

Pending: Request is in the processing queue, but processing has not started yet.

Processing: We have started processing the download request.

Success: We have processed the request, and the file is available for download

Error: We have processed the request but found errors

No Data: The file requested has no data.

图 4-27　不同的文件状态指示

Pending（待处理）：请求处于处理队列中，但处理尚未开始。

Processing（正在处理）：已经开始处理下载请求。

Success（成功）：已处理完请求，该文件可供下载。

Error（错误）：已处理请求，但发现错误。

No Data（无数据）：请求的文件没有数据。

下载文件将为压缩 CSV 格式，平台每天允许的最大库存下载数为 12。

第四节　MercadoLibre 订单管理

一、订单下载

登录 MercadoLibre CBT 账户，转到“Flat File”（平面文件），点击下载文件，选择“订单”，指定要下载的项目子集，选择“今天”“过去 7 天”“过去 30 天”或“过去 3 个月”的订单，单击“下载”，如图 4-28 所示。

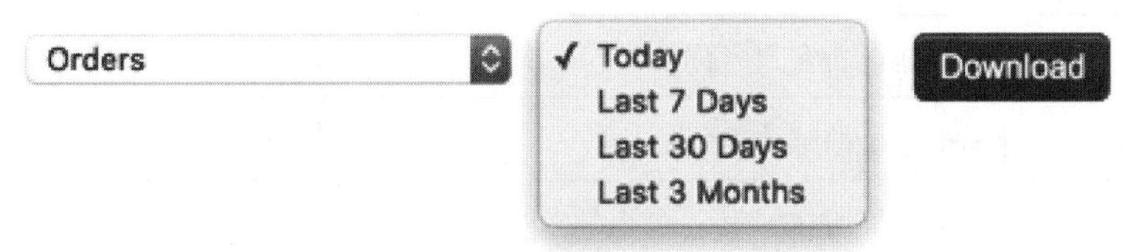

图 4-28　订单下载界面

二、订单文件及名词释义

卖家出单后，系统会自动生成一个表格，下载后的表格包含订单编号、买家的姓名、地址、联系方式、是否支付、物流详情等多个信息，以供卖家查看，方便及时补货和查漏。

订单表格名词解释，详见表 4-2。

表 4–2　订单表格名词释义

名称	释义与格式	备注
order–id	订单 ID 号	例如：DMX50113966238402
order–date	订购日期，日期格式：MM / DD / YY	例如：3/30/19
order–status	订单状态，共分为三种状态： Confirmed：Order paid（确认：已付款） Cancelled：Order cancelled（已取消：订单已取消） Shipped：Seller can change status of the order to shipped（发货：卖家可更改订单发货状态）	
invoice–amount	发票的总价值（以美元结算），包含运费	包括国内运费
first–name	买家的名字	
last–name	买家的姓氏	
company	公司名称（如果有）	
address–line–1	邮寄地址第一行	
address–line–2	邮寄地址第二行，该行包含物流运输代码	
city	邮寄地址所在城市名称	
state	邮寄地址所在州名称	
zip–code	邮寄地址的邮政编码	
country	邮寄地址所在国家名称	
customer–email	客户邮箱	
customer–phone	客户电话号码	
tracking–id	物流跟踪编号	
tracking–url	物流跟踪网址	
carrier	运输公司（USPS、UPS、FedEx 等）	
date–shipped	发货日期	
SKU	库存量单位	

续表

名称	释义与格式	备注
quantity	产品数量	
description-of-contents	产品英文描述	
delivery-type	交付方式，分为“完税后交货”和“未完税交货”	DDU or DDP

三、添加物流信息

将物流信息添加到订单的步骤如下：

第一步：点击“Download Template File”，下载运费表格，见图 4-29。

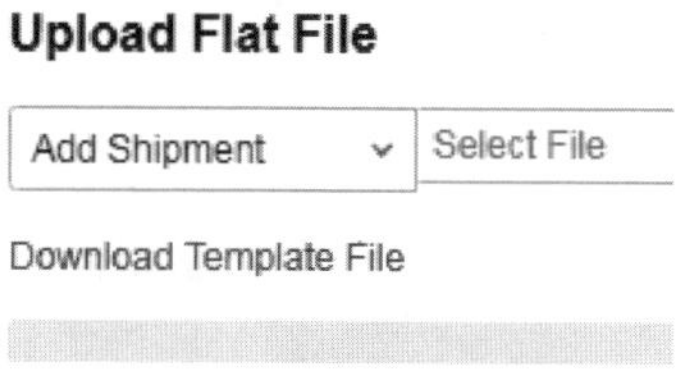

Upload Flat File

Add Shipment　Select File

Download Template File

图 4-29　下载运费表格

第二步：更新物流信息，见图 4-30。卖家可以更新货件的跟踪号、跟踪 URL、快递公司、发货日期和订单状态等。要将货件信息添加到订单，必须参考 MercadoLibre CBT 订单号填写说明。

Shipping information

MPID (*)	Order ID (*)	Tracking ID (*)	Tracking URL (*)	Carrier I	Quantity (*)
mpid	order_id	tracking_id	tracking_url	carrier	quantity
9028596231	DMX2101275642	WSHMX921300	https://t.17track.net/pt#num	WS	1
9013516125	DMX2097500563	WSHMX921300	https://t.17track.net/pt#num	WS	1
9019955717	DMX2096204037	WSHMX921100	https://t.17track.net/pt#num	WS	1
9021121260	DMX2094463894	WSHMX921100	https://t.17track.net/pt#num	WS	1
9021057966	DMX2093539905	WSHMX921100	https://t.17track.net/pt#num	WS	1
9022033757	DMX2096876258	WSHMX921100	https://t.17track.net/pt#num	WS	1
9020690831	DMX2097015341	WSHMX921100	https://t.17track.net/pt#num	WS	1
9019955717	DMX2094356125	WSHMX921100	https://t.17track.net/pt#num	WS	1
9022420964	DMX2094549818	WSHMX921100	https://t.17track.net/pt#num	WS	1

图 4-30　更新物流信息

第三步：转到“Flat File”（平面文件），然后点击“Upload Files”（上传文件）。

物流信息表格释义与填写示例，详见表 4-3。

表 4-3 物流信息释义与填写示例

名称	释义	示例
order-id	订单号	DMX50113966238402
tracking-id	物流跟踪编号	123456788
tracking-url	物流跟踪网址	
carrier	快递公司名称，例如 USPS、UPS、FedEx 等	Singapore Post（新加坡邮政）
mpid	平台自动生成的产品编号	9000001025
quantity	产品数量	1

第五节 MercadoLibre 选品指南

拉美地区制造业并不发达，工厂不多，反观国内，服装制造业和消费电子制造业非常繁荣，中国卖家可以利用优势，多发展出几款自己的产品。此外，经统计，MercadoLibre 平台上热卖的产品类目有：手机、时尚、家居、园艺、汽车配件和体育用品等，超过 42 个小品类。

一、MercadoLibre 选品方法

做跨境电商业务，都少不了选品，每个卖家也都有自己的选品方法。在 MercadoLibre 这个大平台里，产品已经成为了卖家破冰突围的关键因素之一。一个好的产品会让后续的运营、推广工作变简单。对于一些小卖家而言，初

次进入拉美市场，产品要如何选择？对于初入 MercadoLibret 平台的小卖家，因为自身的经济实力及能力限制，笔者建议做一些拉美电商平台上稀缺、当地消费者需求量大，并且中国卖家有价格优势的产品。

不过在这之前，卖家必须对中国到拉美的物流要求有一定的了解，这是前提条件，不然最后看好的产品因为物流问题无法配送，那就可惜了。

以巴西物流要求为例：

首先，单个包裹运输的重量限制最大不能超过 2kg，所以，在选品时，应该尽量避免大件产品，选择一些轻小物品。同时，巴西物流对单个包裹的尺寸也有要求，单边长宽高小于60cm，长宽高总和小于90cm。为了保证时效性，发往巴西的物流往往为空运，包裹内不能含有锂电池、液体、粉末等航空公司禁止运输的物品。

虽然物流的限制帮助我们排除了很大一部分产品，缩小了选品范围，不过要在符合要求的范围内选到一款合适的产品也不是一件容易的事。笔者总结了以下卖家常用的选品方法供大家参考。

（一）热销产品选品法

根据平台热销产品进行选品是一种最快、最直接的选品方法。只有立足于平台，了解平台消费者的需求，才能发掘出当前平台上热销的产品，降低运营过程中的试错成本。具体是怎么个选法呢？笔者就以 MercadoLibre 巴西站为例来讲解。

进入 MercadoLibre 的首页（见图 4-31），点击“分类”，可以看到一共有九个产品类目，分别为：电子产品、家居与电器、美容与个人护理、汽车配件、运动休闲、珠宝和手表、玩具、工具和工业。接下来，我们可以根据自己已有的货源选择对应的类目。如果没有货源，那就选择感兴趣的类目，笔者选择的是家居装饰。

图 4-31　进入 MercadoLibre 首页

进入“装饰类”的产品页面，找到清单细节中的畅销产品，见图 4-32，畅销产品显示为 711537 个。

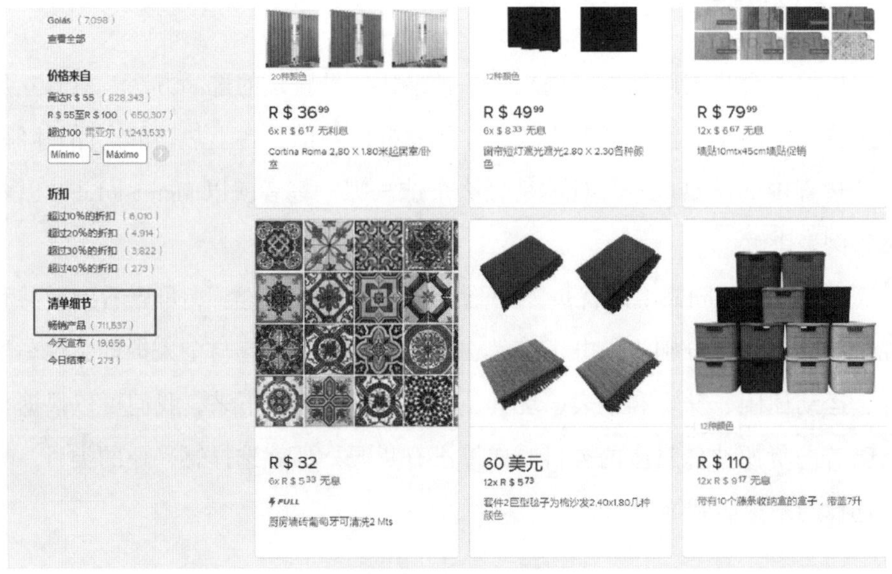

图 4-32　畅销产品页面

在畅销品清单中，可以选择前 10 页销量和评价都不错的产品进行查看，在查看的过程中要考虑对此产品是否有兴趣、是否有此类产品的货源、产品是否有竞争优势。而且前期，我们可以不用精品运营，先铺货，所以感兴趣的大类目可以选择两到三个，这样能选的产品范围就更广些。

有许多卖家会有疑问：有些产品畅销，是因为抢占了先机。现在，经过长时间的销售，流行趋势也已发生变化，这样还怎么参考呢？因此，平台不仅提供了畅销产品，还有“今日售出”（见图 4–33）页面，卖家可以看到买家最新购买的都是哪些产品。

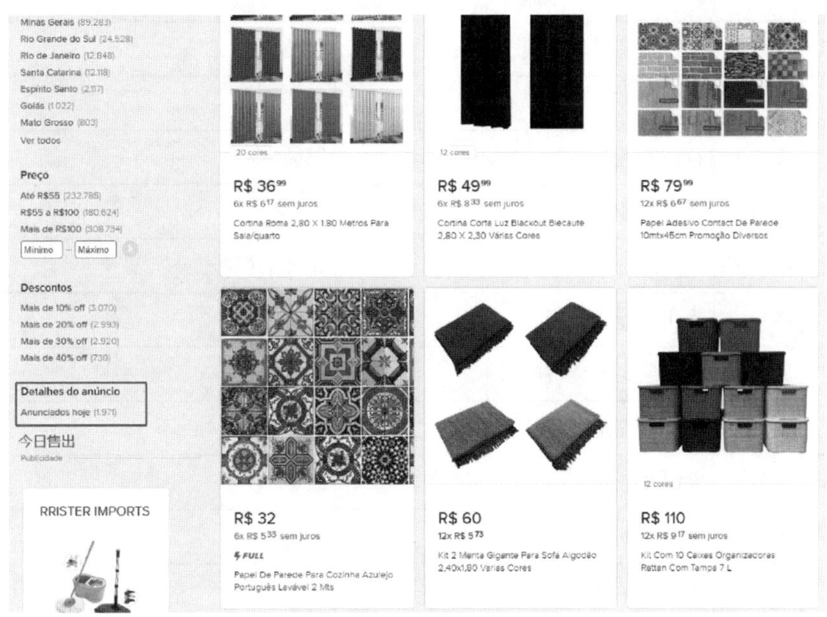

图 4–33　“今日售出”页面

热销产品选品法可以直接高效地选出平台热销产品。在过往的经验中，已经有不少卖家通过这个方法实现了业绩的翻倍增长。但是，此类方法有跟风之嫌，不可过度使用。

（二）货源地选品法

中国是制造业大国，长期的历史沉淀，形成类型多样、数量庞大的产业集群，例如，假发行业的货源集中地河南许昌和山东青岛，服装行业的货源集中地广东虎门，玩具行业的货源集中地广东澄海等，都被称为该行业的产业带。本节整合互联网资料，梳理了中国部分省份的产业带分布情况（不完全列举，见表 4–4），跨境电商卖家可以据此寻找自己的货源。当然，运营初期，卖家可以直接在 1688 批发网上选品，等单量稳定后再寻找长期稳定的供应商。

表 4–4　中国各大省份产业带分布情况

省份	城市	名称	优势行业
北京	北京	北京服装批发基地	服装
福建	泉州	安溪产业带	茶叶
	泉州	石狮产业带	服装
	泉州	晋江产业带	鞋
	南平	武夷山产业带	茶叶、根雕
	漳州	漳州产业带	茶叶
	厦门	厦门象屿五金机电城	五金机电
	南安	中国南安水暖城	水暖建材
广东	东莞	虎门产业带	服装
	东莞	东莞大朗毛织批发市场	羊毛衫
	东莞	虎门大莹女装城	女装
	东莞	虎门富民时装城	服装
	东莞	樟木头电子城	电子电器
	佛山	佛山童装批发市场	童装
	佛山	佛山家具市场	家具
	佛山	佛山产业带	家具
	佛山	广东家居市场	日用百货
	广州	广州十三行服装批发街	服装

续表

省份	城市	名称	优势行业
广东	广州	广州沙河服装批发商圈	服装
	广州	广州新塘牛仔城	牛仔
	揭阳	潮汕内衣批发商城	内衣
	中山	广东中山灯具批发市场	灯具
	中山	沙溪休闲服装批发商圈	服装
	深圳	深圳南油服装批发市场	服装
	深圳	深圳安防城	安防
广西	南宁	南宁产业带	东盟进口食品
	荔浦	广西荔浦中国衣架之都	衣架
	钦州市	广西东盟商贸城	小商品
贵州	遵义	遵义产业带	农特产品
	贵阳	资源能源云市场	煤矿、钢铁
	贵阳	乡村好货源云市场	农产品
	毕节	毕节产业带	冶金
河北	廊坊	香河产业带	家具
	保定	白沟国际箱包城	箱包
	石家庄	南三条小商品批发市场	小商品
河南	郑州	女裤批发市场	女裤
	郑州	河南科技市场	3C 数码
	洛阳	洛阳产业带	轴承、老北京布鞋
	商丘	商丘产业带	针织内衣、量具、冶金
	漯河	漯河产业带	食品
湖北	黄冈	武穴产业带	医药化工、建材
	黄冈	红安产业带	农产品

续表

省份	城市	名称	优势行业
湖北	武汉	汉正街服装批发市场	服装
湖南	株洲	株洲产业带	女装、童装
	长沙	长沙产业带	汽车零配件
	株洲	芦淞服饰城	服装
江苏	南通	南通产业带	家纺
	无锡	无锡产业带	紫砂壶、电动车
	徐州	睢宁产业带	化工产品
	南通	叠石桥家纺专业市场	家纺
	苏州	常熟服装城	服装
	常熟	服装分销市场	服装
吉林	辽源	辽源产业带	袜业
	葫芦岛	葫芦岛产业带	泳衣
	鞍山	鞍山产业带	新材料
	沈阳	南塔产业带	鞋
	沈阳	沈阳五爱批发市场	小商品
山东	威海	威海产业带	渔具
	威海	山东工艺家纺城	家纺
	威海	中国海洋食品名城	海产品
山西	长治	长子产业带	辣椒、煤矿
	长治	山西太行山农产品物流园	农产品
四川	成都	成都荷花池服装批发商圈	服装
	成都	成都北欧鞋履批发商圈	女鞋
	成都	四川农食批发商圈	农副产品
	成都	女鞋之都	女鞋

续表

省份	城市	名称	优势行业
四川	泸州	泸州（中国）西南国际商贸城	百货
天津	天津	天津产业带	化工电子
	天津	天津崔黄口地毯市场	家纺
	天津	天津家纺批发市场	地毯
浙江	杭州	桐庐产业带	笔
	杭州	建德产业带	五金工具、低压电器、床品套件
	杭州	杭州四季青服装批发市场	女装
	金华	义乌产业带	小商品
	金华	永康五金城	劳保用品、五金厨具
	金华	义乌服装服饰批发商圈	服装
	金华	义乌家居批发商圈	日用百货
	金华	义乌围巾批发商圈	围巾
	金华	义乌小商品批发商圈	小商品
	金华	义乌国际小商品城	小商品
	临安	临安产业带	山核桃
	湖州	织里产业带	童装
	湖州	织里童装批发商圈	童装
	绍兴	诸暨产业带	珍珠、袜子
	绍兴	柯桥轻纺城	家纺
	绍兴	绍兴大唐袜业批发市场	袜子
	绍兴	诸暨国际商贸城	服饰
	丽水	丽水产业带	农食产品、青瓷等
	台州	温岭产业带	鞋
	台州	黄岩产业带	日用百货

续表

省份	城市	名称	优势行业
浙江	台州	路桥中国日用品商城	日用品
	温州	苍南产业带	包装
	温州	温州产业带	鞋
	温州	温州站南服饰批发广场	服装
	温州	温州中国礼品城	日用百货
	温州	温州中国印刷包装城	包装印刷
	温州	中国鞋都	皮鞋
	衢州	衢州家具生活馆	家居建材
	嘉兴	平湖中国服装城	羽绒服
	宁波	镇海装备制造专业市场	五金机械
重庆	重庆	重庆产业带	汽摩及配件

（三）紧跟大卖家选品法

无论哪个类目，都会有一些耀眼的明星卖家，作为小卖家应该经常关注这些卖家，并总结他们的选品思路和运营方法，然后尽可能地应用到自己的运营工作中。相对于中小卖家来说，行业大卖家在选品上会做更多维度的市场调研，除了立足于平台的分析之外，他们甚至会借助外部数据对市场和产品做出预判，然后才会决定是否要推出这个产品。小卖家应该经常浏览行业大卖家的产品，观察其新品上架的情况，并对上新的产品进行市场调研，找到他们上新产品的依据，理解他们的选品思路，掌握选品方法并为己用。虽然大卖家在产品质量及服务上可能更有优势，但小卖家的最大特点就是灵活，可以快速地跟进，一旦从大卖家的店铺里面发现了自己有能力运营的产品，只需要做快速的跟进，也算是拥有了和大卖家“同台共舞”的门票了。

不过，这不是一个可长期借鉴的做法，在我们掌握规律以后，应自行开发新品，这样才能做到产品差异化，并树立自己品牌独特的调性。

（四）关注成长型店铺选品法

除了关注已经成熟的店铺，学会他们的运营方法和选品思路之外，我们更应该关注一些趋势上升的店铺，他们的运营者可能跟我们处于同一个起跑线，他们的产品更容易被借鉴，其运营手法的成效更容易被观察到，易于判断是否能为我们所用。

这时候就要用到一些店铺排名分析工具，比如 Marketplace。在 Lifetime Rank 里面，我们可以关注一些 Lifetime Rank（总星级）排名比较低，但是 Year Rank（年度星级）或者 Month Rank（月度星级）排名比较高的店铺，因为这样的店铺往往是一些趋势向好的新店，而 Lifetime Rank 排名比较高的都是一些大型店铺或者是老店铺。找到优质的新兴店铺，下一步就是对它们进行监控，观察店铺的整体运营情况。

举个例子，笔者通过以上方法筛选出一个增长比较快的新店，但是这个店铺只有四个 Listing。一开始笔者也怀疑这是否存在不正常的单量增长情况，但是通过搜索发现，这四个 Listing 之前做过推广，不过近半年停止了推广，销量也已稳定地趋于真实的情况了。我会选择这样的店铺作为长期观察的对象，一旦店铺上新品，这个新品一定是举着下一个爆款的使命被选出来的。这对于我们而言，就是新的选品方向。同时，我们也可以学习他们上新之后的一系列推广运营方法。当然，模仿只是为了更好地超越，我们要做的是借鉴并转化成可运用的实践经验。

（五）季节性选品法

卖家都希望拥有一款产品，每天都能出单并且一年四季人们需求量都很大，但是一般这种类型的产品，往往早已有一些畅销款稳稳地占据了前几名，如果我们的产品无法做到升级换代或者差异化，是没有办法在众多产品中被成功关注的。所以我们可以转化一下思路，做一些季节性、有生命周期的产品，这类产品由于在某个特定的时期有旺盛的需求量，那么就有可能“旺”一下。“开张一季度吃一年”，也不是没有可能。

选季节性的产品也不是难题，一是要对当地一年的节假日、习俗和消费习惯有个完整的了解；二是通过产品 Review 时间图，可以看出产品的生命周期；三是通过谷歌大数据了解此类产品销售的淡季和旺季，甚至可以了解到用户群体分布的地理位置。确定好大致几类产品，计算好产品开发、推广的时间，那么产品就有可能在那个季度或节日成为销量还不错的产品。

做季节性产品的制胜点就是要在淡季的时间调研好，对市场做出预判，选好品，做好推广计划。比如，这个产品去年卖得还不错，但是根据去年的用户反馈也有些需要改进的点，今年的淡季就可以下功夫完善。

总之，在选品上，我们不要奢求选一款爆一款，更多的是在选品上找到一个对的方向，提高选品成功的概率。

二、MercadoLibre 平台禁售产品

在选品前，我们还应该清楚地了解平台的禁售产品有哪些。否则，轻者运输时被海关扣留，重者店铺被关，得不偿失。表 4–5 为 MercadoLibre 平台禁售产品列表。

表 4–5　MercadoLibre 平台禁售产品

国家 / 地区	限制产品
所有国家 / 地区	锂电池
所有国家 / 地区	精美首饰（珍贵和半宝贵）
墨西哥	高仿玩具武器
	人像类玩具，如：任何种类的娃娃，包括芭比娃娃；乐高人物
	任何 3 岁以下儿童的用品
	未经处理的木制品：铅笔、棋盘游戏等
	医疗设备：温度计、张力计等
	除草剂、农药、驱虫剂
	动物和动物产品

续表

国家 / 地区	限制产品
墨西哥	食物产品
	磁化材料
	货币项目
	油漆

第六节　MercadoLibre 物流发货

目前，MercadoLibre 墨西哥站，平台要求卖家提供免运费服务，所以卖家切记要将运费算到自己的成本中。卖家发货方式有以下 3种。

一、平台的物流合作伙伴派送

MercadoLibre 平台的物流合作伙伴会协助卖家完成后续的配送、计算物流费用、清关缴税等。货物将使用 MercadoLibre 的标签，并由平台提供并更新物流信息。若因为平台物流合作伙伴丢件，客户的投诉会被平台删除掉，不会影响店铺评分。

MercadoLibre 目前支持的线路有：

（1）订单产生后 3 天内，从深圳和上海中转仓发货，目前仅能配送到墨西哥、巴西和智利；

（2）先把货物邮寄到美国，平台物流合作伙伴上门取件再发货，目前仅能发货到墨西哥、阿根廷。

二、自建物流（自发货）

MercadoLibre 的中国卖家一般倾向于自发货，主要是因为官方的物流太贵。

自发货的要求有：

（1）从国内直接将货物发到 MercadoLibre 某个站点。

（2）确保产品售价将运费、税金等都纳入在内（需要与合作服务商跟进贴签，清关缴税）。

（3）必须在订单产生的 3 天内发货，货物总运输时间不得超过 25 天（从下单到送达）。

（4）保证能提供并按时更新物流信息。国内平邮如果不能追踪物流信息，不建议使用。

三、本地仓储物流派送服务（类似 FBA）

MercadoLibre 平台目前在墨西哥设有一个本地仓储配送中心，将产品存放在仓储配送中心，买家可以次日收到货物。目前只提供给特定的品类使用（3C、时尚、家居和园艺、高科技），且对产品的体积有要求。MercadoLibre 平台在接下来的几年，计划在阿根廷、巴西也提供物流解决方案。卖家如需此服务，要提前向平台招商经理申请。

第五章

拉美其他电商平台入驻指南

第一节　Linio 入驻指南

一、Linio 平台简介

Linio 是拉美最大的 B2C 电商平台之一，成立于 2012 年，总部位于墨西哥。与东南亚电商网站 Lazada 一样，Linio 也是由德国孵化器公司 Rocket Internet 投资。平台提供 7 种不同的线上线下支付方式、电话客服服务、免费退货和快速发货服务。Linio 开通了 8 个站点，分别是墨西哥、阿根廷、智利、哥伦比亚、厄瓜多尔、委内瑞拉、巴拿马和秘鲁。平台拥有 600 多万社交“粉丝”，曾获得 2018 年最具创新性 App 称号。2018 年，Linio 被拉美最大零售商 Falabella 收购，增资 8 亿美元。

二、Linio 平台优势

（1）无月租和平台费用。

（2）Linio 团队提供培训服务，协助卖家快速上手运营。

（3）有英语和中文客服团队，解决语言问题。

（4）支持产品自动上传。

（5）有运费优惠。

三、Linio 入驻条件及流程

（一）Linio 入驻条件

必须是企业入驻，个人无法入驻。

（二）Linio 入驻流程

1. 自注册

第一步：填写公司信息和联系方式。

需要填写公司名称、法人姓名、税务 ID 和 Linio 商店名称（见图 5-1），并登记店铺产品信息（Top5 售卖品牌、SKU 数量），见图 5-2。

公司信息

* 法人名称（法定名称）
e.g. Value

* 税务ID /商业登记号码
e.g. Value

* 法定代表人姓名
e.g. Value

* Linio商店名称
e.g. Value

联系信息

* 主要联系人
e.g. Value

* 电子邮件地址
e.g. Value

手机号码
e.g. Value

* 办公室电话号码
e.g. Value

Skype帐号
e.g. Value

图 5-1　填写公司信息和联系方式

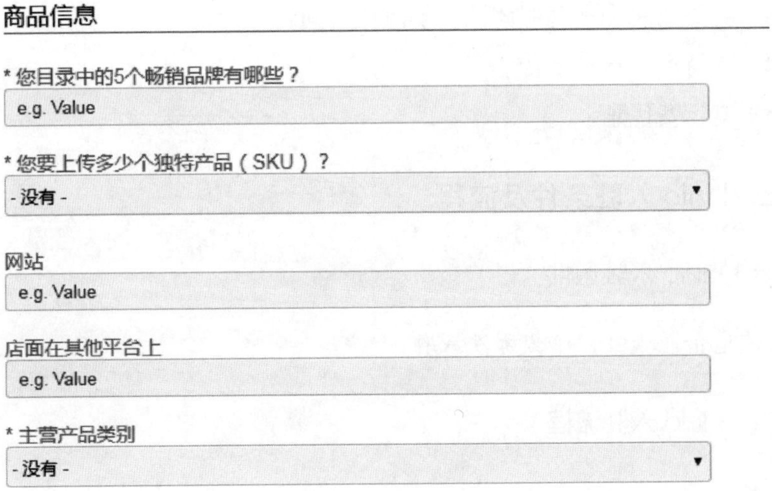

商品信息

* 您目录中的5个畅销品牌有哪些？
e.g. Value

* 您要上传多少个独特产品（SKU）？
- 没有 -

网站
e.g. Value

店面在其他平台上
e.g. Value

* 主营产品类别
- 没有 -

图 5-2　填写商品信息

第二步：填写发货信息。

目前，Linio 国际卖家只能在下列站点开店：智利、秘鲁、哥伦比亚、墨西哥、阿根廷、巴拿马和厄瓜多尔，见图 5-3。可选择的运输方式：邮政、快递、邮政 + 快递。另外需填写卖家国内仓库地址。

发货信息

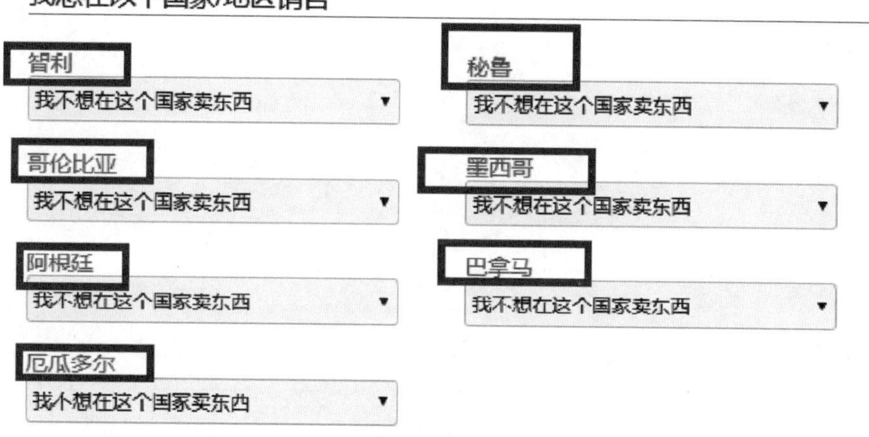

图 5-3　填写发货信息

第三步：订单处理时间和发货时间。

卖家需要根据自己的实际情况填写订单的处理时间和发货时间，Linio 也会把这项标准纳入他们的开店考核之内。

第四步：填写收款方式和发票地址。Linio 支持 P 卡收款和电汇，见图 5-4。

支付信息

您有两种方式可以获得Linio的付款：

Payoneer转移

注意：如果您没有现有的Payoneer帐户，则可以在注册完成后通过Linio的卖方中心平台创建一个帐户。
请注意：您在Payoneer注册的商家名称和您在Linio注册的公务名称必须匹配100%。

世界第一次转移

注意：WorldFirst的优惠汇率和屡获殊荣的客户服务以及所有Linio卖家的独家优惠。想要一个WorldFirst账号？- 点击此处声明您的报价并开始使用
已经有一个？填写您的详细信息*
请注意 - 您在WorldFirst注册的商家名称以及在Linio注册的公务名称必须完全匹配。

发票地址

我的发票地址与我的仓库地址相同。

* 建筑物数量和街道
e.g. Value

* 州
e.g. Value

* 邮政编码
e.g. Value

* 国家
- 没有 -

* 市
e.g. Value

* 电话号码
e.g. Value

图 5-4　填写支付信息

2. 通过招商经理注册

Linio 为了吸引和方便中国跨境电商卖家入驻，2017 年在中国深圳成立了由 17 人组成的办公室，卖家可以在 Linio 官网上查询具体的联系方式和地址。有意向入驻的卖家需要填写招商经理提供的表格：Linio International Seller Set Up Form-Asia。

表格填写具体事项如下。

（1）填写公司与法人信息

表格中不允许出现任何中文字符（姓名和任何其他无法直接用英文翻译的地方用拼音代替）。地址、人名、公司名称、店铺名称等，都不能全部大写，每个单词的首字母大写即可，尤其是 Commercial name（店铺名称）。

正确示范见图 5-5。

Section 1 – General Information	
Name of legal entity	Shanghai Aomo Information & Technology Co.,Ltd
Tax ID/Business Registration Numbe	31011500122300
Name of legal representative	
Commercial name (As you would like to be displayed on Linio)	

图 5-5 填写公司与法人信息的正确示范

错误示范见图 5-6。

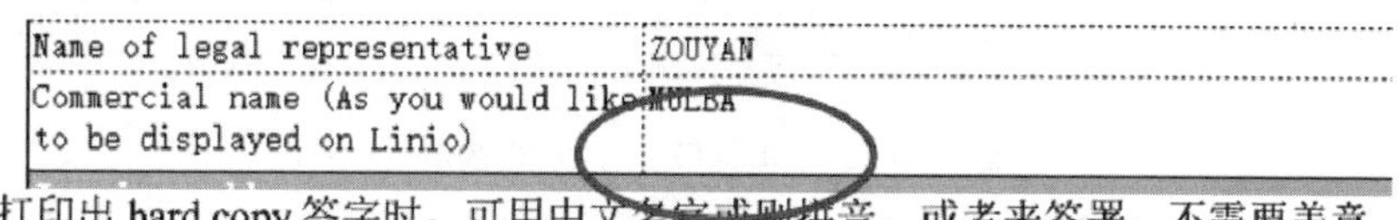

Name of legal representative	ZOUYAN
Commercial name (As you would like to be displayed on Linio)	MULBA

打印出 hard copy 签字时，可用中文名字或则拼音，或者来签署，不需要盖章

图 5-6 填写公司与法人信息的错误示范

表格需要打印并在纸质版上签字，签字可用中文名字或拼音，不需要盖章。正确示范见图 5-7。

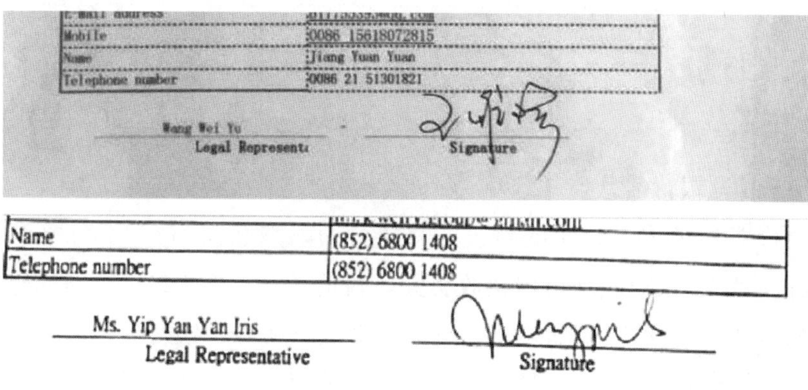

Mobile	0086 15618072815
Name	Jiang Yuan Yuan
Telephone number	0086 21 51301821

Wang Wei Yu
Legal Represent
Signature

Name	(852) 6800 1408
Telephone number	(852) 6800 1408

Ms. Yip Yan Yan Iris
Legal Representative
Signature

图 5-7 打印表格并签字

（2）填写数字类信息

填写电话号码格式正确的示范见图 5-8。

图 5-8 填写电话号码格式正确的示范

填写电话号码格式错误的示范见图 5-9。

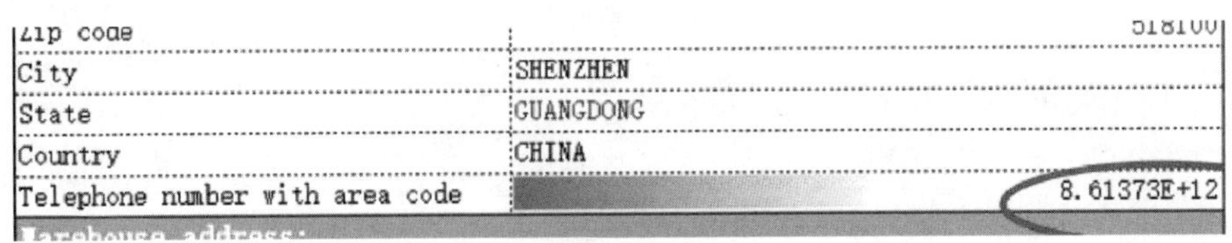

图 5-9 填写电话号码格式错误的示范

邮政编码的填写请注意，由于中国香港地区无邮政编码，但系统强制填写此处，请香港地区的卖家全部填写为 999077，见图 5-10。

图 5-10 香港地区卖家填写邮政编码

（3）填写银行信息

银行账号必须是公司的对公账号（公司账户名需与在 Linio 平台注册的名称一致），账户必须可以接收美元。目前 Linio 给商户结算是通过银行转账的方式进行的（美元转账）。针对企业收款账号，银行会扣除一定的手续费（具体请咨询收款方银行）。银行信息填写时请仔细核对，账号是纯数字，不要包含任何空格和特殊字符，在输入时如果格式设置不对，会导致收不到回款。

填写正确银行信息的示范见图 5-11。

Section 2 - Payment Information	
Account holder name	
Account number	053507422838
Bank name	HSBC Bank of HongKong

图 5-11　填写银行信息

（4）填写物流和发货时间

卖家需要跟对接的招商经理确认选择何种物流方式，各站点均可选择快递或者邮政物流，但目前秘鲁、智利、巴拿马邮政渠道仅限于 DHL Ecommerce。卖家需确认 DHL/SEKO 是否提供 DTP 服务（Linio 要求商户使用 DHL 账户发货，必须提供 DTP 服务），见图 5-12。

Section 4 - Dispatch Information	
Dispatch method:	
Chile	Please Select
Colombia	DHL Fedex SEKO Express (Mutiple Express options) Post (Mutiple Postal options) DHL + Post Fedex + Post SEKO + Post
Mexico	
Panama	
Peru	
Dispatch time: (We advise quick dispatc	

图 5-12　填写发货信息

发货时间建议选择小于 48 小时。对于定制类产品，例如，婚纱礼服，卖家可以先选择小于 72 小时。72 小时并不是固定的处理发货时间，卖家在上传产品时，对应每个产品会再填写相应的发货时间，所以不用担心有些物品在 72 小时内无法发货。

（5）勿编辑部分

表格中的特殊部分如图 5-13、图 5-14 所示，请勿编辑：

Section 5 - Commission rates
Linio category commission rate on item price

图 5-13　勿编辑部分 1

Section 6 – Penalty Table	
Events	Penalty
*Cancellations issued by vendor >	Account blocked for 24hrs
*Delivery delay >10%	Account blocked for 24hrs

图 5–14 勿编辑部分 2

（6）开通各个站点账户

Linio 每个站点的 Seller Center（卖家中心）都是独立运行的，如果需要同时开通多个站点，直接联系对接的招商经理即可。

招商经理给卖家开通各个站点的账号之后，卖家注册时预留的邮箱会收到更改密码的邮件通知，卖家直接点击邮件中的链接，设置密码。改好密码之后，该邮箱就是登录名，登录密码就是卖家自己设置的密码。

如果卖家没有收到相应的改密邮件，先检查垃圾信箱，有可能被识别成垃圾邮件了。如果还是没有，记得及时联系招商经理。

（7）各站点网址

Linio 由于站点较多，建议卖家最好都设为统一的密码，便于管理。改好密码之后，商户可以登录到各个站点的 Seller Center 去熟悉各个板块的功能。站点卖家中心网址如表 5–1 所示。

表 5–1 Linio 各个站点卖家中心登录网址

站点	网址
墨西哥	https://sellercenter.linio.com.mx/
哥伦比亚	https://sellercenter.linio.com.co/
秘鲁	https://sellercenter.linio.com.pe/
智利	https://sellercenter.linio.cl/
巴拿马	https://sellercenter.linio.com.pa/

如果想要添加其他管理人员，可以点击每个站点首页的“Settings”>“Manage User”（管理员），点击“Add User”，如图 5–15 所示。添加其他员工

共同管理 Seller Center，最常用的两个权限如下：

Seller Full Access：被加入的运营者拥有全部权限。

Seller API Access：负责卖家与 Linio 系统信息的整合。

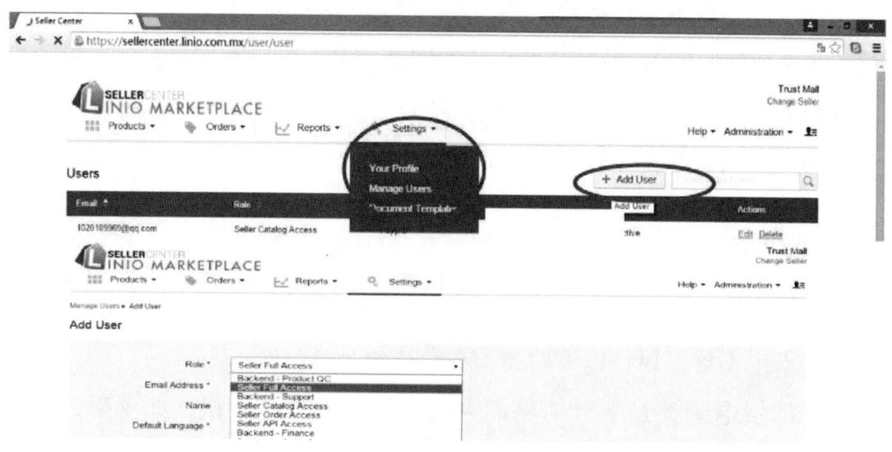

图 5-15　添加更多的运营者

请卖家不要私自处理 Settings 板块的信息，主要是因为这里的设置很关键，有单独的设置规则，包含卖家很多的财务信息，这部分的工作应该由对接的招商经理完成。就算后续需要更新这部分的信息，还是需要联系招商经理，请招商经理去更新。

账号申请成功后，建议卖家积极熟悉后台各个板块功能，为上传产品做准备。同时，卖家需要提供自己的品牌给招商经理，并告知这些品牌有无 UPC。如果目前没有注册品牌，可以提前想一个品牌名，告知招商经理。招商经理就可以在后台添加该品牌了，通常 12~24 小时就可以完成添加。完成品牌的添加和 UPC 前缀的创建，卖家就可以开始上传产品了。上传产品之前，记得向招商经理要 Linio Asia Pricing Tool（辅助定价工具）。

四、Linio 禁售与热销产品

Linio 产品主要类别包括电子产品、家居用品、时装、健康与美容类产品，以及儿童和婴儿产品。

（一）平台禁售产品

Linio平台上的所有产品必须是合法的、全新的和正版的，并且在目的地国家允许进口的产品范围内。禁售物品包含以下几类：

医疗产品和设备（包括药品）；动植物（包括树脂）；化学品；隐形眼镜；耗材（即食品和饮料）；易燃易爆物品；烟草产品（包括香烟、火柴、打火机、电子香烟和配件）；轮胎；武器（包括仿真玩具武器、彩弹射击枪和刀）；未经处理的木制品；假冒（盗版）产品；服务。

（二）平台热销产品

总的来说，在Linio平台上，消费电子产品占比最大，服装饰品、家居等日用品需求也不落下风。以下两类为平台热销品类：

（1）消费电子类是平台销量最大的品类，尤其是手机，如苹果、三星、小米、索尼、华为、联想、一加等。此外，手机配件、平板电脑、相机等电子产品销量也比较大。

（2）时尚类为平台销量第二大的品类，目前以国际名牌手表、眼镜、服饰等为主。不过中国的OEM产品（衣服鞋帽、包、运动用品）上线后，靠强大的性价比和SKU多的优势，也占据较大份额。

值得一提的是，Linio平台上健康美妆、家居、母婴（主要是玩具）等品类的卖家不多，SKU数量也少。如果卖家早早占据市场，在未来将有巨大的上升空间。

五、Linio开店费用

Linio不收取月租或会员费，只收取销售佣金。订单完成之后，卖家向Linio支付佣金。佣金比例从7%到15%不等，具体取决于产品类别。

第二节　B2W 入驻指南

一、B2W 平台简介

B2W Marketplace 是巴西本土最大的电子商务公司，扩张速度极快，至今一共合并了近十家巴西本土电商网站，旗下的 Americanas、Submarino 和 Shoptime 3 大平台也已成为巴西电商行业的标杆，占据了巴西线上零售业 50% 以上的市场份额。并且，卖家只需要开通一个 B2W Marketplace 账号，就可以将产品一键同步到旗下所有的平台上售卖，方便至极。平台已于 2019 年对中国卖家开放招商。

官网链接：https://ri.b2w.digital/

（一）Americanas

Americanas 是巴西最大的在线商店，品类齐全，提供 40 多个类别超过 250 万件商品。平台提供的产品几乎是全网最低价，所以也是最受巴西人欢迎的网站。

官网链接：https://www.americanas.com.br/

（二）Submarino

Submarino 是一个很有个性的网站，这一点从它的网站设计风格就可以看出。该平台主要为卖家提供具有差异化的新奇产品，所以，个性、有创意的产品在该网站将会有不错的销量。值得一提的是，该网站和亚马逊一样也有自己的 Prime 计划，参与该计划的买家可享受无限制免费送货和快速发货的服务，以及其他优惠特权。

官网链接：https://www.submarino.com.br/

（三）Shoptime

Shoptime 本来是拉美最大的家庭购物实体店，随着电子商务的发展，也开设了网上购物渠道。因此，该平台主要销售的产品是家居、家具和运动休闲类产品。对于这类产品，中国卖家还是比较有优势的。

官网链接：https://www.shoptime.com.br/

二、B2W 入驻条件

（1）企业营业执照扫描件。

（2）银行介绍信（包含银行账户详细信息）。

（3）B2W 注册信。

（4）法人护照的复印件。

（5）地址证明。

（6）P 卡账户。

三、B2W 入驻流程

（1）准备好入驻材料。

（2）填写 B2W 入驻申请表，如图 5–16 所示。

（3）中国代理将申请表审核并提交到 B2W 总部。

（4）平台审核通过，可以开始上传产品。

B2W Pre-Qualification Letter

1. Your business:

Business Overview:

Legal company name (without abbreviations):	Corporate ID Number :
Company Registration Number:	Place of Incorporation:
Date of Incorporation:	Business Name (if different from Legal name):
Country:	Postal Code/ Zip Code:
Legal Address:	Business Address (if different from legal adress):
Store name at B2W:	Main assortment type:

Beneficial Shareholders:

Please list the company shareholders holding (add more tables, if necessary):

Full name:	Date of Birth:	Home Address:
Passport Number:	Place of Issue:	% Ownership:
Nationality:	Social Security No.	Phone No.

Full name:	Date of Birth:	Home Address:
Passport Number:	Place of Issue:	% Ownership:
Nationality:	Social Security No.	Phone No.

Full name:	Date of Birth:	Home Address:
Passport Number:	Place of Issue:	% Ownership:
Nationality:	Social Security No.	Phone No.

图 5-16　B2W 入驻申请表

由于 B2W 平台不支持卖家自行注册，因此，卖家需要通过当地的代理或者国内的代理进行注册。

第三节　Dafiti 入驻指南

一、Dafiti 平台简介

Dafiti 成立于 2010 年，是一家主打时尚鞋类产品的电商平台，提供超过 12.5 万种产品及 2000 个国内外品牌，涉及种类包括：服装、鞋类、配饰、美容产品、家居、体育用品等。其网站每月访问量达 3500 万人次。在巴西市场取得成功后，Dafiti 又乘胜追击，将业务扩展到了阿根廷、智利和哥伦比亚市场。

二、Dafiti 入驻条件

卖家如果想入驻 Dafiti 平台，需要在计划销售的国家注册一家当地企业，并需提供：

（1）CNPJ 号码[①]。

（2）公司税号或者营业执照。

以上材料需包含 CNPJ、公司名称和卖家银行付款详细信息的银行文档。

三、Dafiti 入驻流程

第一步：准备好材料后，登录：http://marketplace.dafiti.com.br/#parceiro，填写入驻信息，见图 5-17。

---

① CNPJ 的全称是 Cadastro Nacional da Pessoa Juridica，即法人国家登记号（这里的法人指公司）。CNPJ 由巴西财政部颁发。巴西的每个正规商店会悬挂类似中国“营业执照”的牌子，上面会有 CNPJ 的登记号码。巴西的公共汽车票上，也会有营运公司名称及 CNPJ 号码。出口到巴西的商品包括寄样品等都必须提供客户公司的 CNPJ，即公司的税号，由 14 位数字组成，一般填在快递单的“收件人的海关税务编号”一栏中。

dftmarketplace O QUE É POR QUE PARTICIPAR COMO FUNCIONA

SEJA NOSSO PARCEIRO

Preencha as informações abaixo e aguarde o contato de nossa equipe comercial.

*必填

Nome Fantasia: *

您的回答

Razão Social: *

您的回答

CNPJ: *

您的回答

Contato Comercial: *

您的回答

E Mail: *
exemplo@exemplo.com.br

您的回答

Site: *
Caso sua loja ainda não esteja ativa, cadastre o link de seu catálogo virtual

图 5-17 填写入驻信息

第二步：注册信息审核后，平台将会发送邮件至卖家邮箱进行确认。

第三步：设置店铺信息，上传产品。当接收到订单后，卖家需自行承担产品物流、发票等责任，Dafiti 负责客户服务，并随时更新订单状态。

此外，想要入驻 Dafiti 的卖家需注册当地的企业。由于 Dafiti 后台操作语言为葡萄牙语，关于售前、售后问题也需与买家用葡萄牙语沟通，所以下决心做该平台的卖家，最好请有语言优势的人负责店铺的日常运营。

第六章

尚待开发的非洲电商市场

在被誉为“最后一块处女地”的非洲大地上，中国掘金者的故事从没间断过。

从20世纪六七十年代援建非洲起，第一代中国人帮助非洲人民建设基础设施，一条坦赞铁路牺牲了不少中国工人。自20世纪八九十年代开始，第二代中国人开始在非洲闯荡，把中国的商品带到了非洲。进入21世纪，以华为、中兴等基础通信服务商为代表的第三代中国人，在古老的非洲大陆上编织了一张迈向现代化的“通信网”。接着中国人又把中国手机卖到了非洲，如今非洲人用得最多的手机来自一家中国公司——传音。当下，中国人正站在前几代中国“闯非者”的肩膀上，利用路桥、中非贸易、移动互联网和手机等基础项目，开始为非洲人民提供互联网服务。

过去，由于上网不便、经济落后、文化程度低等诸多原因，非洲在电商领域的发展一直处于落后地位。今天，虽然这些问题依然存在，但随着智能手机的普及，数百万非洲人已经能够上网使用移动支付系统。

移动设备与移动支付系统的完美结合，再加上因缺乏实体店而造成的市场空白，为全球跨境卖家提供了新机会。

2017年，非洲电商市场在线交易额为165亿美元，到2022年预计将达到290亿美元。非洲电子商务市场正在爆发。而这，还仅仅是个开始。

第一节　非洲电商市场发展的整体现状

一、非洲电商市场发展的背景

近年来，随着外来资本的进入，尤其是受“一带一路”倡议的影响，非洲基础设施不断完善，各项商品和服务开始进入非洲市场。非洲的电子商务近年来增长十分快速，麦肯锡全球研究院预计，到2025年，非洲大陆10%的交易额将通过电子商务平台来实现。同时，非洲在线零售额将很有可能达到750亿美元。

城市中产阶级人口的不断飙升（预计到2050年，非洲中产阶级人口数量将占总人口的45%）①、教育水平不断提高，尤其是信息化教育的普及，这些都是非洲电子商务快速发展的有力支撑。非洲工业基础薄弱，而电子商务的发展正在为亿万非洲人的消费方式提供另一种可能。

二、非洲电商市场发展的优势

（一）移动网民增长快速

We Are Social 和 Hootsuite 于 2018 年公布的全球互联网数据②显示，2017 年，非洲地区互联网用户同比增长超过 20%。并且，非洲有将近 2.8 亿人使用手机支付③，有趣的是，当地拥有银行账户的人数只有使用手机支付人数的三分之一。随着移动用户的增长，移动支付的普及使线上服务更加大众化，网络购物的势头越发迅猛。

（二）工业薄弱，对进口产品需求大

长期以来，非洲工业水平都是极端落后的，经济生产所需和人民生活用品基本全部依赖进口。总人口超过 12 亿的非洲地区对纺织、轻工、钟表、服装、五金、家电、床上用品和电子产品的需求日益增加，加之移动互联网逐渐在非洲各国推广普及，为非洲国家推动电商平台的发展提供了机遇。

（三）人们没有储蓄习惯

和世界上其他地区相比，非洲地区很多国家的人们对“低质量”的生活状态早已习以为常，富有一点的人也不会去嘲笑别人的贫穷。因此，他们不

---

① JEFFREY J. Africa offers tremendous growth for e-commerce: Could it save retail businesses in the West?[EB/OL].(2018-11-27)[2019-06-20]. https://www.howwemadeitinafrica.com/africa-offers-tremendous-growth-for-e-commerce-could-it-save-retail-businesses-in-the-west/62528/.

② KEMP S. Digital in 2018: World's internet users pass the 4 billion mark[EB/OL]. (2018-01-30)[2019-06-20]. https://wearesocial.com/blog/2018/01/global-digital-report-2018.

③ 非洲有一种通过电信代理商存取现金的业务，不需要通过实体银行。非洲规模很大的支付工具 M-PESA 就是这种模式，通过无银行模式可以实现存取款、转账、购物之类的支付行为。

会想到通过攒钱的方式改善自己的生活质量。因为没有存钱的概念，非洲人发完工资就喜欢大肆购买生活用品，因此，非洲零售业一般都是月初的销售额明显高于月中，且工作日的消费热情明显高于周末。由此可见，非洲人民的消费能力其实也不低。

（四）线下零售选择少、物价高

非洲知名跨境电商平台 Kilimall 的创始人杨涛曾经说过，他创建 Kilimall 的一个很大的原因就是非洲线下购物不仅麻烦而且价格又贵。在非洲，除了电商平台外，人们购物只有两种选择，一种是去超市和大型购物中心，还有一种就是类似于中国的农村集市，这是非洲人去的最多的地方。这里就有两个问题，超市的东西基本都是从国外进口的，可选择的东西很少，并且价格非常昂贵，同样的产品，非洲很多国家的零售价几乎是中国的 3~10 倍，十分夸张。

三、非洲电商市场发展的阻力

非洲有着电商发展的绝佳优势，但在这些优势背后，也存在十分棘手的客观障碍。

（一）基础设施落后

非洲基础设施薄弱是众所周知的事实，虽然正在改善，但目前仍是非洲发展的主要瓶颈。基础设施不完善，物流供应链也就难以搭建，这在根本上限制了当地电商的发展，也是导致非洲物流时效性差的最重要原因。

（二）政局动荡，人们缺乏信任感

由于长期受战乱的影响，非洲地区大部分国家政局都十分不稳定，很多非洲人民对看不见摸不着的网上购物行为很难建立信任感。有消费能力的富人也会顾忌安全问题，不愿意填写真实信息。穷人则更加担心受骗，从而抗拒无实物的移动支付，而更倾向于货到付款。

（三）受教育程度低

非洲大多数国家的教育非常落后，国民受教育程度低，很多人不识字。比如，尼日利亚青年的基础教育覆盖率不到 20%。受教育程度低在一定程度上增加了电商的运营成本和人工培训成本。

（四）宽带成本高

在非洲，移动互联网宽带的成本非常高。在部分非洲国家，每秒 256KB[①] 的上网费用每月高达 100 美元，而在法国等欧洲国家每秒 20MB 的上网速率，费用只要每月 40 美元。

第二节　非洲主要国家电商市场的发展现状

非洲共 54 个国家，人口约 12.5 亿人，但极少消费者拥有台式电脑或笔记本电脑。不过，非洲却是世界上移动用户数量增长最快的国家，因为他们是直接跳过了 PC 时代，进入移动互联网时代的。此外，非洲的通信基础设施正在快速发展，很多沿海地区国家也在部署宽带光纤电缆，非洲内陆也推出了 4G 高速互联网网络，而智能手机市场同样增长迅速，这些都有助于推进非洲电子商务的发展进程。因此，预计在未来十年，非洲电商将迎来快速发展的时机。

2019 年，非洲地区互联网用户数量最多的国家为尼日利亚，用户数量达 11163 万户，其次为埃及、肯尼亚、南非、摩洛哥，互联网用户分别为 4923 万户、4333 万户、3118 万户、2256 万户。[②]

其中，尼日利亚、肯尼亚和南非这 3 个国家主宰着非洲的电商市场。

---

① 1024KB=1MB。

② INTERNET WORLD STATS. Internet Users Statistics for Africa[EB/OL]. (2019-06-30)[2019-08-20]. https://www.internetworldstats.com/stats1.htm.

一、非洲最主要的电商市场之一——尼日利亚

尼日利亚人口高达 1.96 亿人，是非洲人口最多的国家。2018 年，尼日利亚的国内生产总值（GDP）突破了 4000 亿美元，是非洲最大的经济体。尼日利亚也是非洲电商最大的聚集地，拥有非洲地区数量最多的电商网站，大概有 40% 的非洲电商企业的总部设在尼日利亚。因此，在非洲做电商，尼日利亚一定是最重要的一站。

（一）庞大的线上消费群体

尼日利亚除了人口数量非常多之外，人口结构还非常年轻，超过一半的人口为 30 岁以下的年轻人，而这些年轻人都是线上购物的主力军。

（二）移动用户与日俱增

尼日利亚电商的增长离不开移动用户的与日俱增。电信和信息服务部是尼日利亚信息通信技术（ICT）的子部门。2018 年，电信和信息服务部的产值占到了整个部门 77%。2018 年，有超过 1.12 亿的尼日利亚人能够上网，占了总人口的 56%，与 2017 年比，这一数字增长了 14.32%，预计 2019—2025 年，尼日利亚将会新增 2200 万移动用户[①]。

（三）无现金模式正在展开

最近几年，尼日利亚正在为无现金模式做准备。2012 年，尼日利亚旧都和最大的港口城市拉各斯开始试点推出电子交易。如今，在以拉各斯为首的几个主要城市和商业中心（如哈科特港、埃努古等），ATM 服务的需求正在不断增加。以非洲版“支付宝”MasterCard 为首的第三方支付服务商的普及也为当地电子商务的发展奠定了基础。

尼日利亚是非洲最大的石油生产和出口国。但制造业相对薄弱，工业成品和消费品几乎全部依赖进口。中国是轻工业生产大国，也是尼日利亚最大的进口国之一。在尼日利亚，搅拌机、纺织品、皮革产品等一直是非常热销

---

① JUMIA. NIGERIA: Mobile Report 2019[R/OL]. [2019-08-20]. https://www.Jumia.com.ng/mobile-report/.

的产品。另外，时尚类、品牌类服饰在尼日利亚同样也备受青睐。

二、非洲跨境电商的宝地——南非

南非是非洲的第二大经济体。虽然南非电商起步较晚——2016 年该国线上零售额只占全国零售额的 1%，但是发展速度却很可观。2017 年，南非电子商务市场零售额为 26.47 亿美元，预计到 2023 年，这一数字将翻一番。

（一）潜在消费群体庞大

南非拥有近 5788 万人口，其中互联网用户占了总人口的 60%。据 Statista 估计，按照近几年的增长速度来看，预计到 2023 年，互联网用户将达到 4540 万户，届时将有 74% 以上的南非居民都是该国电商市场的潜在用户。

（二）消费力度均匀

据 Statista 数据报告显示，南非线上购物者在性别和收入群体特征分布上还算均匀，男女比例大概是 1:1，低收入人群、中等收入人群和高收入人群几乎各占三分之一（具体比例为低收入人群占 31.4%，中等收入人群占 31.3%，高收入人群占 37.3%）。消费者多是 18~34 岁的年轻人，且大多数消费者每次在网上购物的花费会控制在 250~1000 南非兰特（约 118~475 元人民币）。这意味着南非市场的跨境电商在制定销售计划时，不需要太过在意该市场的差异化。食品和个人护理、家具和家电、玩具和 DIY 用品、电子和媒体及时尚鞋子服装饰品等在南非都算是热门的品类。

（三）在线支付促进电子商务的发展

线上零售在发展，在线支付当然也得跟紧步伐。前面提到过，南非电商起步较晚，恰好可以直接引入全球电子商务的经验，因此，南非电商市场从萌芽初期便着手于电子支付的发展。南非银行为此还成立了专门的南非支付协会（PASA），全球知名的美国第三方在线支付服务商 PayPal 也通过南非最大的银行 FNB 进入了南非电子商务领域。这些举措都为南非电商的发展起到了推动作用。2017 年，南非通过货到付款完成的线上购买总额已经降低到仅占全部线上订单总额的 11%，且这一数字还在逐年降低。预计到 2023 年，仅有 2% 的线上购买总额将通过货到付款支付，其余订单的支付全部都是通过银行转账、借记卡和电子钱包实现的。

（四）政府支持

起步稍晚的南非电商能在短短几年的时间内发展成非洲数一数二的电商市场，除了依托于社会必要的发展进程外，还与当地政府的支持态度密不可分。南非是非洲第一批启动固定宽带发展计划以支持电子商务举措的非洲国家之一。政府在 2013 年宣布了其宽带支持政策，该政策要求，到 2016 年南非的宽带下载速度达到 5 MB/s，普及一半人口；到 2030 年宽带平均下载速度达到 100 MB/s，从最根本上为本土电子商务的发展保驾护航。

三、东非的交通枢纽——肯尼亚

同样主宰着非洲地区电商销售市场的国家还有位于非洲东部的肯尼亚。2019 年，肯尼亚拥有 948 万电子商务用户，规模仅次于尼日利亚和南非。但同尼日利亚和南非真正对比起来，其实肯尼亚在电子商务方面的表现并不乐观。2018 年，肯尼亚电子商务市场的总收入只有 4.34 亿美元，但好在这一数据每年都在保持稳定的增长。Statista 估计，预计到 2023 年，肯尼亚电子商务市场将翻上一番，达到 8.73 亿美元——虽然缓慢，但至少是在发展的。

不过肯尼亚既然能跻身非洲电商前三强，肯定也是有其独特的优势的。地处非洲东部的肯尼亚，地理位置优越，是非洲的门户和运输枢纽。该国还拥有东非最大的港口，其港口对邻国的贸易辐射能力非常强，因此物流设施方面相对于非洲其他国家也较为发达一些。物流一直是影响非洲各国电子商务发展最大的困难之一。为了解决这一问题，2019 年，肯尼亚邮政公司公开表示正在筹备推出一项新的邮政货运服务。该服务将致力于报关和运输，以减缓商品与服务的进出口压力。此举一旦成功实施，将对肯尼亚的电商发展起到很大的推进作用。

第七章

非洲电商平台及选品指南

第一节　非洲各大电商平台

欧美成熟电商市场的厮杀，促使更多人将眼光投向前景更好的市场。而非洲作为一个电商市场发展的“潜力股”，引起越来越多资本的关注。那么如今，非洲市场上都有哪些规模较大且还在发展壮大的平台呢？

一、Jumia

Jumia 在 2012 年成立于尼日利亚，2019 年 4 月成功在美国纽交所上市，是目前非洲最大的全品类电商平台。平台产品类型多样，销售鞋子服装、电子产品、化妆品、手机等多个类目，业务覆盖喀麦隆、埃及、加纳、科特迪瓦、肯尼亚等 14 个国家，是非洲电子商务覆盖面最广的一个平台。

非洲大多数国家都属于贫困地区，支付和物流都是很大的挑战，Jumia 在非洲众多国家开展电商业务，就势必要想办法解决这些困难。平台自建的物流服务系统 Jumia Logistics 和自建的支付系统 Jumia Pay“量体裁衣”，成效显著。因此，综合而言，Jumia 也就几乎成了非洲消费者的首选平台。

Jumia 被称为非洲版的“阿里巴巴”。它与阿里巴巴有相似的运营模式，比如，它也有酒店预订平台 Jumia Travel、外卖平台 Jumia Food、支付工具 Jumia Pay 等，甚至还开设了分类广告、在线旅游及商业贷款服务等，在非洲逐渐建立起了一个大型的“商业帝国”。可以说，Jumia 是非洲电子商务市场当之无愧的“领头羊”。

官网链接：https://www.jumia.com.ng/

二、Kilimall

Kilimall 是非洲第二大电商平台，2014 年由原华为员工在肯尼亚首都内罗毕创立，同时开通了肯尼亚、尼日利亚和乌干达三个站点。截至 2019 年 5 月，Kilimall 平台注册用户已高达 1000 万户以上，App 下载量也达到了

500 万次。

Kilimall 网站风格偏年轻化，目标客户群体多是 20~30 岁的年轻人，3C、时尚、家居、小家电和母婴用品是平台的热销品类。

Kilimall 的成功故事对非洲的电商创业者来说具有非常大的激励作用。2012 年，Kilimall 的创始人杨涛以华为员工的身份被派往非洲，帮助当地运营商建立手机钱包系统。在非洲生活的两年，杨涛总是被各种购物不便的问题影响着，要么是选择少，要么是价格昂贵，同一件商品在中国和非洲的价格可能相差 3~10 倍。在这样的环境里生活了两年，杨涛看到的不只是非洲生活的艰苦，更多的是非洲电商市场的商机。2014 年，杨涛辞去了华为的工作，创建了 Kilimall，总结自身多年的支付网关经验及国内电商的成功模式，成功打造了自己的支付系统和物流系统。平台推出只一年，便成了非洲数一数二的电商平台，成为 Jumia 非常有力的竞争对手。

官网链接：https://www.kilimall.co.ke/

三、Kikuu

Kikuu（集酷）成立于 2015 年，和 Kilimall 一样也是一家由中国人创立的电商平台。Kikuu 主要面向的客户群体是白领，平台可销售的产品种类繁多，畅销的品类有：时尚鞋子服装、手表首饰及儿童玩具等年轻人喜欢购买的产品。

有 Jumia 和 Kilimall 这两个强大的竞争对手在，Kikuu 的发展并不是一帆风顺。尽管有 Kilimall 的成功案例在前，但是并不代表 Kikuu 就能成功绕过 Kilimall 踩过的坑。除此之外，为了体现自身和其他平台的差异性，Kikuu 还得另辟蹊径，寻找属于自己的一套生存方案。为此，Kikuu 的合伙人走遍了非洲十几个国家，感受不同国家的文化、经济及消费之间的差异，摸索出了适合自己的发展方向。

2018 年，Kikuu 年销售额从 20 万美元做到了 120 万美元，达到了 600% 的增长，实现了盈亏平衡，还拿下了加纳和坦桑尼亚两国热门 App 的榜首，这在非洲市场是很难得的。可以说，Kikuu 是非洲增长速度最快的电商。Kikuu 致力于打造成非洲版的“阿里巴巴”，首先效仿的就是阿里的物流系统，不久又推出了自己的支付系统 K-Pay。目前，Kikuu 已经在加纳等 9 个国家建立了全物流配送中心，完美地解决了“最后一公里”的困境。

官网链接：https://www.kikuu.com/

四、Konga

Konga 是尼日利亚首屈一指的在线购物网站，平台成立于 2012 年 7 月，2015 年年初，Konga 就已成为访问量最高的尼日利亚网站。目前，Konga 提供 15 万种不同的产品，包括时装、小件商品、家用产品等。

Konga 最开始只是一家仅在尼日利亚拉各斯销售母婴、美容等用品的线上零售商。平台推出不久便筹集了 350 万美元的种子轮投资，随后慢慢开始扩大品类及其销售范围，与 Jumia 展开竞争。

Konga 的投资者一直很看好平台的发展，在 2013 年年初和年底的时候，Konga 又相继募集到了价值 1000 万美元和 2500 万美元的 A 轮和 B 轮融资，这是当时非洲创业公司募集的最大融资，当年的收入也相应增长了 450%。2014 年年底，Konga 又募集到了迄今为止非洲创业公司能募集到的最大单轮融资——4000 万美元。2015 年 1 月，Konga 被全球知名的网站数据分析公司 Alexa 评为尼日利亚访问量最大的网站。2018 年，Konga 被生产和销售电脑的公司 Zinox 收购，与新兴零售店 Yudala 合并成为规模更大的电商平台，以全新的 Konga 品牌与其他品牌竞争着非洲这块电商“蓝海”市场。

官网链接：http://www.konga.com/

五、Takealot

Takealot 是南非市场领先的在线零售商，成立于 2011 年。该平台主要销售书籍、电子产品、园艺用品、母婴用品等。

2015 年 5 月，Takealot 收购了成立已有 17 年历史的电商平台 Kalahari，旨在整合资源，与亚马逊对抗。此外，Takealot 还收购了一家物流公司 Mr.D Delivery。这一收购使 Takealot 拥有了一个有着 900 多名司机的配送网络，可以为平台上的卖家提供仓储、配送等服务。

官网链接：https://www.takealot.com/

六、Bid or Buy

Bid or Buy 也是南非知名的电商平台之一，于 2000 年 1 月正式上线，最初只是一个线上拍卖平台。2010 年 6 月，Bid or Buy 开通肯尼亚站，正式开启其电商业务，古董、收藏品及汽配是该网站最畅销的类目，只要满 18 岁的卖家和买家都可以在该平台上进行交易。

官网链接：https://www.bidorbuy.co.za/

七、Mall for Africa

Mall for Africa（以下简称 MFA）成立于 2011 年，主要销售时尚鞋子服装、品牌手表等欧美国家产品。目前，MFA 平台上入驻了超过 120 家英美店铺，其中不乏国际品牌。2015 年 8 月，MFA 宣布进军肯尼亚，并向当地用户提供超过 15 亿件商品。

官网链接：http://www.mallforafrica.com/

八、Zando

Zando 是 Jumia 集团的子公司，成立于 2012 年，如今已经是南非最大的线上服装平台，在非洲多个国家都设立了分公司。Zando 主要销售包括鞋类、服装、家居用品和美容产品在内的 500 多个品牌。它也有自己的品牌，比如 Utopia。

官网链接：https://www.zando.co.za/

综上所述，电商虽然是非洲最热门的创业项目，但是存活下来并不容易。在非洲，每年都有几十家电商创业公司成立，竞争非常之大。在竞争对手不断增加的情况下，创业公司想要成功融资并扩张并非易事，没有扩张自然也就难以获得收入。在非洲，高达七成以上的电商平台其实并不盈利，每年退出市场的平台也不在少数。因此，对于跨境电商卖家来说，虽然非洲各大电商平台看起来都大同小异，但在平台的选择上还是要更加谨慎一点，以免出现人财两空的情况。

第二节　非洲电商市场选品大揭秘

对于跨境电商来说，非洲市场是开垦前的“处女地”，还没有形成规模效益，是全球最大的“蓝海”市场，所以市场需求宽泛，处处充满了商机。这里和欧美等“红海”市场很不一样，卖家不需要靠着一两款优势产品去和竞争对手拼价格、争夺市场，卖家需要做的就是结合自己的产品优势，分析市场的需求，将产品卖到这片商品匮乏的土地上。

一、非洲电商市场选品要点

（一）品类众多，市场竞争小

在这里，避免产品的同质化竞争并非难事。上面也已经提到过，非洲市场的需求宽度非常大，卖家可选择售卖的产品种类非常多，没有必要盯住某一种热销产品不放。

（二）选择价格适宜的产品

非洲目前整体的消费水平和十四五年前（即 2004 年和 2005 年左右）的中国差不多，虽然不高但也没有我们想象中那么贫穷。中国市场上中低档的产品会更符合非洲中产阶级乃至大众的消费习惯和消费水平。当然了，价格高一点儿的、贵重的产品也有自己的市场。有人曾经说，非洲只有两种人——穷人和富人，虽然有点夸张，但这种说法却足以证明非洲的贫富差距很大。不过，非洲的富人毕竟只占少数，因此，高端产品的销量也会相对少一点。

（三）轻便、体积小的产品更适合非洲市场

非洲市场毕竟还是待开发的状态，为了尽量减小跨境销售的风险，卖家最好选择轻便且体积小的产品销售，因为这类产品运费低，且价格便宜。

（四）选择季节性不强的产品

非洲市场不稳定因素太多，季节性强的产品更容易滞销，不太适合新手卖家销售，当然本身有供应链优势的卖家除外。

（五）避开误区产品

避开限制类、有法律问题或容易产生质量问题的产品。

二、非洲电商市场热销的品类

（一）3C 电子类

非洲是世界上移动设备增长最快的地区，该地区拥有 4.44 亿移动用户，其中，大约有三分之一的移动用户拥有智能手机[①]。智能手机的普及又带动了 3C 电子相关配件（如耳机、数据线、内存卡等）的使用，因此，3C 电子类产品在非洲有很大的市场。

1. 中国手机在非洲

中国手机“出海”这件事，如果用一句最近流行的网络语言来形容，那就是：“简直优秀到令人发指。”其成功案例包括，印度第一的小米、称霸中东的华为，还有占据非洲手机市场半壁江山的传音（TECNO）。大多数中国人应该都没听说过传音手机，这是因为传音公司从成立以来就专攻非洲市场。

传音是最受非洲消费者欢迎的中国手机品牌。据统计，在非洲，10 个人手里拿的手机有 4 部都是传音，如此高的使用率在中国都很少见的。接下来，我们就分析一下传音手机在非洲推广成功的几个要素。

（1）拍照功能

由于非洲友人的肤色偏黑，所以大部分智能机都很难拍出他们的美照。传音手机的研究团队通过大量的分析，研发出适合非洲用户的美颜模式，据

① RDAMIAN. Mobile in Sub-Saharan Africa: Can world's fastest-growing mobile region keep it up?[EB/OL]. (2018-10-16)[2019-06-29]. https://www.zdnet.com/article/mobile-in-sub-saharan-africa-can-worlds-fastest-growing-mobile-region-keep-it-up/.

说实际成像效果比苹果提升了好几个层级，非洲友人再也不怕“与黑夜融为一体了”。

（2）多卡多待

由于非洲信号不稳等问题，大部分人都有多张手机卡，但是之前很多国际大厂，比如苹果等，都是统一定位，普遍只能放单卡（虽然现在的苹果已经对中国人开放了双卡双待功能，但这已经是后话了）。传音瞄准这一点，推出双卡双待、三卡三待、四卡四待的手机，一经推出便大受非洲消费者喜爱。这一点对中国卖家具有很强的参考性，因为很多中国手机都支持这功能，包括一些没有品牌的手机（非洲市场是可以卖没有品牌的手机的）。

（3）大力发展功能机

从非洲整体的经济水平来看，推广智能机还是有一定难度的，功能机是一个不错的选择。功能机经济实惠，需求量大，价格也很便宜，毕竟价格低才是王道。功能机在中国市场被称为“老人机”。

（4）音乐手机

非洲朋友能歌善舞，说话都自带 Rap 效果，生活更少不了音乐，因此传音手机在不影响音质的情况下增大了喇叭功率，还出了一款主打音乐功能的手机，并且随机赠送一个定制的头戴式耳机，迎合了非洲消费者的生活习惯，因此在喜欢音乐、舞蹈的非洲用户中非常受欢迎。随机附赠周边产品这种营销思路也很值得广大跨境卖家借鉴。

2. 销售 3C 电子类产品的注意事项

（1）配置不能虚标，不一定要求品牌，但是要求证件齐全。

（2）发货前一定要测试，因为非洲是可以卖翻新机的，因此就会有部分卖家在提供手机的时候，没翻新就直接卖了。

（3）手机预装语言为英文，不能有中文，翻新机开机不能有密码，一定要预装 Google Play、WhatsApp 等常用软件，充电器必须为英式插头①。

（4）售后规则要放在商品详情页的明显位置。

① 英式插头：英式插头也称为 BS（British Standard）插头，专指以英国标准作为参考准则的电源插头。

（二）时尚类

非洲用户群体的平均年龄只有 19.7 岁，非常年轻，是不断追求潮流和时尚的一族。非洲时尚产品的畅销品类也非常广泛，包括衣服、鞋子、包包、手表、假发、饰品、彩妆和礼服等一切和时尚有关的单品。热卖的品类具体包括：

1. 正式裙装

款式简洁、大气，亮色或黑白色系都是非洲热销的商品。非洲是多宗教地区，以基督教、伊斯兰教、印度教为主。受宗教文化的影响，女性不喜欢露出大腿，裙装需以过膝为主，既简单又大气的裙装是非洲女性的最爱。

2. 连衣裙

受肤色的影响，非洲女性较为喜欢花哨一点的裙子，色彩绚丽，图案夸张。连衣裙以伞裙款式为主，裙摆大。

3. 包包

Kilimall 的招商经理在一场直播分享中曾经提到过，非洲女性平均拥有的包包数量达到了 5.7 个。这其实是一个不小的数字，因此可想而知，有能力支付时尚包包的女性对包包的需求有多大。

受欧美文化的影响，非洲女性在时尚单品的选择中更看重的是整体的搭配，搭配不同的衣服、鞋子和假发，因此，特点鲜明的包包市场很大。当然了，因为要方便搭配，款式简约、大方得体的包包卖得就很不错。因为经济条件的原因，大容量的子母包在非洲女性群体中也很受欢迎，她们认为同样的价格能买到带着几个小包的子母包既经济又实用。

4. 配饰

由于肤色较暗，非洲女性认为金光闪闪的饰品可以为整体的造型加分不少。她们在这类产品的选择上比较偏向于夸张但不浮夸、带有铆钉或者亮片之类的金属质感产品。多元素结合、款式偏大的饰品比较能突出个人特点，因此颇得她们的喜爱。

在中国，这类产品的成本非常低，而在非洲，这类产品也确实卖得非常好。因为产品本身很轻巧，运费便宜，因此更具价格优势，比较适合做自发货。在非洲，这类饰品的市场比包包还大，主要还是因为价格便宜，消费者不用花很多钱就能买到她们心仪的时尚元素。

5. 假发、彩妆类

相信很多人都曾有过这样的疑惑：为什么非洲朋友的发型要么就是短到贴着头皮的小卷发，要么就是看似极难打理的“大脏辫”？那是因为，由于气候的原因，非洲人的头发普遍都是长不长的，我们看到的长头发其实大部分都是假的。非洲素有“假发帝国”之称，因为假发就是他们的刚需品。

中国生产的假发很大一部分都是用来出口的，且出口最多的地区就是非洲。非洲几乎每个人都会戴假发，这是一种很自然的行为，上班、约会、派对等各个场合戴的假发都不一样，对于非洲人来说，假发只是一个装饰品。在非洲，每接一次头发要花费三四百元人民币。有钱的非洲女性，一个月在头发上的支出能够高达上千元（人民币）。由此可以看出，非洲的假发市场有多大！

非洲地区温度很高，女性对于护肤品的要求也基本是以带有保湿功效的产品为主。爱美是每一个女性的基因，非洲女性也不例外。日常妆容必备的眼线、睫毛膏、粉底液、眼影等一样都不能少。不过非洲崇尚健康的“巧克力肤质”，因此美白产品可能不太适合非洲朋友，日常的妆容上也很少会使用带有美白功效的产品，重点都在眉眼的修饰上。

6. 家居、小家电类目

非洲制造业非常薄弱，很多非洲国家几乎没有任何工业基础，稍微好一点的国家也只停留在能制造水桶、拖鞋这样的阶段，家电等全靠进口。由于经济原因，很少有人买得起冰箱之类的大型家用电器，因此便利性强、性价比高的小型家电产品在非洲市场广泛流行，经济条件允许的非洲居民几乎都会使用从国外进口的小家电。

中国是制造业大国，在这一方面的优势非常大，就连很多欧洲品牌的小家电都是先由中国工厂代加工，再由品牌厂商贴牌销售的。若有卖家想进军非洲，但又没有想好销售品类，不妨多了解一下非洲的小家电市场。

关于这一点，卖家有几点需要注意：

（1）家居、小家电这个类目的产品因为体积和重量都比较大，因此不太适合做自发货，比较适合做海外仓备货。

（2）使用英式插头，这是市场的强制标准。

（3）对于中国人来说，因为对各种家电接触得多，所以即便英文水平一般，也能猜对英文说明书的内容。但是非洲人不同，对于他们来说，这些都是新鲜玩意儿，很多人根本不会用，所以还是要有一个详细的说明书来指导他们使用。

7. 儿童相关产品

非洲人口的出生率非常高，居世界之最，每个家庭都有很多孩子。孩子多，儿童用品如衣服、鞋子、玩具等需求就比较旺盛。

儿童用品的复购率是非常高的，因为需求量实在太大，非洲女性又是家务的主力，因此，妈妈们为了省事，一旦认可了某个店铺的产品，便会习惯去同一家店铺购买。这里有个小建议给卖家：虽然是母婴店，但销售的产品最好不要太过单一，只要和儿童有关的一切产品都可以卖。当妈妈们来到店铺，发现店铺里品类齐全，很有可能就在这里一次性购齐所需的商品。除了儿童产品外，孕妈妈的产品也可以同店销售。因为出生率高，非洲女性整体的怀孕时间比较长，因此她们对孕期产品的需求量也是非常大的。

第八章

Jumia 基础运营实操

Jumia Marketplace 的母公司 Jumia 集团旗下有电商、物流、安保、旅游、租车等诸多产业，业务广泛。Jumia Marketplace 只是 Jumia 集团下的电商业务模块，平台于 2012 年在尼日利亚最大的港口城市拉各斯（Lagos）正式推出，如今已经是非洲市场最大的电子商务平台。截至 2019 年 4 月，Jumia Marketplace 已经在 14 个非洲国家开展了线上交易业务，其中尼日利亚是 Jumia Marketplace 流量最大的站点。为方便读者阅读，以下均以 Jumia 指代 Jumia Marketplac。

第一节　Jumia 平台概况及入驻指南

一、Jumia 平台简介

2019 年 4 月 12 日，被称为非洲版“阿里巴巴”的非洲最大的电子商务运营商 Jumia Technologies 在纽交所正式挂牌。上市首日 Jumia 股价大涨 75.59%，报收 25.46 美元，总市值为 19.44 亿美元，约合人民币 130 亿元，成为非洲第一家赴美上市的“独角兽公司”，此举在不温不火的四月天里，犹如一记闷雷震惊了广大跨境电商人。

Jumia 平台正式推出是在 2012 年，首次一共推出了 6 个站点，分别是尼日利亚、肯尼亚、南非、埃及、摩洛哥和科特迪瓦。不过在平台开通的前 5 年，Jumia 平台主要是由当地卖家进行交易，平台一直是以邀约的方式招揽中国卖家入驻。直到 2017 年，除了南非之外的另外 5 个 Jumia 国际站点开始对中国卖家开放入驻，2018 年才正式对中国卖家全面开放入驻。2019 年 3 月，Jumia 平台正式向中国卖家开放了第 7 个国际站点——喀麦隆。

目前，中国卖家可以入驻的 7 个国际站点分别是：尼日利亚、肯尼亚、埃及、摩洛哥、科特迪瓦、喀麦隆和加纳。除了加纳和喀麦隆之外，其他 5 个站点都推出了相应的海外仓。Jumia 平台新卖家必须先从尼日利亚站点做起，运营一段时间并符合一定要求后，招商经理会通知卖家开通其他站点。

二、Jumia 入驻条件

（一）Jumia 开店所需要的条件

（1）有中国大陆地区或香港地区的营业执照。

（2）有企业 P 卡账号。

（3）上架 5 个 SKU 就可以激活店铺，上架产品 48 小时内审核通过即可正式销售。

（4）一个月内上传完 100 个 SKU 即可（开店只需要上传 5 个 SKU）。

（二）Jumia 开店所需要的资料

（1）企业 P 卡账号后台截图（为了确认公司名称）。

（2）企业营业执照扫描件。

（三）Jumia 开店所需要的信息

姓名、手机号、邮箱、公司名称（中英文）、企业详细地址（中英文，此处必须和所注册的 P 卡账户一致）、P 卡注册邮箱、企业纳税人识别号、Jumia 店铺名称。

三、Jumia 开店流程

（一）注册账号

在 Jumia 官网注册的卖家必须是位于尼日利亚的公司，因此官网暂不支持中国卖家自行注册，中国卖家只能通过 Jumia 在中国的招商团队即招商经理入驻。联系上招商经理后，他会要求卖家填一份入驻表单（见图 8-1）。完成登记后，一般两个工作日左右，卖家会收到来自 Jumia Seller Center（卖家中心）的开户邮件。卖家按照邮件指示，设置密码，登录 Jumia Seller Center，完成 Jumia 注册开户即可。

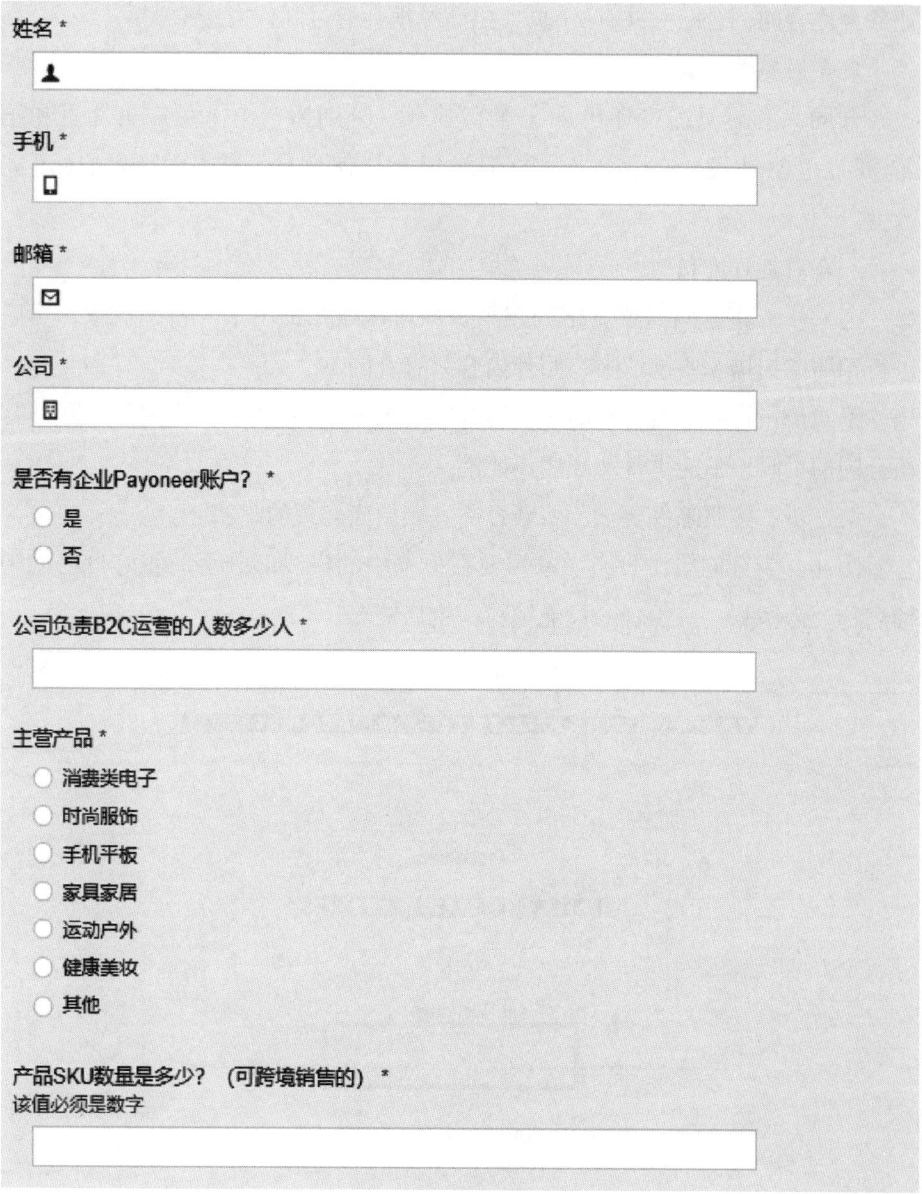

姓名 *

手机 *

邮箱 *

公司 *

是否有企业Payoneer账户？ *

是

否

公司负责B2C运营的人数多少人 *

主营产品 *

消费类电子

时尚服饰

手机平板

家具家居

运动户外

健康美妆

其他

产品SKU数量是多少？（可跨境销售的） *

该值必须是数字

图 8-1　招商经理提供的入驻表单

（二）签订 Jumia 业务合作合同

店铺注册成功后，要想在 Jumia 平台销售，还需要和平台官方签订一份业务合作合同，合同一共有 27 页，招商经理会通过邮件发送给卖家。

1. 合同签订要求

合同只有三页需打印出来，签字盖章，分别为：第 1 页、第 3 页和第 27 页（也就是最后一页）。合同不能包含任何水印。合同页码顺序不能改变。

2. 合同签订流程

第一步：将合同需要签字的三个页面打印或扫描出来，签字盖章，然后进行拍照或扫描（要求清晰，照片内容只有合同）。

第二步：将此三页合同的照片转为 PDF 格式，并按页码顺序插入原合同。新合同的页码，不能重复，顺序不能乱。

第三步：按照邮件要求，将新合同发到招商经理的邮箱。

图 8–2 为合同第 1 页，卖家需要在方框中的横线部分手动签好自己的店铺名称。需注意，一份合同只能填写一个店铺名。

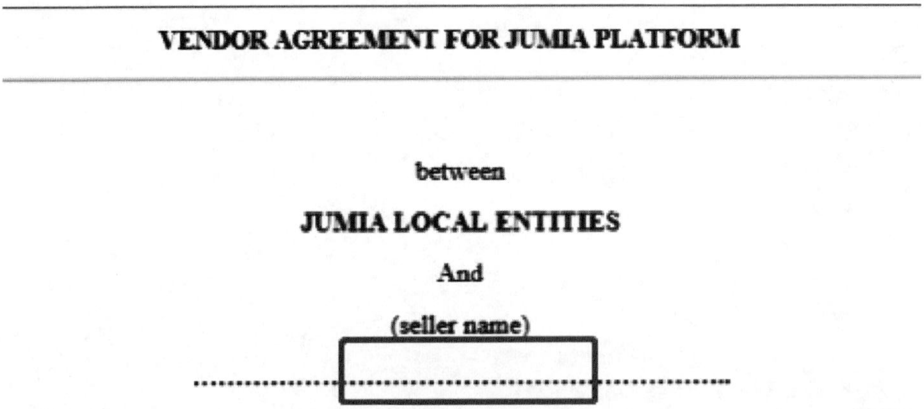

VENDOR AGREEMENT FOR JUMIA PLATFORM

between

JUMIA LOCAL ENTITIES

And

(seller name)

....

图 8–2　Jumia 业务合作合同第 1 页

图 8–3 为合同第 3 页，卖家需要在第 14 项的“name/address”栏填写公司名称和地址。然后，在第 15 项的右下侧的方框处盖上公司印章。需注意，公司名称和地址只能用英文或者拼音填写。

Vendor Agreement for Jumia Platform

between:

(1) **Ecart Services Algeria SARL**, 21, rue Med Idir Amellal – El Biar – Alger - Algeria

(2) **Ecart Services Cameroon SARL**, rue Akwa – BP 15412 – Douala - Cameroon

(3) **Jumia Egypt LLC**,

(4) **Jade E-Services Ghana Ltd**, 1st Floor Aquated Place, Abelemkpe – Accra - Ghana

(5) **Ecart Services Ivory Coast SARL**, 26 BP 684 – Abidjan – Ivory Coast

(6) **Ecart Services Kenya Ltd**,

(7) **Ecart Services Morocco SARL**,

(8) **Ecart Internet Services Nigeria Ltd**, Saint Nicholas House (10th Floor), Catholic Mission Street – Lagos - Nigeria

(9) **Jade E-Services Sénégal**, Liberté6 Extension, BP 45147 – Dakar - Sénégal

(10) **Jade E-Services South Africa PTY Ltd**,

(11) **Juwel E-Services Tanzania Ltd**, Plot No. 483, Garden Road, Mikocheni, P.O. Box 32237 - Dar Es Salaam - Tanzania

(12) **Jumia E-Services (Tunisia) SARL**, Tour des bureaux, Immeuble ICC, A13 (RdC), Centre Urbain Nord – 1082 Tunis – Tunisia

(13) **Jade E-Services (Uganda) Ltd**,

– **hereinafter referred to as "Jumia"** –

And:

(14) **(name/address)**

....

– **hereinafter referred to as "Vendor"** –

(15) The persons listed in no. (1) to (15) above are also referred to collectively as the "**Parties**" and each as a "**Party**".

图 8–3　Jumia 业务合作合同第 3 页

图 8–4 为合同第 27 页，也就是整个合同的最后一页。卖家需要在图中方框位置的“Name”“Title”栏填写自己的名字和职位，最后的“Sellers signature”栏需有法人亲笔签字。这里可以用中文填写。

Jade E-Services Sénégal, represented by:

Name: Mohamed Hapté SOW

Title: CEO

Jade E-Services South Africa PTY Ltd, represented by:

Name: Sascha Breuss/ Grant Brown

Title: CEO

Juwel E-Services Tanzania Ltd, represented by:

Name: Jérémy Hodara

Title: CEO

Jumia E-Services (Tunisia) SARL, represented by:

Name: Elyes Jribi

Title: CEO.

Jade E-Services (Uganda) Ltd, represented by:

Name: Ron Kawamara/Estelle Verdier

Title: Director

Name of the Vendor, represented by:

Name: ....

Title:..

Sellers signature:

图 8-4　Jumia 业务合作合同第 27 页

（三）签订 Jumia 物流合同

签订完合作合同之后，卖家还需要和 Jumia 签订一份物流合同。和上面的合作合同不同的是，物流合同全部都是中文，没有什么需要特别注意的地方，卖家按合同条款签署即可。

四、Jumia 开店费用

Jumia 平台只收取佣金，无平台费、月费和年费。国际卖家的佣金费用为：最低佣金 1 美元，电子类产品佣金费率为销售额的 5%，其他所有品类佣金费率为销售额的 10%。

五、Jumia 回款周期

Jumia 回款是以 Delivered Date（交付日期）的时间为节点，两周后回款。每月回款两次。举例来说：如果 Jumia 在 12 月 1 日回款，那么回款金额即是从 11 月 1 日至 11 月 14 日期间的所有在卖家中心显示状态为“Delivered”（已交付）的订单金额总和。如果 Jumia 在 12 月 15 日回款，那么回款金额即是从 11 月 15 日至 11 月 30 日期间的所有在卖家中心显示状态为“Delivered”（已交付）的订单金额总和。

六、Jumia 激活店铺

收到店铺成功开户的邮件后，卖家需要按照要求先上架 5 个 SKU。然后直接回复招商经理的邮件，申请激活店铺。如果未按要求上传 5 个 SKU，店铺会一直处于未激活的状态，不可正式售卖。

第二节　Jumia 卖家中心板块及基本设置

Jumia 平台店铺注册完成之后，卖家即可进入店铺后台的卖家中心（后台的语言为英文）。卖家中心主界面一共有 5 大板块及一些快捷入口。

一、5 大主要板块

Jumia 卖家中心 5 大主要板块见图 8-5。

（1）Products（产品中心）：卖家可在该板块对自己的产品进行具体的操作管理，如单个或批量上传 SKU、对 Listing 页面进行编辑、优化产品图片等。

（2）Orders（订单管理）：卖家可随时在该板块查看自己的订单状态并进

行发货、售后处理等事项。

（3）Promotions（促销活动）：卖家可以在此参加或查看平台全部的促销活动，包括正在开放或即将开放报名的促销活动、已经结束或者即将结束的促销活动等。

（4）Reports（业绩报表）：卖家可在此查看全部订单的绩效表现，包括表现最好的品类、产品或者品牌。

（5）Settings（设置中心）：该板块是整个店铺的枢纽，可在此进行设置的项目有：账户信息、企业信息、物流运输、支付方式以及 API 接口等。

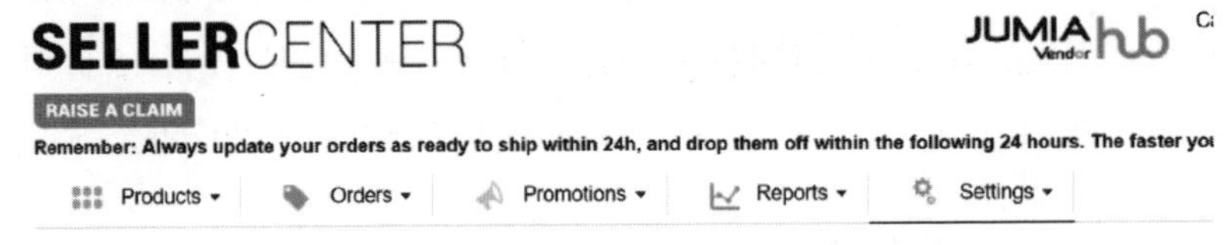

图 8-5　Jumia 卖家中心后台 5 大板块

二、5 大快捷入口

（1）Total Pending Orders（未处理的订单总数量）。

（2）Current Daily Order Volume Limitation（每天限制订单数量）：这一点需要注意，新卖家日单量会暂时限 5 单。如果日单量已经达到 4，可以跟客户经理申请，经理会根据店铺评分提升 DOL（限单量），最高不超过日平均订单量的 4 倍。同时，如果店铺取消率过高，系统会自动限制卖家的日单量，卖家需要想办法提升发货速度，降低取消率，当取消率低于 2% 时，DOL 会自动解锁并恢复至日常水平。

（3）Rejected Products（退货）：一旦首页出现了这个显示，卖家需要及时按照平台标注的原因对 SKU 进行优化。

（4）Approved Products（审核通过的产品）。

（5）Pending Products（待审核的产品）：若待审核的时间超过了 48 小时，卖家需要主动联系商户经理处理。

另外，Your Rating（店铺评分）的标准有：取消率小于 2%；退货率小于

2%；有效库存大于 1；48 小时之内发货。

Jumia 的平台用户暂时没有删除管理员的权限（后台可添加管理员），建议卖家在前期 API 对接时，单独为 IT 人员开设 Seller API Access 权限，以防后续出现操作权限问题。

如果有员工离职，也会对 API 链接有影响，所以应该在员工离职前，更新 API Key，以防人员离职后，对平台操作产生影响。

三、忘记密码

若卖家忘记店铺密码，可以直接在登录首页，点击“Forgot Password”（忘记密码）（见图 8-6），邮箱会收到来自 Jumia 的改密邮件，然后按照邮件要求更改密码即可。重置密码后，如果无法登录店铺，需要联系对应的招商经理，查看账户是否处于 Inactive 状态。

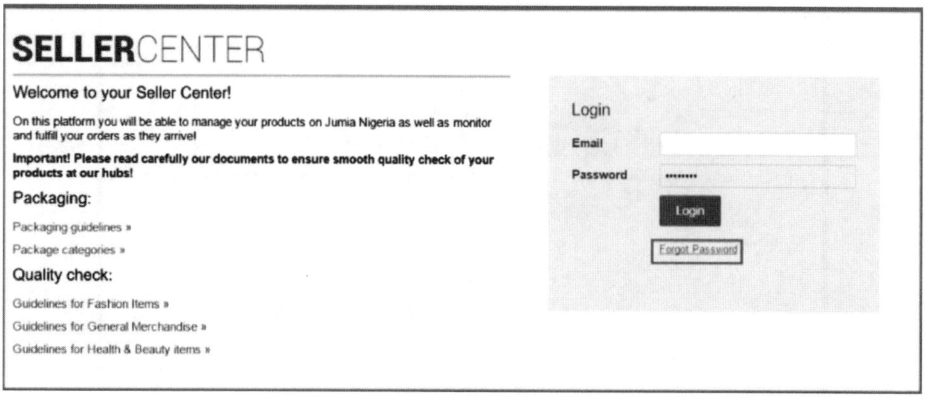

图 8-6　修改密码界面

四、在线提交诉求

Raise a Claim 是 Jumia 2019 年向卖家推出的一项后台服务，见图 8-7。卖家在经营的过程中，遇到任何问题都可以在后台提交自己的诉求，以寻求解决办法。Jumia 平台已经在深圳设置了一个团队专门解决中国卖家在运营过程中所遇到的问题。如果遇到账单问题，卖家可直接在此申诉。具体操作如下：

图 8-7　在线提交诉求入口

打开店铺后台，点击“Raise a Claim”，即可进入申诉页面，然后按要求和提示填写并提交即可，见图 8-8。

Jumia Vendor Claims Form

Dear Jumia Partner,

Please use this form to raise any inquiries or claims related to your Jumia orders or payments.

Please make sure you properly fill out every required field with the exact details as well as the corresponding comment for each reason for your claim. The more detailed your claim submission is, the less time will be required to resolve it.

Please also visit our Jumia Vendor Hub page for more information: https://vendorhub.jumia.com.ng/

Seller Details

Store Name*
与seller profile一致的店铺名，注意空格
Name of your shop on Seller Center

Seller Center Email Address*
需与注册店铺的邮箱一致
The email address used to access your shop on Seller Center

Seller Name*
填写您的名字
First Name
填写您的姓氏
Last Name

Phone Number*
在注册店铺时留下的手机号前面加上+86
Phone number associated with your shop on Seller Center

Claim Type

Claim Type*
选择申诉类型
Please select a claim category

Submit

图 8-8　在线提交诉求

卖家提交诉求后，Jumia 平台大概会在 3 个工作日内处理并以邮件的形式回复。卖家需要在收到邮件的3个工作日内回复邮件，否则诉求将会自动关闭，不被处理。邮件需要用英文填写。

五、P 卡后台绑定

P 卡是 Jumia 平台指定的收款方式，每月两次结款，以订单妥投到消费者（即 Delivered）为节点。如果卖家没有 P 卡，需要先去 P 卡官网申请一个 P 卡账号。卖家在 P 卡网站的注册名需与在 Jumia 注册的公司名称完全一致，包括标点符号及格式。P 卡的绑定步骤如下。

第一步：打开 Jumia 后台的卖家中心，点击导航栏中的“Settings”（设置）模块，再点击下拉框中的“Your Profile”（你的资料），见图 8-9。

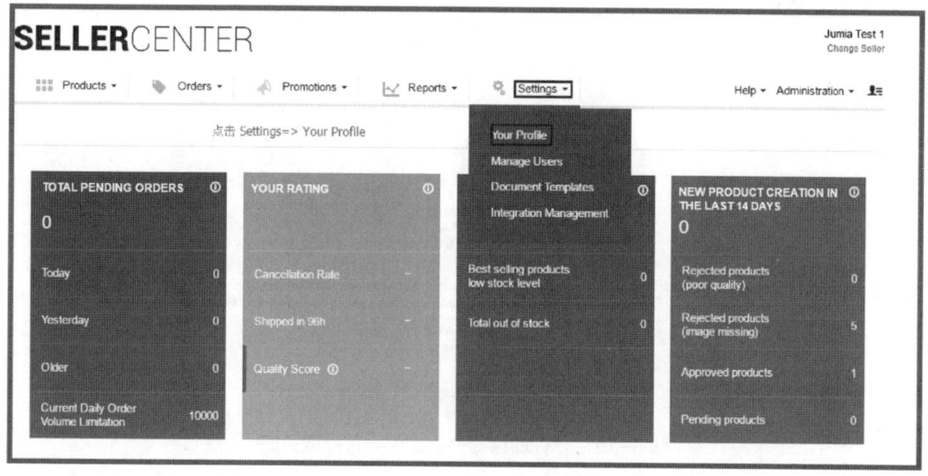

图 8-9　点击“Your Profile”

第二步：进入“Your Profile”，点击“Payment Method”（付款方法），再点击“Register”（注册），见图 8-10。

图 8-10　点击“Register”

点击“Register”后，出现“你即将离开卖家中心”的提醒页面，如图 8-11 所示，直接点击页面中的链接，即可跳转到下一步。

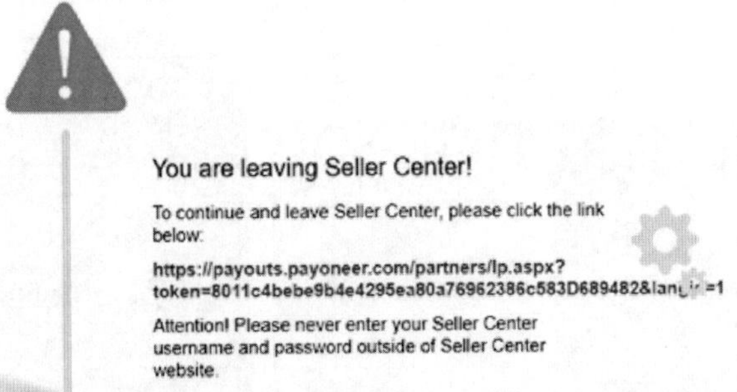

图 8-11　“你即将离开卖家中心”提醒页面

第三步：进入 P 卡登录页面，直接按页面指示点击右上角，登录自己的 P 卡账户。

绑定成功之后，大约等待一个工作日，Jumia 和 P 卡即可完成系统信息的同步。

第三节　Jumia 平台产品规范

一、产品规范

（一）平台可以销售的类目

Jumia 平台可以销售的类目包括：相机、手机、平板电脑、时尚产品、生活和办公用品、手表、太阳镜、婴儿和儿童产品、玩具、健康和美容产品、汽车、运动和健身产品、游戏和游戏机、服务优惠、书籍、电影和音乐、婚礼、杂货等。

（二）敏感产品政策

对于敏感产品，卖家必须在产品描述中添加“产品创建说明”。否则，平台会做下架处理。敏感产品政策见表 8–1。

表 8–1　敏感产品政策

产品属性	类别	产品创建说明
餐饮	非酒精饮料、苏打水及其他饮料，食品	必须注明储存条件、食物原产地
酒精与烟草	酒精饮料、雪茄、水烟及配件、其他烟草类香烟及配件	必须注明储存条件、产品原产地
婴儿产品	婴儿护理和安全婴儿喂养、婴儿和幼儿玩具、睡眠和幼儿园装备、婴儿车、其他婴儿用品	必须注明使用条件、最低使用年龄、成分
保健品	健康与健身、蛋白粉、食品补充剂	必须注明使用条件、储存条件、主要成分

续表

产品属性	类别	产品创建说明
美容产品	护肤品、化妆品、香水、卫生巾、女士配饰、护发健康和按摩用品、面部护肤品	必须注明使用条件、成分、储存条件
贴心的产品	避孕套	必须注明储存条件、使用条件、成分
潜在的武器	厨刀、棒球棒、武器玩具（如仿真枪、软弹气枪等）	必须注明正常使用条件、最低使用年龄
玩具	遥控玩具、玩偶和毛绒玩具、教具、工艺品、拼图、滑板车、体育游戏用具、户外玩具、儿童平板电脑、泡沫砖块、建筑类玩具等	必须注明最低使用年龄、成分
性玩具		必须注明最低使用年龄、成分

（三）尼日利亚站点的禁售产品

（1）接触皮肤的美容产品会受到严格的管制，液体化妆品、香水、护肤品等无法清关。

（2）二手或翻新产品（手机除外）禁售。

（3）药物禁售。

（4）GPS 等车辆跟踪器禁售。

（5）无人机，电池需小于 100W · h，超过要求一律禁售。

（6）平衡车和电动车禁售。

（7）纯电池和 Power Bank（充电宝）禁售。

（8）电子烟禁售。

（9）武器、仿真武器、玩具武器，以及其他可能作为恐怖袭击工具的禁售。

二、Listing 标准规范

（一）Listing 常规标准

（1）产品名称有固定的命名要求：产品类型 + 产品型号 + 关键词 + 颜色。

（2）如果产品有品牌需要编辑，则需要在“Product”（产品管理）>“Add a Product”（单个创建 SKU）/“Import Products”（批量创建 SKU）的界面进行操作，直接在“Brand”（品牌）一栏填写对应品牌名。需要注意的是，产品名称处不能出现品牌名，品牌需一律填写在单独的“Brand”（品牌）栏。如卖家有自己的 OEM（委托代加工）的品牌，但在 Brand 栏检索不到，则可以在 Jumia 后台填写品牌申请表，申请链接：https://goo.gl/Hw8vma。

（3）电子产品，如手机或者平板电脑，要显示电子属性。如果没有预装系统，那么产品的描述以及图片中都不能含有已装系统后的操作界面。

（4）建议不要使用颜色作为变量，可设置尺码或者其他自定义的变量。

（二）主图（Main image）规范

（1）首图需白底、无水印。

（2）上传的产品图片数量不超过 3 张，图片必须高清、精美。

（3）第一张图片必须为产品正面图，多角度图片不少于 3 张（特别是时尚类，如衣服、包、鞋、饰品等）。

（4）图片与描述需和实物一致（包括颜色、数量）。

（5）图片比例要求 4 : 5，像素要求在 680 × 850 至 2000 × 2000，680 × 850 最佳。也能兼容 1 : 1 的图片，最低像素要求为 500 × 500，最优要求是 850 × 850。但是图片显示最佳比例还是 4 : 5。

（三）短描述（High lights）规范

（1）每一条短描述前面都需要有小黑点。

（2）文字描述简短，且为产品的关键参数。

（3）不能为段落文字。

（四）产品描述（Description）规范

（1）不能与短描述完全一致。

（2）不能插入站外链接。

（3）描述需与产品一致，要真实。

（4）功能性的产品需有使用指导或说明书。

（五）时尚品类上传规范

（1）模特禁止使用假人。如用模特，需要使用真人，并且真人模特不能显示全脸，只能显示鼻子以下部位。

（2）首图需要选择产品的正面图片，附图需要加上产品多角度图，并附带一张细节图片，细节图片需要清晰地体现产品的材质。

（3）要求统一使用 UK Size（英国尺码），如果没有英国尺码，则必须附上尺码对照表。图片展示区和产品长描述，其中一处有尺码表即可。

（六）Jumia 上架 SKU 禁用词

（1）100% Brand New；

（2）Brand New；

（3）Original；

（4）Genuine；

（5）Free Shipping；

（6）Spy；

（7）Ass；

（8）Cock；

（9）Imported；

（10）Key Features。

（七）尼日利亚和肯尼亚站点对翻新机的要求

（1）3A 等级；

（2）6 个月的售后担保；

（3）退货率低于 3%；

（4）原装配件；

（5）指纹锁可正常使用。

（八）对电气（Electrica）产品的特殊要求

（1）Jumia 覆盖地区，使用英式插头，见图 8-12，电压要求 230 V，频率要求 50 Hz。

图 8-12　英式插头

（2）带电池的产品发货时需要提供电子档 MSDS 报告。MSDS 是化学品安全技术说明书电子报告，需要卖家自行向厂家索取。报告随发货时的预报信息一同发邮件至招商经理邮箱。

第四节　Jumia 产品上传

Jumia 上传产品总共有三个模式，分别是上传单个产品、批量添加产品，以及 30 秒快速创建产品。

一、上传单个产品

第一步：打开“Seller Center”（卖家中心），点击“Product”（产品管理）>“Add a Product”（添加一个产品），见图 8–13。

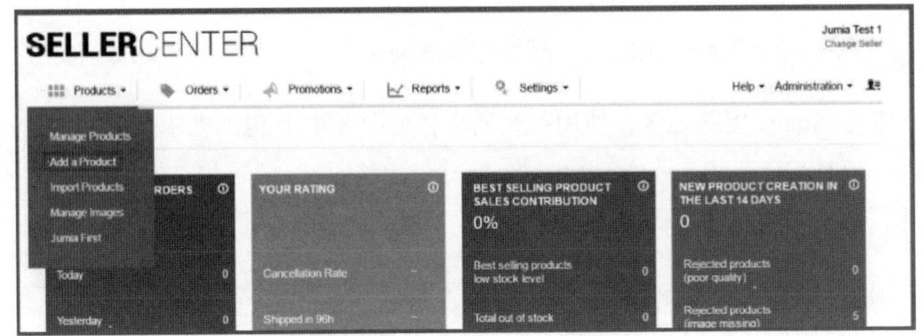

图 8–13　单个上传产品第一步

第二步：选择要售卖的产品类目（Select a primary category for your product），见图 8–14。

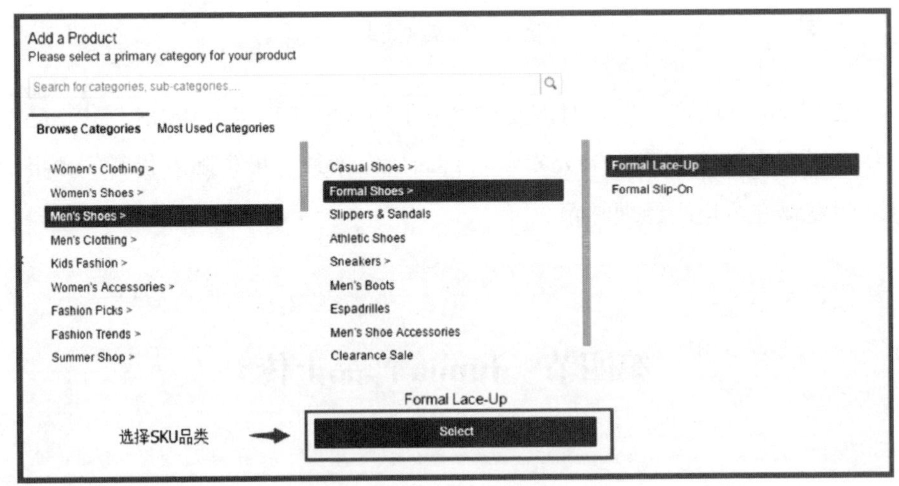

图 8–14　单个上传产品第二步

第三步：选择好类目后，填写产品信息（Product Infomation）。产品详情描述越精确，越容易吸引到精准成交的客户，见图 8–15。

图 8-15　填写产品信息

第四步：填写更多的产品详情（More Product Details）。

（1）Product Description（产品描述）：按照正常的特征填写就可以。编辑完产品描述之后，需要点击文本框上方的“HTML”，转为代码，防止描述文字的字体格式丢失。

（2）Hightlights（短描述）：短描述不能超过 8 条。为了防止短描述文字的字体格式丢失，在编写完成之后也需要点击文本框上方的“HTML”，将其转为代码。见图 8-16。

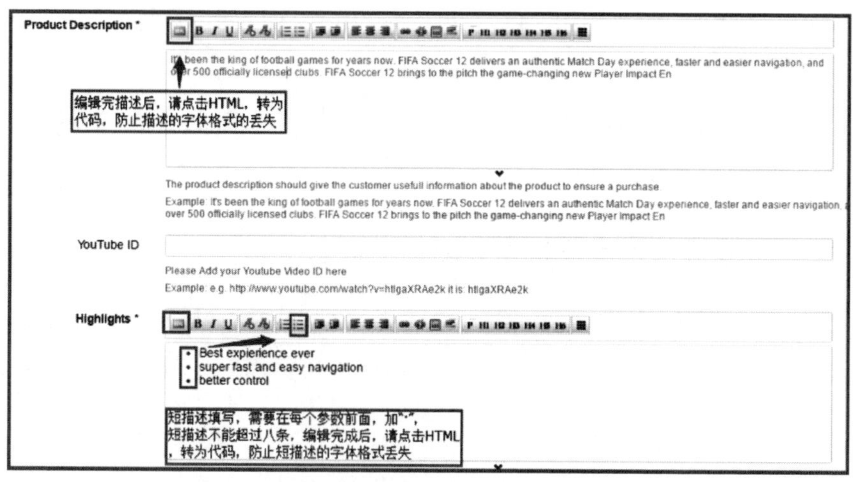

图 8-16　填写更多产品详情

需注意，如果产品是手机、平板电脑品类，“Electronics Attributes”（电子属性）为必填选项。

第五步：填写“Product Pricing”（产品定价）。见图 8-17。

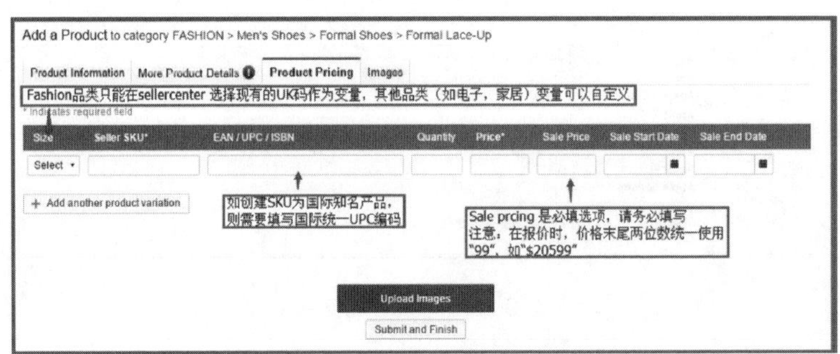

图 8-17　填写“产品定价”

填写注意事项：

（1）Size（尺码）：除了时尚品类之外，其他品类（如电子、家居等）的变量均可以在此处自定义，而时尚品类的尺码只能在卖家中心选择现有的英国码作为变量。

（2）EAN/UPC/ISBN（产品条码）：如果创建的 SKU 为国际知名产品，则需要填写国际统一 UPC 码[①]。

（3）Sale Price（销售价格）：在报价时，价格末尾两位数统一使用“99”，如“$20599”。

第六步：上传 Images（图片），上传后直接点击底部的“Submit and Finish”（提交并完成）即可。

二、批量添加产品及批量更新产品信息

第一步：打开“Seller Center”（卖家中心），点击“Products”（产品管理）>“Import Products”（批量添加产品），进入批量上传页面，见图 8-18、图 8-19。

---

① UPC 码：Universal Product Code，是美国统一代码委员会制定的一种商品用条码，通用于国际贸易中。

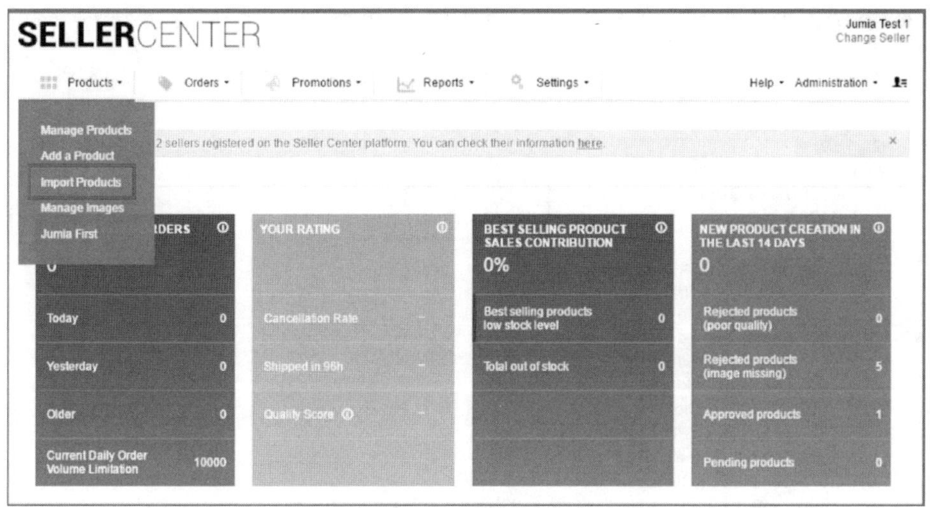

图 8-18　点击“Import Products”

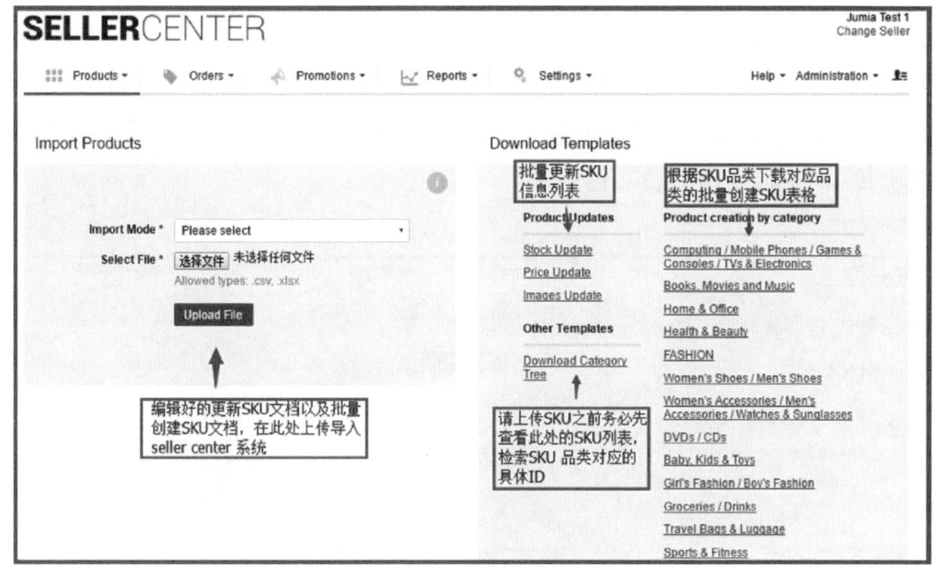

图 8-19　批量上传页面

需注意，批量添加产品前，需要先下载最新的 Category Tree（品类目录表），查找所添加品类对应的具体 ID，见图 8-20。

Category Id	Category Name
4568	Jumia Global
5198	Pre-Cat
5839	ZPC Other
830	FASHION / Beauty
815	FASHION / Premium
696	FASHION / old b
667	FASHION / oldddd
587	FASHION / old cat2
505	FASHION / old cat1
3390	FASHION / Clothing
5834	FASHION / ZPC Fashion
5833	Home & Office / ZPC Home
2676	Computing / Clearance Sale
1540	Cameras & Electronics / Audio and Video Bundles
5831	Cameras & Electronics / ZPC Electronics

下载品类ID查询表，检索SKU对应的品类ID

图 8-20　品类目录表

第二步：选取 SKU 对应的品类，点击并下载 SKU 批量创建表格（Product Creation by Category Templates），然后点击“Click Here”，最后再点击“Download”进行下载。下载表格后，将需要创建的 SKU 填写至表格中，再将其上传到平台上，见图 8-21。

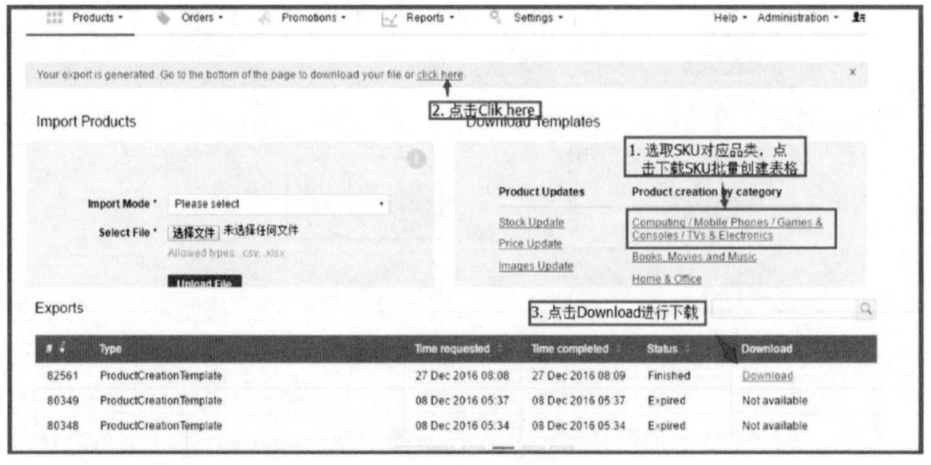

图 8-21　下载 SKU 批量创建表格

填写表格时需注意：

（1）在“Upload Template”子表格中填写、编辑所有 SKU 创建信息。

（2）产品名称命名规则和上传产品的规则一样：产品类型 + 产品型号 + 关键词 + 颜色，不能出现任何品牌信息。

（3）品牌申请和单个上传 SKU 一样，如果没有找到相应的品牌名称，可以申请，申请成功之后重新下载表格即可。

（4）Product Weight（产品重量）：重量单位为千克（kg），如 0.5kg，表格中直接填写数字即可。

（5）Product Warranty（产品保修）：国际卖家暂未开通保修服务，因此统一填 N/A。

（6）表格中的其他项目，如产品描述、图片规格等的要求均和单个上传 SKU 一样，只有一个“Primary Category”（主要类别）栏需要卖家填写。见图 8-22。

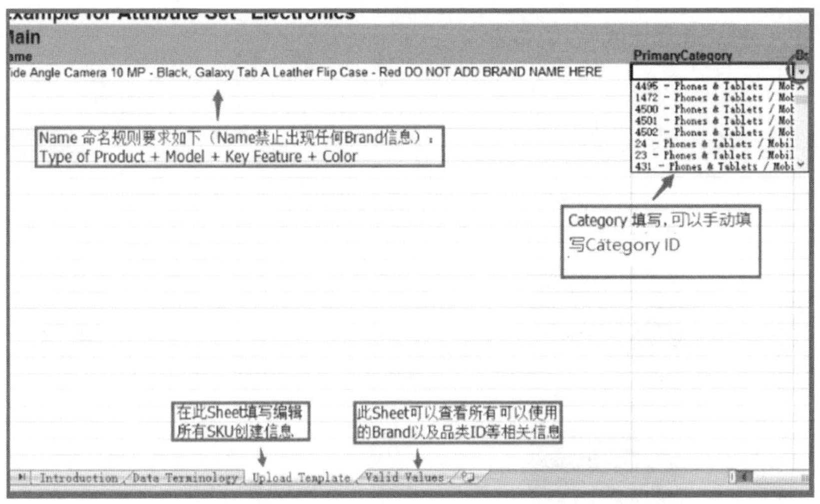

图 8-22　填写 SKU 批量创建表格

（7）表格中生成的 URL 图片链接，要求为单纯的图片链接。URL 的生成建议使用网站生成链接（比如 imgbb 等），国内的 QQ 空间或者百度云图等，可能会由于服务器不稳定，导致图片在上传途中丢失。

第三步：将表格另存为 CSV 格式。进入卖家中心，点击“Products”（产品管理）>“Import products”（批量上传产品）>“Import Updating Info for Products”（导入产品的更新信息），再选中刚刚生成的 CSV 文件，上传后即可完成批量上传 SKU 的操作。

三、30 秒快速创建产品

30 秒快速创建产品的原则是，卖家可以直接复制平台上所有已经存在的产品，并将其展示在自己的店铺内售卖，只要有货源都可以做。做过亚马逊的卖家应该能看出来，这种方法和亚马逊平台的“跟卖”很相似，简而言之，就是别人卖什么，自己也跟着卖什么。很多卖家在自己的产品销售情况不佳的情况下，都会选择用这种方法来提升销售额。具体操作方法如下。

第一步：在前台搜索出自己想要出售的产品，然后点击产品标题下方的“Sell Yours Here”（在这里出售你的产品），见图 8–23，进入产品信息的填写页面。这里需要注意，一定要确保找到的产品和自己的产品在产品规格、颜色等各方面都完全相同。

图 8–23　快速创建产品第一步

第二步：点击页面中的“More Product Details”（更多产品细节），将“Product Line”（产品线）改为卖家自己的商品名称，见图 8–24。

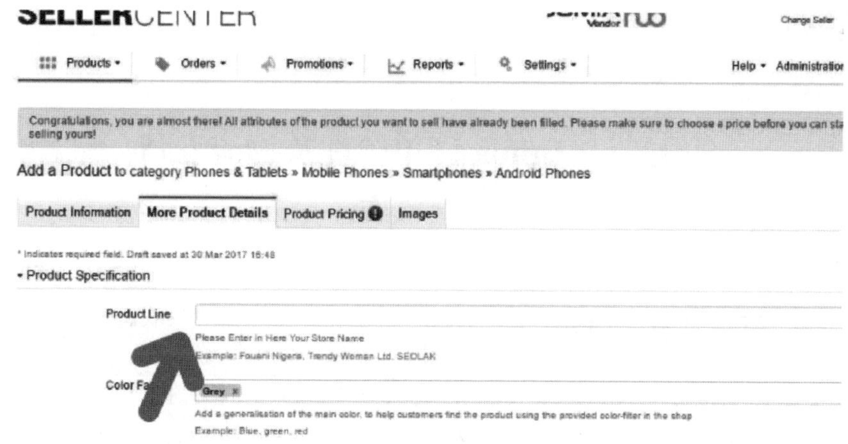

图 8-24 快速创建产品第二步

第三步：继续点击页面中的“Product Pricing”（产品定价），填写好需要销售的产品的 SKU 数量及价格。然后点击“Submit and Finish”（完成并提交），见图 8-25，创建成功。这种方法不需要再像前面的两种方法那样编辑产品描述、上传照片等，直接用别人的 Listing 就可以了。因为是直接用竞争对手的产品链接，所以卖家如果想更有竞争力，一般情况下会定一个相对较低的价格。

SELLERCENTER JUMIA Vendor hub

Products · Orders · Promotions · Reports · Settings · Help · Administration

Add a Product to category Health & Beauty » Men Care » Shave

Product Information | More Product Details | Product Pricing | Images

Variation	Seller SKU*	EAN / UPC / ISBN	Quantity	Price*	Sale Price	Sale Start Date	Sale End Date
...	XXXXXX00001		20	1,000.00	500.00	2017-03-23	2017-05-31

+ Add another product variation

Upload Images

Submit and Finish | Preview | Save as draft

图 8-25 快速创建产品第三步

第五节 Jumia 订单管理及物流发货

一、订单及发货管理

卖家在上传完产品之后，如果有买家下单，卖家需要在订单管理模块对已付款的订单进行发货处理。在整体信誉度不太高的非洲地区，快速且优质的发货服务能在一定程度上获得更多非洲消费者的好感，同时产品的回购率也会有一定的提升。这里提醒一下，国际卖家是没有货到付款服务的，如果卖家收到的是 COD（货到付款）的订单，务必不要操作发货，并且及时在"PSC 卖家管理群须知"的"问题订单"窗口提交诉求。一旦发货，平台将不会处理该订单回款的相关事宜，也无补救措施。

此步骤在卖家中心后台主页的"Order"（订单）板块进行操作。Order 板块一共分为 4 个阶段：Pending、Ready to Ship、Shipped 和 Completed。

（1）Pending：Seller Center（卖家中心）收到的待处理订单。需在三个工作日内操作及发货，否则订单将会取消。

（2）Ready to Ship：卖家已经准备发货。

（3）Shipped：包裹已经发货并且订单状态已经传输上网。Jumia 平台会负责运输以及妥投，此时订单已经处于"运输"的状态。

（4）Completed：包裹已妥投（取消、退件、妥投）。

订单及发货管理的具体操作方法如下：

第一步：从卖家中心后台首页点击"Orders"，进入订单管理模块。

第二步：点击"Pending"查看需要处理的订单。点击"Ready to Ship"对订单进行发货处理（此处以直邮发货为例），选择最近的中转仓发货。

中转仓是指 Jumia 平台在我国国内建立的 6 个中转仓库，这一点在下文的"直邮发货"部分会详细讲到。接着系统就会自动生成一个跟踪 ID。最后，点击“Ready to Ship”完成这一步骤。

第三步：点击“Shipping Labels”（货运标签）打印货运单据。Jumia 的货运标签就像一张收据，上面包含了订单的全部信息，比如订单数量、付款方式、发货地址等。

第四步：打包需要发货的产品，然后在 24 小时之内更新订单状态即可。

二、直邮发货和 FBJ 海外仓发货

（一）直邮发货

直邮发货指的是卖家收到订单后，将产品打包好发往平台在中国境内设立的仓库，最后由平台官方物流完成货物的清关及后续的尾程配送。

关于直邮发货，卖家在发货前需要重点注意以下几点：

（1）在收到新订单后，卖家需要在 3 个工作日内发货妥投至 Jumia 在我国国内的指定仓库，否则订单将会被平台自动取消。

（2）产品包装的外箱上需要标注清楚箱子内含有多少数量的包裹。

（3）如果一个订单含有多个 Item（产品），可以有两种打包发货的方式：一种是“Item by item”发货，即一包一件一个货运标签；另一种是将多 Item 合并成一个包裹发货，即全部或部分订单共用一个包裹。

（4）Jumia 目前在我国共有 6 个集散点，分别设在深圳、广州、宁波、香港、厦门、义乌（有提件服务），不过每个指定仓库在 Jumia 后台的“Settings”（设置）>“Your Profile ”（你的资料）>“Shipping”（运输方式）里面的设置都不一样，如表 8–2 所示。

表 8–2　Jumia 平台 6 个集散点的设置方式

地区	设置方式
深圳	国家—JG—Seko—Shenzhen—Seko—Station； NG—JG—Seko—Ningbo—Seko—Station
广州	国家—JG—Seko—Guangzhou—Seko—Station； NG—JG—Seko—Guangzhou—Seko—Station

续表

地区	设置方式
宁波	国家—JG—Seko—Ningbo—Seko—Station; NG—JG—Seko—Ningbo—Seko—Station
香港	国家—JG—Seko—HongKong—Seko—Station; NG—JG—Seko—Ningbo—Seko—Station
厦门	国家—JG—Seko—Xiamen—Seko—Station; NG—JG—Seko—Ningbo—Seko—Station
义乌	国家—JG—Seko—Ningbo—Seko—Station; NG—JG—Seko—Ningbo—Seko—Station

表 8-2 中，Seko 为 Jumia 的指定物流商，其联系方式如表 8-3 所示。Seko 无入仓费，国内快递统一使用顺丰，如果卖家使用了别家快递，Seko 有权拒收，责任由卖家承担。

新卖家在正式发货之前需要先与 Seko 签订物流协议，否则仓库有权拒收货物。协议仅签一次即可，开通其他站点不需要再次签订。如果是香港地区公司，在 Jumia 开户，需要签订香港版本的合同；如果是大陆公司，则需要签订大陆版本的合同。需要签订的合同，联系对应的招商经理即可获取。

卖家需要将当天出库的所有包裹追踪号、订单号以及相应的目标国家汇总成表格文档，并将国内快递单号通过邮件的形式预报给 Seko。

表 8-3　Seko 物流各集散点信息

Seko 香港电子商务分拣中心	Seko 深圳电子商务分拣中心
地址：香港长沙湾青山道 500 号百美工业大厦 13 楼 C 室 收货联系电话：Peter Kwork +852 34882670 截单时间： 周一至周五：16：00 周六：13：00 客服热线：+852 31953113 客服邮箱：hk.ecomm@sekologistics.com	地址：深圳市宝安区航城街道德安路 34 号九华科技园一栋厂房一楼 A 单元 收货联系电话：徐 ×× +8619927710124 截单时间： 周一至周五：18：00 周六：15：00 客服热线：+86 755 2562 8826 客服邮箱：scn.ecomm@sekologistics.com

续表

Seko 宁波电子商务分拣中心	Seko 广州电子商务分拣中心
地址：浙江省宁波市江北区洪塘工业 C 区银海路 228 号（华辰电器院内大田物流） 收货联系电话：张 × × 13906618765 截单时间： 周一至周五：18：00 客服热线：+86 574 8717 3684 客服邮箱：ecn.ecomm@sekologistics.com	地址：广州市新塘镇太平洋十路二号 B05 号（新客隆）对面 收货联系电话：徐 × × 18126100083 截单时间： 周一至周五：18：00 客服热线：+86 755 2562 8826 客服邮箱：scn.ecomm@sekologistics.com
Seko 厦门电子商务分拣中心	**Seko 义乌电子商务分拣中心**
地址：福建省厦门市海沧区新阳区工业区霞飞路 18 号 收货联系电话：林 × × 18030120963 截单时间： 周一至周五：18：00 客服热线：+86 755 2562 8826 客服邮箱：scn.ecomm@sekologistics.com	地址：浙江省义乌市城西街道四海大道普洛斯物流园柒歌物流 收货联系电话：徐 × × 17769933698 截单时间： 周一至周五：18：00 客服热线：+86 755 2562 8826 客服邮箱：ecn.ecomm@sekologistics.com

（5）Jumia 统一的退货政策和国内的淘宝一样，都是 7 天无理由。如果买家想要退货，会先将产品退回到平台在当地的仓库，再由仓库的质检人员检验退还的商品是否符合二次销售的标准。如果符合二次销售的标准，则产品将会直接存入平台仓库，等待二次销售的机会。对于不符合二次销售或者在本地仓库存储超过 90 天未售出的合格产品，平台会将退回清单发送给卖家确认是否需要重新运回中国。如果不需要，平台则会在当地直接进行销毁。如果卖家要求退回，则需要按步骤进行操作，如表 8-4 所示。

表 8-4　商品退回步骤

流程步骤	时间	具体操作
步骤一	第 1 天	平台官方以邮件形式给卖家发出退货商品清单
步骤二	第 1~7 天	卖家需要在 7 个自然日内，按照平台退货邮件要求回复邮件。如果超过截止日期未回复，平台将会默认按照弃货处理

续表

流程步骤	时间	具体操作
步骤三	第 8~19 天	平台根据卖家的邮件回复内容，安排退货或者弃货流程
步骤四	第 20~33 天	对于需要退回的产品，平台会开放两周的时间让卖家安排处理提货事宜，卖家需要在此期间安排物流商或者代理人去 Jumia 非洲当地的仓库提货

表 8–4 中，如果卖家无法在步骤四的提货期内提货，则可在步骤二回复邮件申请延迟提货，并且提供预计的提货时间。提货期限最多可延迟两周。如卖家没有在平台规定的提货期或者预计提货时间内提走货物，仓库将默认按弃货处理，并且以后也无法再提走这批货物。

平台官方退货邮件会写明具体提货日期，便于卖家更好地安排提货。如果提货期包含尼日利亚节假日导致无法提货，平台会顺延提货期，具体安排也会在退货邮件内提前告知卖家。

关于提货方式，Jumia 目前没有官方退货的物流服务商，一旦产生退货行为，卖家需要自己安排代理人在提货日或者预计的提货时间去 Jumia 仓库提货并发回国内。注意，因为非洲物流的问题，退货的产品如果是小货值的话，建议卖家直接交给平台在当地销毁，否则将产生高额的物流费用和繁琐的物流流程。如果是货值比较大的产品，卖家最好与支持提货服务的国际物流商合作，如 DHL、UPS、FedEx 和 Choice 等，协助退货。

退货商品处理费用方面，直接在当地销毁的产品，平台不会收取任何费用，但是对于需要退回的商品，平台会对每单件退回的商品收取 0.51 美元的退货处理费。

（二）FBJ（Fulfillment by Jumia）海外仓发货

FBJ 指的是卖家可提前将要销售的产品打包发往 Jumia 在非洲的海外仓进行备货，再由 Jumia 官方配送人员进行代发货，不过这项服务暂时只针对尼日利亚和科特迪瓦站点的卖家开放。目前对于国际卖家，Jumia 采取第一个月免仓储费的政策，无派送费，后续仓储费按照每件每月 200 奈拉[①]收取。

新卖家需要在平台运作一段时间以后才能申请 FBJ 服务，原因是 Jumia 需要综合新卖家的销售情况来选择热销品享受 FBJ 服务。

在使用 FBJ 海外仓服务之前，需要先申请成为 FBJ 商户才可以。入驻资质如下（满足以下任意一条，即可申请成为 FBJ 卖家）：

（1）每月销售额达到 3000 美元。

（2）账户为银牌卖家（账户登录后，卖家等级会显示在账号右边）。

（3）单个 Item 月销售额 100 单或以上。

（4）店铺分数大于或等于 3.5 分。

1. FBJ 账户申请指南

（1）联系招商经理获取“Jumia 海外仓申请通知”，并填写在线申请表格申请 COD 账户。这里需要使用和直邮账号不同的邮箱进行注册。

（2）官方审核 3~5 个工作日。

（3）通过邮件查看审核结果。如果审核通过，所填写的新邮箱会收到一封改密邮件。如果审核不通过，则会收到不过审的邮件。

（4）通过审核的卖家需要在 1 个工作日内绑定与直邮账号相同的 P 卡账号，绑定完成后需要告知商户经理激活账号。

2. FBJ 发货基本流程

在“Seller Center”中获取“PO”（Purchase Order，采购订单）→ 备货及制作装箱单文件→ 给物流商发送预报邮件订舱，获取 SO#（入仓号）→按照规范打包并贴好 Jumia SKU 条形码及外箱标签贴→发货至物流商仓库→国际运输完成后，给 Jumia 海外仓发邮件预约送仓→等待货品上架。

3. FBJ 发货注意事项

（1）发货前至少提前一个工作日向物流商进行邮件预报，获取入仓号。

（2）带电产品需要随预报邮件发送 MSDS。

（3）一个 PO 对应一个 Packing List（装箱单），不能分批出货，手机和平板电脑需要单独申请 PO。

---

① 奈拉：尼日利亚币种，200 奈拉约合人民币 3.6 元。

（4）若Jumia仓库实际收到的货物与卖家在Jumia Express采购订单中的产品或数量不符，平台则会以实物及实际数量为准，按照产品的建议价格正常安排入库，产品上架后，卖家可以在Jumia卖家中心对产品进行重新定价。

（5）一个SKU只能装进同一个箱子里，不能分装在不同的箱子里。

（6）预约送仓需要提前48~96小时给Jumia海外仓发邮件，并确定送仓时间。

（7）对于高价值货物，卖家可购买保险。

4. 在Seller Center中获取PO

点击卖家中心后台主页的“Products”（产品）>“Jumia Express”（Jmuia官方物流）>“Send to Warehouse”（发送到仓库）>“Create New Request”（创建新的选项），选取SKU，最后按照弹框要求填写SKU信息即可，如图8-26所示。

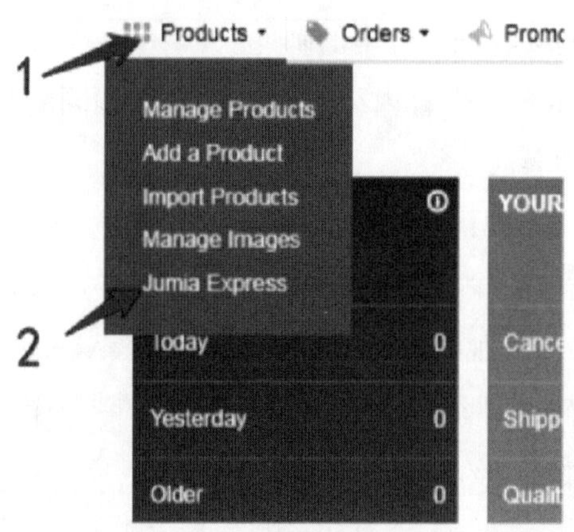

图8-26 获取PO

5. **如何向物流商发送预报信息**

第一步：准备好电子版装箱单（FBJ Packing List），填写示例见图 8–27。

	点击下拉列表选择目的国名称		Jumia店家 如：NG117PV							Seller Center生成的PO号		
FBJ PACKING LIST												
Destination Country		Seller ID:			3PL SO# :				PO#:			
COD Store Name：	Seller SKU	Shop SKU	Carton numbe	Quantity of cartons	Quantity of Pieces	Battery (Y/N)	Category	G.W. (KG):	Length (cm)	Width (cm)	Height (cm)	Volume (CBM)
店铺名			箱号	箱数	SKU件数							
	Total:				0			0				0
						是否带电（Y/N）	货物品名	每箱的毛重				体积

图 8–27　填写电子版装箱单

需注意，一个 PO 对应一个装箱单，不能分批出货。如果实际出货数量和型号与 PO 审批不一致，卖家需要重新在网站后台申请 PO。

第二步：发送预报邮件给物流商。

卖家需至少提前一天发送预报邮件，邮件需要附上电子版装箱单，并写明具体送货日期。FBJ 海外仓同样拥有官方合作物流商，卖家可以咨询招商经理获取相关物流商的信息。以赫德国际物流为例，如果卖家使用赫德物流将自己的产品发往 Jumia FBJ 海外仓，则邮件统一标题格式为：Jumia+ 目的地国家名 +COD Store Name（店铺名称）+ 送货日期，邮箱地址可咨询招商经理。

第三步：物流商确认预报信息，卖家获取 SO#，并将其填写于装箱单表格的“3PL SO#”选项中，再进行装箱、发货。

在给卖家发送 SO# 前，物流商会核对 Jumia PO 上的信息是否和卖家提供的装箱单一致。如果不一致，物流商会事先通知卖家调整发货数量，并更改装箱单，直到与 PO 中的信息一致之后，物流商才会将 SO# 发送给卖家。

（三）直邮和 FBJ 的区别

直邮和 FBJ 的区别见表 8–5。

表 8–5　直邮和 FBJ 的区别

对比类型	直邮发货	FBJ 海外仓发货
支持的运输方式	空运	空运、海运
品类选择	轻小商品	支持重大商品，如家电等
运输价格	尼日利亚站点空运运费：12 美元 / 千克	尼日利亚空运运费：8 美元 / 千克，海运更便宜
运输时效	从订单形成到妥投需要 7~14 个工作日	一线城市 24 小时送达，二三线城市 48~72 小时送达
前台展示	前台显示运输标志为"Jumia Global"	前台显示官方运输标志"Jumia Express"，代表着极快的运输时间
包装	无论什么产品，都需要使用非透明包装袋	一般产品使用透明和非透明包装袋皆可，手机和手表等高价值产品必须使用非透明包装袋

第六节　Jumia 各站点运营成本

一、各站点的佣金比例

Jumia 各站点的佣金比例见图 8–28。

佣金 (Commission)								
国家 Country	NG	KE	EG	IC	MA	GH	CM	UG
电子类 Electronic	5%	5%	5%	5%	5%	5%	5%	5%
非电子类 Non-Electronic	10%	10%	10%	10%	10%	10%	10%	10%

图 8–28　各站点的佣金比例

（1）电子类佣金比例为 5%，非电子类佣金比例为 10%。

（2）尼日利亚（NG）：最低佣金要求为 1 美元，订单佣金不高于 1 美元，将直接按照 1 美元收取。

（3）电子类包括：手机和平板电脑、计算机、游戏和游戏机、电视和电子产品。

（4）其他所有品类：佣金比例 10%（基于在线售价）。指除上述品类以外的所有品类，包含但不限于时尚、家居办公、手表和太阳镜、婴儿和儿童玩具、杂货、健康与美容、汽车、运动与健身、书籍、电影和音乐、婚礼、旅行箱包和行李箱。

二、各站点的运费、清关费、增值税（VAT）

Jumia 各站点的运费、清关费、增值税见表 8-6。

表 8-6　各站点的运费、清关费、增值税（VAT）

国家	尼日利亚 NG	肯尼亚 KE	埃及 EG	科特迪瓦 IC	摩洛哥 MA	加纳 GH	喀麦隆 CM	乌干达 UG
运费	4. 2	7. 7	14. 5	14. 4	12. 8	5. 4	11. 63	13. 42
清关费	3. 3	0	0	26. 28%（on CIF Price）	0	22．5%（on FOB Price）	0	0
增值税（VAT）	0%	0%	0%	18%	0%	0%	0%	0%

（1）CIF Price：成本 + 保险费 + 运费。

（2）运费单位：美元 / 千克。

（3）清关费：平台通常是用产品的毛重计算产品的清关费用，单位是：美元 / 千克。

（4）VAT：目前只有科特迪瓦站需要征收 18% 的 VAT 费用，其他站点均无此项费用。

三、各站点的体积重公式

Jumia 各站点的体积重公式见表 8-7。

表 8-7　各站点的体积重公式

国家	NG	KE	EG	IC	MA	GH	CM	UG
体积重	L×W×H/6000	L×W×H/6000	L×W×H/5000	L×W×H/6000	L×W×H/6000	L×W×H/6000	L×W×H/6000	L×W×H/6000

注：L= 长，W= 宽，H= 高，单位为 cm。

四、各站点的汇率

Jumia 各站点的汇率见表 8-8。

表 8-8　各站点的汇率

汇率（美元 / 当地货币）								
国家	NG	KE	EG	IC	MA	GH	CM	UG
汇率	370NGN	105KES	185EGP	675XOF	9. 5MAD	5GHS	590XAF	3800XAF

Jumia 汇率为固定汇率，回款按照 Jumia 官方汇率来支付。如汇率有变更，Jumia 将会提前一周通知变更事宜。

五、各站点直邮价格公式

尼日利亚站 ={FOB Price+（1+2%）+[重量 ×（4.2+3.3）]}/（1–5% 或 10%）×370

肯尼亚站 =[FOB Price+（1+2%）+（重量 ×7.7）]/（1–5% 或 10%）×105

埃及站 =[FOB Price+（1+10%）+（重量 ×14.5）]/（1–5% 或 10%）×18.5

科特迪瓦站 ={[FOB Price+（1+2%）+（重量 ×14.4）]×（1+26.28%）清关费 }/（1–5% 或 10%–18% 关税）×575

摩洛哥站 =[FOB Price+（1+2%）+（重量 ×12.73）]/（1–5% 或 10%）×9.5
加纳站 =（FOB Price+ 重量 ×5.4+FOB Price×22.5%）/（1–5% 或 10%）×5
喀麦隆站 =[FOB Price+（1+2%）+（重量 ×11.63）]/（1–5% 或 10%）×590
乌干达站 =[FOB Price+（1+2%）+（重量 ×13.42）]/（1–5% 或 10%）×3800
需注意：

（1）FOB Price（离岸价格）：包含卖家运营成本、利润、国内运费等。

（2）重量：取实重和体积重中，值最大的那一个。

六、各站点的最高售价限制

Jumia 各站点的最高售价限制见表 8–9 所示。

表 8–9　各站点的最高售价限制

国家	NG	KE	EG	IC	MA	GH	CM	UG
最高在线售价 / 美元	无限制	无限制	无限制	152	120	无限制	无限制	无限制

七、运费公式

运费公式以尼日利亚站点为例，见表 8–10。

表 8–10　尼日利亚站点运费公式举例

货币单位：奈拉	电子类（5%）	非电子类（10%）
产品 FOB 价	10	10
实重 / 千克	0. 35	0. 35
体积重 / 千克	0. 5	0. 5
运费	2. 1	2. 1
退货率成本	0. 2	0. 2
产品 CIF 价	12. 3	12. 3

续表

货币单位：奈拉	电子类（5%）	非电子类（10%）
清关费	1. 155	1. 155
计入增值税和佣金之前的价格	13. 455	13. 455
佣金	1	1. 495
计入增值税之前的价格	14. 455	14. 95
增值税	0	0
零售价（美元）	14. 455	14. 95
最终零售价（本地货币：奈拉）	5348	5530

表中各主要项计算方法如下。

（1）运费：$0.5\times4.2=2.1$（美元）

（2）退货率成本：$10\times2\%=0.2$（美元）

（3）产品 CIF 价：$10+2.1+0.2=12.3$（美元）

（4）清关费：$0.35\times3.3=1.155$（美元）

（5）佣金：

电子类 =（CIF 价 + 清关费）/（1−5%）×5%=1（美元）

非电子类 =（CIF 价 + 清关费）/（1−10%）×10%=1.495（美元）

（6）最终零售价 $=\{10\times(1+2\%)+[(0.5\times4.2+0.35\times3.3)]\}/(1-5\%)\times370=5348$ 奈拉

注意：尼日利亚币值比较小，当地预付款也是现金比较多，建议个位数设置为 0。

Jumia 目前最小计重单位为 10g，暂无最大重量和尺寸限制。

FBJ 海外仓账户收到订单后，会由 Jumia 海外仓库按时统一处理，订单将会在“Shipped”状态后，统一针对单件产品收取打包处理费 0.17 美元。如遇产品退货等情况，涉及二次销售，当产生新订单后，该单件产品将会再次被收取打包处理费。如 Jumia Local 仓库收到的货物与卖家在 Jumia Express 所下订单产品不符，Jumia 将会以实物为准，正常安排入库，同时 Jumia 也将对订单进行修改，确保实物与订单一致。

八、其他费用

除了以上费用之外，平台还有一些其他可能产生的费用。

（1）退货费：Jumia 平台整体的退货成本在 2% 以上，其中埃及站的退货成本高于其他站点，建议卖家算到 10% 以上，以免后期亏损。

（2）资金提现手续费：Jumia 平台使用的是 P 卡收款，提现手续费通常是 1.2%~2%。

（3）发货失败、中途取消订单、平台罚款等都会增加额外的运营成本，具体款项需要平台视情况判定，不过卖家在计算费用的时候也可以适当地将这些费用考虑进去。

（4）做 FBJ 海外仓的卖家还需要核算仓储费和每个订单的操作费，走柜的卖家还要考虑卸货费等费用。

对于 Jumia 这样的新平台上的卖家来说，其实产生的亏损主要在“其他费用”这一项，因为新平台存在很多不稳定的因素，每个卖家的实际情况可能因为运营情况、产品质量、分类等有差别，具体可以自己根据回款和店铺运营的情况进行调整。

第七节　Jumia 平台选品及营销推广

一、Jumia 平台热卖的产品

众所周知，非洲地区发展相对较为落后，很多国家制造业并不发达甚至没有，因此非洲国家的消费者在购物时多以日常生活中的刚需品为主。Jumia 的统计数据显示，手机、电脑等电子类产品及生活小家电类产品是平台浏览量最高的品类。除此之外，母婴用品的转化率非常高，因为非洲一直都是全世界婴儿出生率最高的地区。

非洲市场各个国家整体的电商环境都差不多，其中 3C、美妆个护、男装男鞋及家居用品都是各国站点比较热卖的品类，只是在具体的排名上略有不同，这里就将 Jumia 各个站点详细的热卖品类列出来给卖家参考。

（一）尼日利亚站

热卖的品类：手机及配件、美妆香水、服装鞋子、家居用品和 3C 配件。

（二）肯尼亚站

热卖的品类：时尚配件、美妆香水、家居用品、服装鞋子和 3C 配件。

（三）科特迪瓦站

热卖的品类：小家电、手机及配件、3C 配件、美妆香水和家居用品。

（四）埃及站

热卖的品类：男装、家居用品、电脑周边产品、手机及配件和时尚配件。

（五）加纳站

热卖的品类：服装鞋子、时尚配件、家居用品 、3C 配件和电脑办公用品。

（六）摩洛哥站

热卖的品类：服装鞋子、美妆香水、手机及配件、小家电和 3C 配件。

喀麦隆站点是 2019 年才对中国卖家开放的，暂无选品参考。

二、Jumia 平台主要的营销节点

Jumia 作为非洲最大的电子商务平台，在营销推广这件事情上做得也是非常声势浩大。全年 12 个月，几乎每个月都有中大型的促销活动，几个重要的营销节点可参见图 8–29（圆圈中的数字表示月份）。

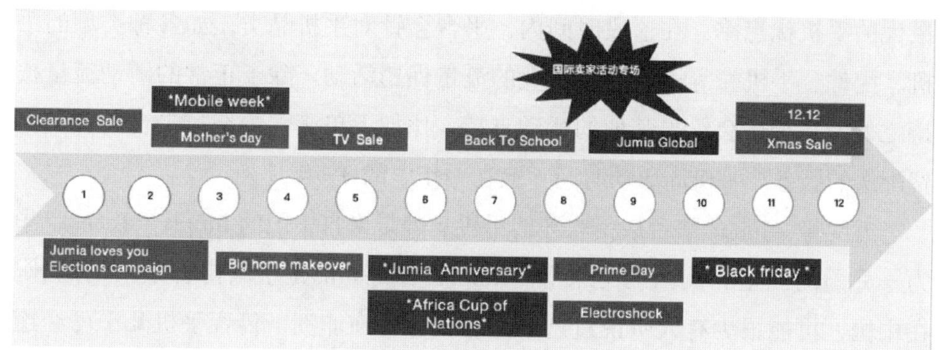

图 8-29 Jumia 主要营销节点

其中，Mobile Week（手机周）、Jumia Anniversary（Jumia 周年庆）、Africa Cup of Nations（非洲国家杯足球赛）、Jumia Global（Jumia 全球购）和 Black Friday（黑色星期五）这 5 场活动都是平台 T1 级别①的促销活动。

（一）Clearance Sale（清仓大甩卖）和 Jumia loves You Elections Campaign（“爱你”选举活动）

时间：1—2 月，日期不固定，视具体选举日期而定，为期一周。

大约从一二月份开始，非洲各地区以尼日利亚为首开始进入国家元首大选阶段，选举总是伴随着人民的恐慌性购物行为②。届时市场上的产品价格将会有所上涨，很多消费者就会面临高价的压力，因此，Jumia 平台便在此期间推出了这项甩卖活动，贴合选举期间的购物需求。既然是清仓甩卖，折扣当然不能少，对于消费者来说，这是不可多得的机会，他们更愿意将此机会用来购买自己心仪已久但是价格昂贵的产品，比如最新的智能手机和小型或者大型的家电产品等。

（二）Mobile Week（手机周）

时间：每年的 3—4 月，为期一周。

Mobile Week 是 Jumia 平台最高级别的促销活动之一，也是平台一年之中

① T1 级别：最高级别。

② 指因对政策或形势的不确定性或因恐慌而引发的抢购行为。

最大的手机优惠季。在这段时间内，平台会针对手机品类，如各种类型的手机、配件、手机壳等进行一个巨大的流量促销活动。除了正常的活动流量扶持之外，平台还会给出其他的活动支持，比如下单满多少奈拉平台就提供免费配送的服务。手机周活动时间一般在一年中的3—4月。

近两年，Jumia平台最受欢迎的手机品牌是来自中国的Infinix、Tecno、华为，韩国的三星和美国的苹果等。Infinix、Tecno都是中国传音旗下的品牌。在中国，可能很少有人听说过这个品牌，但是在非洲，传音手机几乎已经连续几年占据了非洲地区手机销售排行榜的第一名。

（三）Big Home Makeover（大型家庭改造计划）

时间：每年3—5月。

顾名思义，这是一场专门针对家居产品推出的促销计划。在此期间，所有的家居产品都能提供全年最优惠的价格。活动的初衷就在于对室内设计的重视，因此，拥有一定设计风格的家居用品、家具和电器，如椅子、靠垫、侧凳、照明灯和壁挂等，在活动期间将会有不错的销量。

（四）Jumia Anniversary（Jumia周年庆）

时间：每年6—7月，为期半个月。

Jumia的周年庆也是平台最高级别的促销活动之一，类似于国内唯品会的“12·8”和京东的“6·18”。每年的周年庆期间，Jumia除了提供最大力度的折扣之外，每天还会提供大量的优惠券，并且还会提供一定的订单免费配送及闪购活动。2019年的周年庆期间，光是优惠券每天就发放了50万张。非洲物资匮乏，因此，周年庆期间，几乎每个品类的产品都能有高于平时好几倍的销量。

（五）Africa Cup of Nations（非洲国家杯足球赛）

时间：每年6—7月。

非洲国家杯足球赛是2019年才开始正式推出的大型促销活动。因为非洲最普及的运动项目就是足球，因此活动吸引了非常多的消费者。因为是跟运动有关的促销，因此，在此活动期间，和运动有关的品类如运动器材，特别是和足球相关的周边产品将会得到不少的流量扶持。

（六）Jumia Global（Jumia 全球购）

时间：每年 9—10 月。

Jumia Global 也是平台于 2019 年推出的一场最高级别的促销活动。和其他活动不同的是，这是一场专门针对中国卖家量身打造的大型促销活动，非洲本地的卖家是不可以参与的。因为本次活动在本书出版之际还尚未展开第一场，因此可搜寻的信息有限，但是可以明确的是，既然是最高级别的活动之一，肯定免不了高额的折扣和平台的支持，卖家只要参与就对了。

（七）Black Friday（黑色星期五）

时间：每年 11 月的第四个星期五，2020 年“黑色星期五”的时间是 11 月 27 日。

说起全球最知名的电商节“黑色星期五”，大家肯定都不陌生。作为非洲领先的购物平台，Jumia 也早早将“黑色星期五”大促引进了非洲市场。

因为“黑色星期五”临近圣诞节，所以大促期间消费者主要希望以优惠的价格为亲朋好友购买礼物，以及为节日购买装饰物品。按照往年的惯例，所有品类的折扣最高达 90%，其中女性时尚类、手机类、运动健身类及家居厨房类产品的销量增长最为快速。

三、参与平台促销活动

Jumia 平台每周都会推出最新的促销活动，通过参加平台组织的促销活动，卖家可以获得更多的平台支持，从而吸引更多的客户流量。卖家参与 Jumia 的促销活动有两种方式：一种是直接参与平台提供的促销活动，申请加入即可；另一种是 Mabaya 付费广告推广服务。这两种方法都能为参加促销的产品带来更大的曝光，不过在效果上当然是付费广告略胜一筹。

（一）加入平台推出的促销活动

第一步：进入卖家中心后台主页，会看到“Promotions”（促销）栏有很多已经存在的促销活动（见图 8-30），每个活动主页面都可以看到活动的截止日期、活动时间及价格标准（最低折扣、最高价格等）。点击活动中的“Join the Promotion”（加入推广活动），即可进入活动页面。

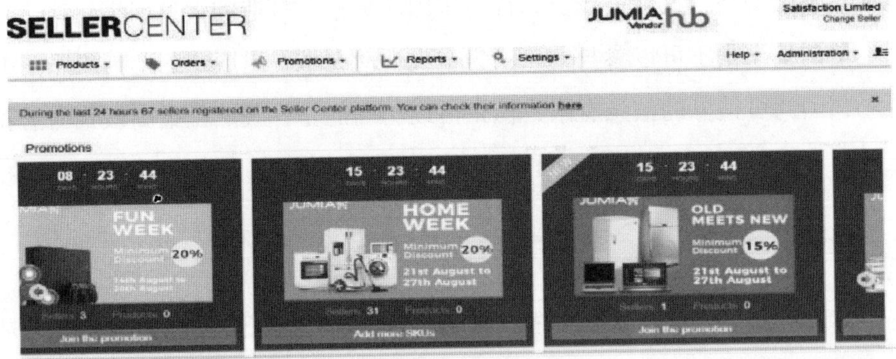

图 8-30　平台活动页

第二步：进入活动页面后，点击符合条件的产品，输入促销产品的价格，再点击“Add to Promotion”（加入促销推广）即可，如图 8-31 所示。

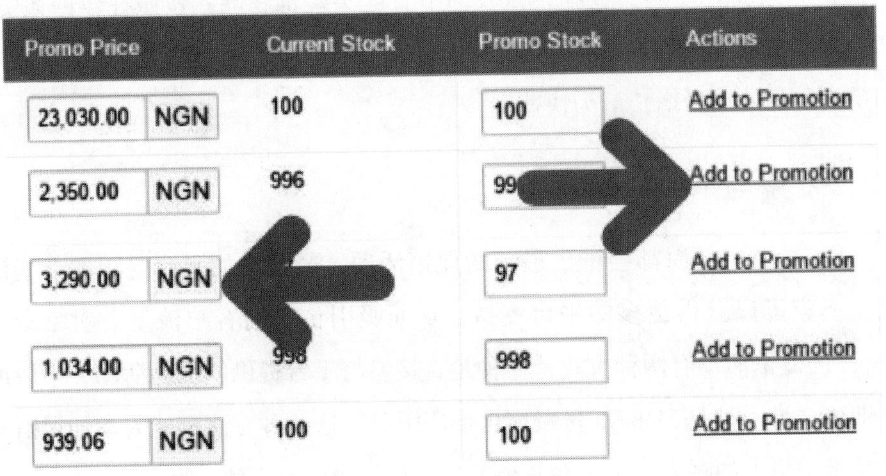

Promo Price	Current Stock	Promo Stock	Actions
23,030.00 NGN	100	100	Add to Promotion
2,350.00 NGN	996	99	Add to Promotion
3,290.00 NGN	[illegible]	97	Add to Promotion
1,034.00 NGN	998	998	Add to Promotion
939.06 NGN	100	100	Add to Promotion

图 8-31　加入促销推广

卖家申请加入推广活动之后，需要等待平台方审核。待审核成功，参与促销的产品才会展示在活动区域销售。

（二）参与 Mabaya 付费广告推广服务

Mabaya 是一项付费推广服务，只有在用户点击广告时才会进行扣费。卖家可以通过该服务，为优势产品竞价购买关键词，从而获得在平台上显示产品的优先排名权。

（1）参与该项服务的卖家资质：店铺分数 3.5 分以上的活跃卖家，同时库存不能为零。

（2）付费方式：广告服务付费方式为预充值，广告首次预充值最低要求为 100 欧元。服务申请通过后，Jumia 平台会直接在 Account Statements（账户报表）中的“近期的账单”中扣除预充值金额。

申请规则如表 8–11 所示。

表 8–11　Mabaya 推广申请规则

国家	直邮	直邮 +COD 付款方式	FBJ 海外仓
尼日利亚 /NG	OK	OK	OK
肯尼亚 /KE	NO	NO	OK
埃及 /EG	OK	OK	OK
科特迪瓦 /CI	NO	NO	OK
摩洛哥 /MA	NO	OK	NO

注意：

① 仅 OK 选项能申请付费广告推广，NO 选项无法参与付费广告推广。

② FBJ 海外仓账户不允许选择热销产品参加付费推广，因为 FBJ 热销产品已经自带了大量的流量，重复推广并没有太大的广告效益。

具体申请操作流程如下：

第一步：进入卖家中心后台，打开“Promotions”（促销）模块，点击下拉栏目中的“Sponsored Products”（参与促销推广的产品）（见图 8-32），然后下拉至页面最底端，并点击底部的“Boost Your Visibility”（提升你产品的可见性）。

图 8-32　点击“Sponsored Products”

第二步：点击跳出的页面中的链接，即可进入店铺的 Mabaya 付费推广系统，见图 8-33。

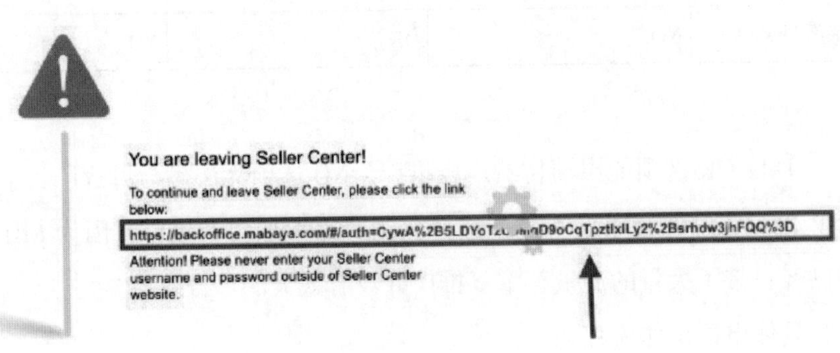

图 8-33　点击链接

第三步：根据促销计划选择要购买的点击次数，这里一共有三个套餐可供卖家挑选，见图 8–34。需要注意的是：购买的套餐等级越高，保证点击的次数也就越多，并且每次点击的成本会更低。

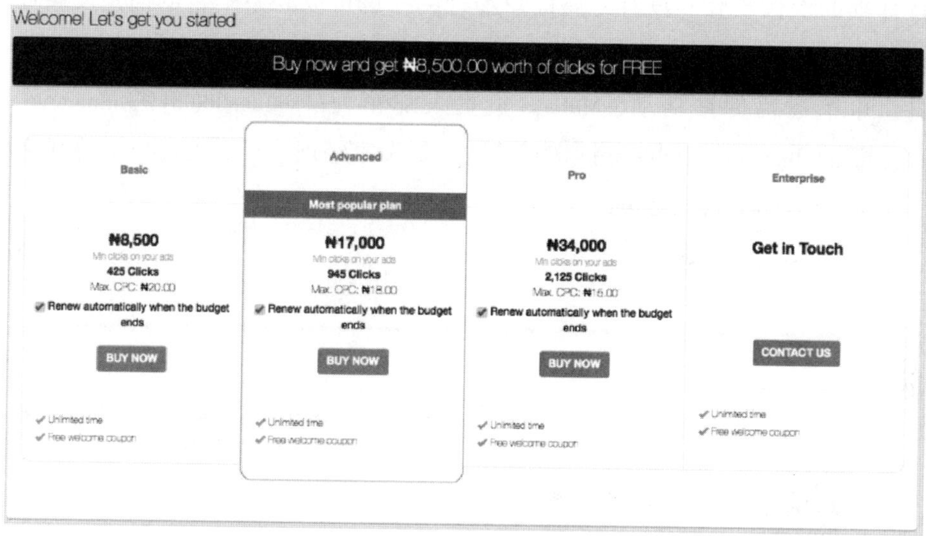

图 8–34　购买点击次数

第四步：选择想要刊登广告的产品，见图 8–35。

Products　Settings　URLs　Keywords

Edit

Product	Title	Brand	Category	Competition	Imp	Clicks	CTR
₦20,500.00	Deskjet 2620 All- In- One Printer - Wireless Print, Copy & Scan	HP	Computing > Printers & Scanners > All-In-Ones	HIGH	4,932	76	0.015
₦52,000.00	Wifi Light Hidden Camera Bulb Camera For Home Security - 360° Panoramic...	Universal	TVs & Electronics > Gadgets & Accessories > Spy	MEDIUM	5,943	56	0.009
₦59,000.00	Wireless IP Hidden Camera Bulb Camera With LED White Light And Night Vision	Universal	TVs & Electronics > Gadgets & Accessories > Spy	MEDIUM	5,250	53	0.010
₦27,000.00	Children Educational Wi-Fi & Bluetooth Tablet - 1 GB RAM + 8 GB With Free Proof...	Epad	Phones & Tablets > Tablets > All Brands	LOW	20,439	51	0.002

图 8–35　选择要刊登广告的产品

此时一个付费推广活动就算设置完成了，如果想要查看广告的推广效果，可以直接点击 Mabaya 系统中的“Campaign Status”（广告状态）查看。

卖家第一次创建促销活动时，可能会需要先向专属的商户经理联系并确认详细的操作步骤。没有专属商户经理的，也可以联系平台的商户支持邮箱：Jumiavendorsupport.asia@Jumia.com。确认后再向 Mabaya 负责人发送邮件，申请激活促销活动，Mabaya 负责人邮箱为：younes.louafy@Jumia.com、John.hu@Jumia.com。同时，抄送邮件至专属卖家经理或至平台商户支持邮箱：Jumiavendorsupport.asia@Jumia.com。

图 8-36 为邮件范本。

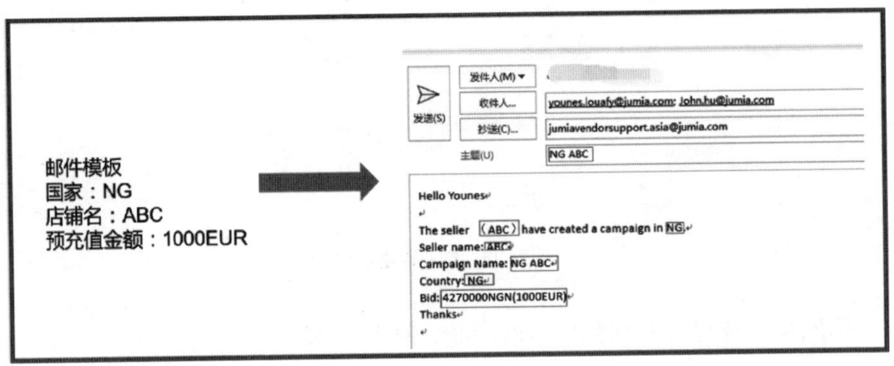

图 8-36　邮件范本

第九章

Kilimall 基础运营实操

第一节　Kilimall 平台概况及入驻指南

一、Kilimall 平台简介

Kilimall 是由华为前高管于 2014 年在肯尼亚创立的。Kilimall 一词来源于非洲最高的山脉乞力马扎罗山（kilimanjaro），寓意为希望 Kilimall 能成为非洲第一电商平台。为了解决非洲线上支付问题，Kilimall 创始人发挥了自己在华为做安全支付网关的经验优势，以技术支付手段为切入口，在非洲打造了一个将平台与自建支付系统、自建物流系统全面结合的全闭环的电商系统，在根本上解决了非洲电商最大的两个痛点——东西怎么过去？钱怎么回来？

截至 2019 年年初，Kilimall 注册的买家已经突破了 1000 万户，日均活跃量 150 万人次以上，复购率达到了 40%，客单价是 25 美元左右。虽然 Kilimall 是中国人自己创立的平台，但为了贯彻平台在非洲的本土化发展战略，Kilimall 直到成立 4 年之后，也就是 2018 年才正式对中国卖家招商。迄今为止，中国卖家只有 4000 多家，产品十分有限，平台上的产品已经远远不能满足高速增长的用户购买需求。因此，提早入驻的卖家将会在平台上有更大的发展空间。

截至 2019 年年中，Kilimall 一共对中国卖家开放了 3 个站点，分别是肯尼亚、尼日利亚和乌干达，个人和企业用户均可申请入驻。

二、Kilimall 店铺等级

Kilimall 支持个人卖家、企业卖家入驻。二者的区别主要是：个人店铺可以上传 200 个 Listing，B 级企业店铺可以上传 2000 个 Listing，B+ 级企业店铺可上传的 Listing 数量没有限制。平台还向企业卖家提供仓储补贴和流量补贴，企业卖家有权优先参加促销活动，平台对个人卖家的扶持比较少。不过个人卖家的前期成本较低，灵活性也更高一些。

Killmall 跟其他平台不同的是，店铺是分等级的，一共分为 5 个等级，分别为 C 级、B 级、B+ 级、A 级和 A+ 级，不同等级所享受的服务及开店成本也有所不同，所缴纳费用以人民币计算。

（1）A+ 级是专业品牌卖家，开店即需缴纳 10 万元的质量保证金和每年 10 万元的技术服务费。

（2）A 级是品牌卖家，开店即需缴纳 5 万元的质量保证金和每年 5 万元的技术服务费。

（3）B+ 级是专业公司卖家，开店即需缴纳 1 万元的质量保证金和每年 1 万元的技术服务费。

（4）B 级是公司卖家，开店即需缴纳 5000 元的质量保证金和每年 5000 元的技术服务费。

（5）C 级是个人卖家，开店即需缴纳 2000 元的质量保证金和每年 2000 元的技术服务费。

Killmall 卖家类型和服务内容参见表 9–1：

表 9–1　Killmall 卖家类型和服务内容

<table>
<tr><th colspan="2">卖家类别</th><th>C</th><th>B</th><th>B+</th><th>A</th><th>A+</th><th>备注</th></tr>
<tr><td colspan="2">服务对象</td><td>个人卖家</td><td>公司卖家</td><td>专业公司卖家</td><td>品牌卖家</td><td>专业品牌卖家</td><td></td></tr>
<tr><td rowspan="2">服务价格（人民币）</td><td>技术服务年费 /（元 / 店）</td><td>2000</td><td>5000</td><td>10000</td><td>50000</td><td>100000</td><td></td></tr>
<tr><td>质量保证金 /（元 / 店）</td><td>2000</td><td>5000</td><td>10000</td><td>50000</td><td>100000</td><td>如无违反平台规则可全额退还</td></tr>
<tr><td rowspan="2">资金服务</td><td>交易佣金 /%</td><td>0</td><td>0</td><td>0</td><td>0</td><td>0</td><td></td></tr>
<tr><td>结算周期</td><td>月结</td><td>月结</td><td>月结</td><td>半月结</td><td>半月结</td><td>可结人民币 / 美元 / 非洲本地货币</td></tr>
</table>

续表

卖家类别		C	B	B+	A	A+	备注
资金服务	达标返技术年费 /%	×	50	100	100	100	分级考核销售额 / 订单缺陷率 / 取消率 / 及时发货率
	仓储费补贴 / 元	×	1500	3000	15000	30000	
	流量包补贴 / 元	×	500	1000	5000	10000	
	达标获供应链金融支持	×	×	×	√	√	分级考核销售额 / 订单缺陷率
营销服务	店铺认证标识	×	√	√	√	√	
	搜索权重提升	×	√	√	√	√	
	精选频道资格	×	√	√	√	√	
	活动推广资格	×	√	√	√	√	
	品类标王资格	×	×	×	√	√	
	官方社交网络推广资格	×	×	×	√	√	
	官方电子邮件推广资格	×	×	×	√	√	
	精准客户推送资格	×	×	×	√	√	

续表

卖家类别		C	B	B+	A	A+	备注
营销服务	非洲品牌/公司官方代注册资格	×	×	×	√	√	
	品牌本地整合营销传播方案	×	×	×	×	√	
	本地社交网络代运营资格	×	×	×	×	12个月	
运营服务	在售 Listing 数量/个	≤200	≤2000	无限	无限	无限	
	批量上传	×	√	√	√	√	
	API 接口平台	×	√	√	√	√	
	培训：进阶与增长	×	√	√	√	√	
	店铺 FBK 备货建议	×	×	√	√	√	
	培训：选品与定价	×	×	√	√	√	
	未付款订单本地催付	×	×	×	√	√	
	实力论证详情页	×	×	×	√	√	
	非洲本地模特拍摄资格	×	×	×	√	√	
	中方客户经理服务	×	×	×	√	√	

续表

卖家类别		C	B	B+	A	A+	备注
运营服务	非洲客户经理服务	×	×	×	×	√	对店铺、商品提供本地化专业意见
	培训：品牌本地运营	×	×	×	×	√	

表中，√代表有，× 代表无。

开店时需缴纳的两笔费用中，保证金可退，技术服务费不可退，且每年都需要重新缴纳一次。

三、Kilimall 入驻条件

（1）店铺信息：店铺名称（英文）、联系人、联系电话、联系邮箱。

（2）公司卖家需提供公司名称、地址、公司营业执照正本或副本扫描件。个人卖家需提供身份证正反面信息扫描件。

（3）填写的文字和语言必须与实际信息相符，如大陆公司信息须填写中文。

（4）企业营业执照的经营范围只要支持网上销售、传统进出口贸易和批发销售等任意一项即可。

（5）需提供银行信息（大陆公司账号或法人私账）：收款账户名、账号、开户银行、支行名、银行 Swift Code（银行国际代码）。

（6）企业卖家可以使用法人或者经法人授权的其他人的国内银行卡。

四、Kilimall 入驻流程

卖家可以选择两种方式入驻 Kilimall，一是通过 PC 端，直接在官网注册，二是通过 Kilimall 官方微信小程序注册。

（一）通过 PC 端入驻

不同站点申请入驻的网址不同，卖家需进入对应国家站点平台主页，注册个人或企业卖家账号，以下为三个站点分别对应的注册地址。

肯尼亚站：http://www.Kilimall.co.ke

乌干达站：http://www.Kilimall.co.ug

尼日利亚站：http://www.Kilimall.ng

以下以注册肯尼亚站点为例讲解入驻流程。

第一步：进入官网页面后，直接点击页面右上角的“Your Account”（你的账户），见图 9-1，找到“Seller Center”（卖家中心）。

图 9-1　点击“Your Account”

第二步：点击“Open a Shop”（申请开通一个店铺），见图 9-2，进入开店登录页面。

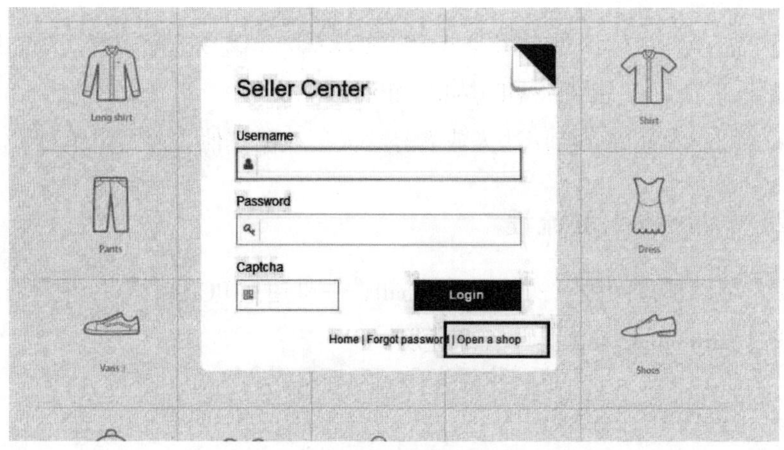

图 9-2　申请开通店铺

第三步：签署卖家服务协议。点击“Join Kilimall”（加入 Kilimall），同意平台入驻协议，中国跨境卖家入驻需要选择“Global Seller”（国际卖家），见图 9-3。

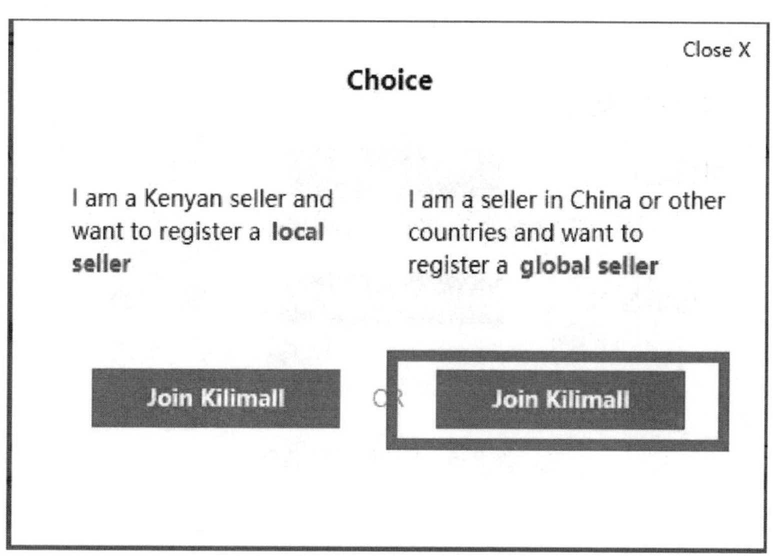

图 9-3　选择卖家身份

第四步：填写个人或企业卖家信息，选择商铺等级。登录卖家中心后台，重新输入密码。“姓名”栏需填写注册人姓名，“公司”栏需填写法人或授权人姓名（可中文填写），填写常用邮箱，填写公司名全称（可中文填写），个人卖家需要填写身份证号码，中国卖家填写手机号码时需使用 +86 区号，见图 9-4。

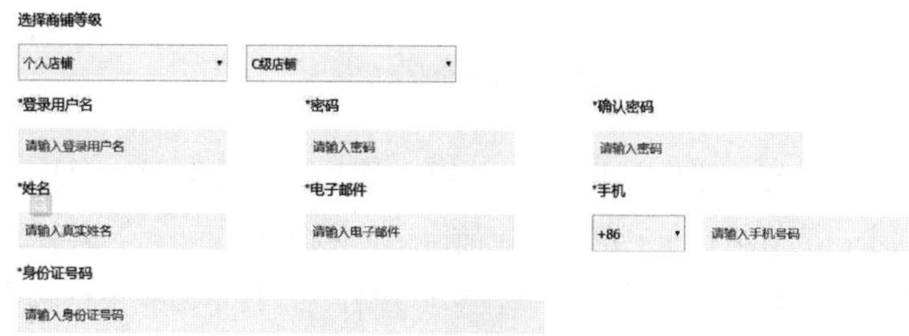

图 9-4　填写卖家信息

第五步：上传图片信息。个人卖家信息界面，见图 9–5。企业卖家信息界面，见图 9–6。

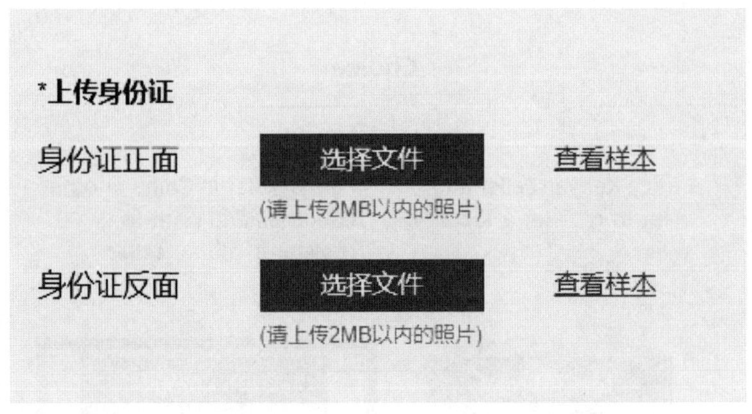

图 9–5　上传个人卖家信息

工商注册码

请输入代码

*上传营业执照

选择文件　查看样本

(请上传2MB以内的照片)

图 9–6　上传企业卖家信息

需注意，上传的照片大小不超过 2MB，图片文字需要清晰可见。

第六步：填写结算账户信息和店铺信息。见图 9–7。

（1）结算账户信息需填写：银行账户姓名、银行卡号、银行名称、分行银行名称（均是必填项）。

（2）店铺信息需填写：店铺名和邀请码（均是必填项），邀请码联系招商经理获取即可。

结算账户信息

*银行账户姓名	请输入银行卡账户的姓名
*银行卡号	请输入银行卡卡号
*银行名称	如：招商银行
*分行银行名称	如：招商银行长沙开福支行

店铺信息

*店铺名	请填写店铺名
*邀请码	请填写给您推荐的邀请码

☑ 电子合同　查看电子合同

图 9-7　填写结算账户信息和店铺信息

需注意，银行账户姓名可填写收款人姓名或公司名称，公账或私账均可。店铺名必须是英文，提交以后尽量不要修改，以方便打造店铺品牌。

第七步：信息填写完成后，认真核对输入的信息是否正确，点击“提交”按钮，即可直接进行下一步。当出现缴纳店铺等级费用的提示时，按提示内容缴纳费用并提交邮件审核即可，见图 9-8。

恭喜您提交成功！

您选择的是 B Levels店铺，需缴纳 10000 元（技术服务费5000.00元+保证金5000.00元）

可使用支付宝或银行账户转账到以下账户

费用:	店铺保证金+一年技术服务费
户名:	长沙非拓信息技术有限公司
账号:	731906124610701
开户行:	招商银行股份有限公司长沙河西支行
其他:	转款时请备注：店铺名+申请C/B/B+级店铺 转款成功后，请将站点国名，申请店铺等级，店铺名，QQ，付款截图发送至seller.account@kilimall.com

图 9-8　保证金提交账户

缴纳店铺等级费用时，需要备注店铺名和申请的店铺级别。

把保证金和技术服务费打进官方收款账户即可。

等级费缴纳成功后，卖家需要将站点国别名称、所申请的店铺等级、店铺名称、QQ 号及付款截图发送到平台审核人员的邮箱进行审核。审核邮箱：seller.account@kilimall.com。审核时间为 1~3 个工作日。

第八步：审核通过后，平台会以邮件的形式通知卖家审核结果，并直接通过邮件发考试题，卖家进行入驻考试，通过后即可开店。考试题一般为 Kilimall 的基本操作，如考发货流程等，入驻卖家仅需考试一次。

（二）通过微信小程序入驻

在微信 App 搜索“非洲电商”小程序，或者直接从微信公众号“Kilimall”下方的菜单栏点击“申请开店”即可注册店铺。接下来填写店铺注册信息，见图 9-9。

非洲电商
申请类型
*商户类型 请选择申请类型
*商户等级 请选择商户等级
查看商户等级权益
商户资料
*联系姓名 请输入您的姓名
*身份证号 请输入身份证号
*电子邮箱 请输入电子邮箱
结算账户
*银行户名 请输入银行户名
*银行账号 请输入银行账号
*开户银行 请输入开户银行
*开户支行 请输入开户支行
上传图片: 证件照片 0/1
提交申请
联系客服

图 9-9 微信申请店铺

具体填写要求如下。

（1）申请类型：选择个人或企业账户，以及店铺等级。

（2）公司名称：营业执照上的公司全称，中文填写。

（3）企业代码：营业执照上的注册号码。

（4）联系姓名：中文填写。

（5）电子邮箱：常用的电子邮箱。

（6）银行户名：国内银行卡持有人的姓名，中文填写。

（7）银行账号：填写国内银行卡账号。

（8）开户银行：比如“招商银行”，中文填写。

（9）开户支行：国内银行卡开卡银行所在支行。

注册信息填写完成后，点击“提交申请”就进入了缴费审核界面。点击“立即支付”后，平台工作人员会在1~3个工作日内与卖家联系，对接具体入驻事宜。

Kilimall店铺注册成功之后，卖家即可进入卖家中心后台主页，卖家中心后台主页主要包括：店铺后台主页、商品管理、订单管理、促销功能、店铺信息、售后服务、数据统计、账号管理和卖家指导9大板块。

五、Kilimall品牌卖家入驻流程

Kilimall不允许卖仿牌，卖家需要在入驻成功之后将自有品牌证书或者第三方卖家授权证书上传到平台官网审核，审核通过之后才可在平台售卖品牌产品。

具体操作流程为：在卖家中心后台打开“Shop”（店铺），选择“Brand Application”（品牌申请），如图9-10所示。

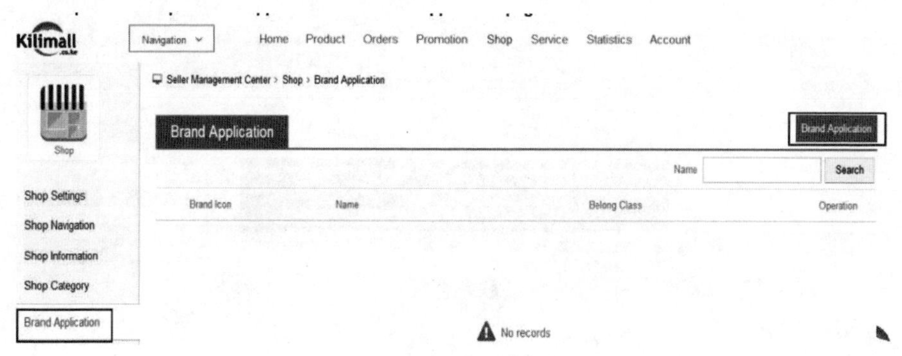

图9-10 品牌申请

根据要求填写品牌名称、品牌名称首字母，选择产品所属类目，最后上传品牌 Logo 即可。

选择所属类目时，选到一级类目即可，此项为必选项。上传的品牌 Logo 以白底为佳，尺寸为 150px × 50px。

六、Kilimall 店铺保证金退还流程

由于 Kilimall 是先收取店铺保证金才能开通店铺的，这就涉及如果卖家店铺未开通成功，或者运营了一段时间未出单想关闭店铺，已交的保证金该如何退还的问题。

保证金退还流程：

（1）开店审核已通过，但是没有产生订单的店铺，或者开店审核未通过，但是已经提交保证金的店铺，可申请退回全部保证金。

（2）已产生订单的店铺申请保证金退回需扣除一定的金额。此时，有可能是卖家自行关店，也有可能是因为违规等原因卖家被平台方清退，具体结算需要平台根据卖家实际情况决定，没有统一标准。

退还保证金具体操作：

卖家联系招商经理填写“退还保证金申请表”，根据自己的实际情况填写表格，然后将表格以邮件的形式发往平台保证金处理邮箱：seller.refund@kilimall.com。

保证金退还申请表如表 9-2 所示。

表 9-2　保证金退还申请表

站点					
店铺 ID					
店铺名					
登录名					
入驻时间					

续表

站点					
最后一个订单完成时间					
退款原因					
保证金金额 / 元					
物流费结余 / 元					
收款人					
账号					
开户行					
温馨提示	1. 没有订单的店铺：若在自然月 15 日（不包括 15 日）前提交并邮件回复，将在提交当月 25 日完成退款；若在自然月 15 日（包括 15 日）后提交表格并邮件回复，将在提交月份的次月 25 日完成退款。 2. 有订单的店铺：将按照填写的最后一个订单完成时间起，90 天后退还扣除费用后剩余的保证金。 3. 退款原因可选择： （1）暂时没有时间经营； （2）没有订单； （3）平台客户服务差； （4）平台访问网页慢； （5）其他原因（请写明）。 4. 请按规定填写。				

第二节　Kilimall 商品上传及平台规则

一、商品上传

打开 Kilimall 店铺后台主页，点击“Product”（商品管理）。此模块包含 8 个部分，分别是：

（1）Upload Product（商品上传）：一般为手动上传商品。

（2）Import Products（批量导入商品）：Excel 批量上传操作。

（3）Product on Shelf（在线商品）：出售中的商品。

（4）Warehouse（仓库）：管理无库存商品或暂不上线销售的商品。

（5）Decoration Modules（装饰模板）：用来优化商品详情内容。

（6）Specifications（规格管理）：商品规格属性值的添加和管理。

（7）Picture Gallery（店铺图片空间）：用来集中上传和管理店铺里的图片。

（8）Storage Application（备货申请）：FBK 备货。

上传商品只需点击最上方的“Upload Product”（商品上传）即可。

（一）填写商品信息（Fill in Details）

（1）点击“Upload Product”，选择上传的商品类目（见图 9-11）。

点击分类会显示下级分类，选中最后一级分类，选择完成后点击“Next”，进入下一步。

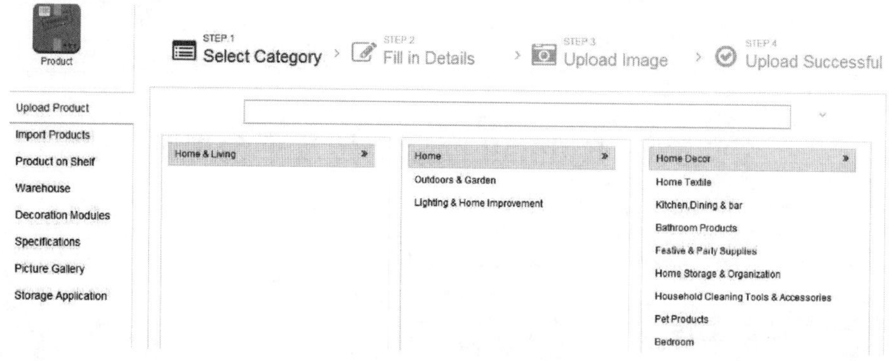

图 9-11　选择商品类目

（2）填写商品标题和详细信息，红色 * 号为必填选项，见图 9-12。

Basic Information

Category: Home & Living >Home >Home Decor Edit

* Product Title:

The title need to be more than 3but less than 100 characters

* Seller Item:

Seller SKU refers to the number of business management products, it is not visible to buyer.

Description:

The description need to be less than 140 characters

图 9-12　填写商品标题和详细信息

填写要求如下：

Product Title（商品名称）：英文书写，字符数量为 3~100，空格等于一个字母。请勿使用特殊字符，因为使用特殊字符不利于搜索。名称后面不要加 Size 等规格值，系统会自动生成。比如，一件衣服有不同的尺码，买家在购买的时候点击哪个尺码，标题中就会自动显示出来这个尺码的规格。

完整的商品名称包括：品牌 + 每个订单包含数（用于说明清单）+ 材质 + 形状 + 所在类目关键词 + 系统默认添加（颜色和尺寸）。

Seller Item（卖家自身的产品 SKU 编码）：SKU 码便于卖家管理，不对买家展示。建议卖家自己有一套商品编码，例如：A-0001、B0001、……

Description（商品基本描述）：英文书写，140 个字符以内，建议 3~5 行短语，列出功能、参与的促销活动、卖点等信息，力求通过这段话能够让买家大概了解商品的主要特点。

（3）填写商品的价格，红色 * 号为必填选项，见图 9-13。

* Settlement Amount:	Amount should be between 0.01~9999999
* Selling Price:	It should less than market price
* Market Price:	This price is only for reference of the market price
Cost Price:	Option, the price for Seller to record the cost price of the sale.
Discount:	% According to the sales price and the market price ratio is automatically generated, do not need to edit.

图 9-13 填写价格信息

填写要求如下：

Settlement Amount（结算价）：未收佣金时的价格，仅后台展示。目前已经全部免佣金，卖家不用考虑此项。

Selling Price（销售价）：即买家购买价格（平台的平均客单价为 25 美元），展示在前台，需将所有成本考虑进去，包括国际物流费用。销售价与结算价只需填写其中一个，另一个系统会自动生成。

Market Price（市场价）：可参考市场上的零售价，该价格必须高于销售价，目的是产生折扣，使商品看起来更具有吸引力。

Cost Price（成本价）：方便卖家记录商品成本，前端不展示。

Discount（折扣）：即销售价除以市场价。系统会自动生成折扣。

（4）填写商品规格，红色 * 号为必填选项，见图 9-14。

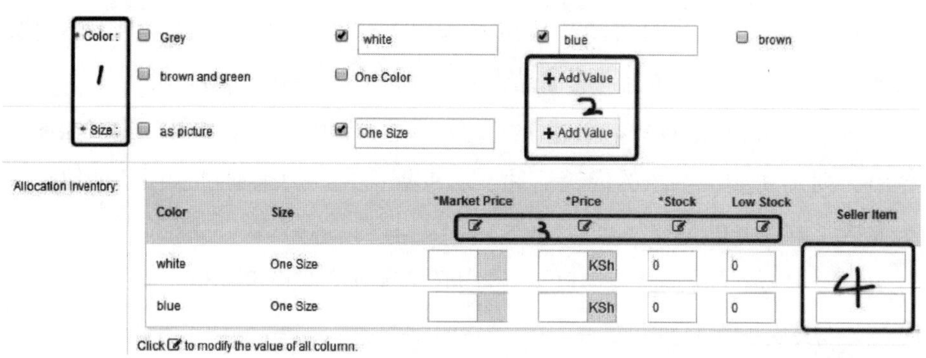

图 9-14　填写商品规格

填写要求如下：

方框 1：若类目下有 Color（颜色）、Size（尺码）等规格，则这两项为必填项，填写选择后不可编辑修改，否则商品会出错，需重新上传商品。

方框 2：添加具体规格值，如 S、M。若只有一个规格，如只有一个颜色，可填 One color 或 As picture。添加的规格值不区分大小写，如果卖家填写的规格值是小写，则不可再填写同样内容的大写（如填写 m 之后，再填写 M，系统会提示填写的规格值重复）。

方框 3：批量设置价格。

方框 4：Seller Item 可以为每个 SKU 命名，主要区分订单是哪个 SKU。

Market Price（市场价格）：该值默认为前面已填写的，卖家可以为每个规格填写和修改不同的 Market Price。

Price（价格）：该值默认为前面已填写的 Selling Price，卖家可以为每个规格填写和修改不同的 Price。

Stock（商品库存）：若是 FBK 商品，此处无须填写。

Low Stock：最低库存预警。

（5）填写商品库存，红色 * 号为必填选项，见图 9-15。

* Warehouse　Private Warehouse ▼
Please choose the warehouse

* Product Stocks:
The value should be an integer, as FBK, no need to fill out here

Stock Warning:
Set the value of low stock warning value. [lease fill in the number of 0~255, 0 is no warning.

图 9-15　填写库存信息

填写要求如下：

Warehouse（仓库）：Global Shipping 运输请选择 Private Warehouse（自营仓库），FBK 选择 FBK。若卖家想要申请 FBK，则需要在卖家中心后台申请备货。

Product Stocks（商品库存数量）：此处为所有规格商品库存的总和，系统自动生成。但无规格的商品，需自行填写。FBK 模式此处无须填写。

（6）上传图片至商品详情页，可以通过图中两个按钮上传，见图 9-16。

图 9-16　选择上传方式

填写要求如下：

Upload：从电脑上传。

Select from space：从店铺图片空间上传。

（7）填写商品详情，见图 9-17。

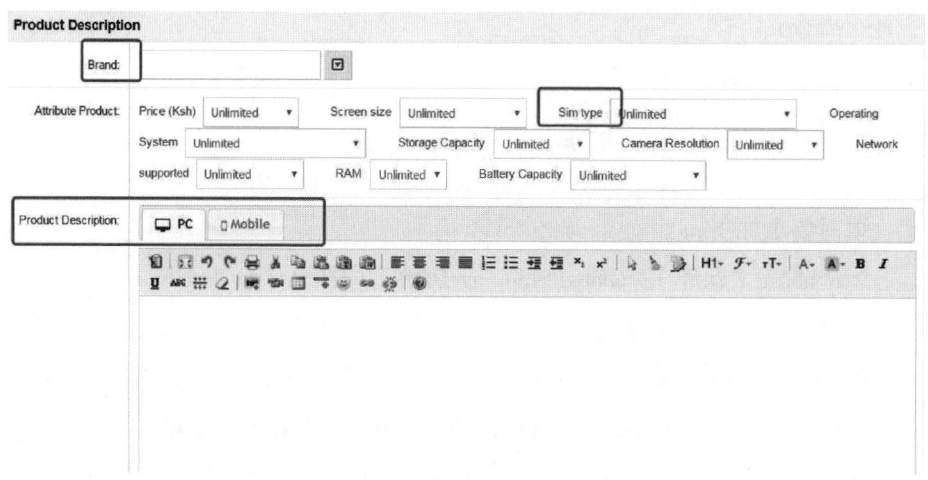

图 9-17 填写商品详情

填写要求如下：

Brand（品牌）：需申请品牌后才可添加，非必填。

Sim type（商品其他属性参数）：非必填。若有此类参数表，卖家可以直接勾选，如手机价格、屏幕等参数，部分类目没有此类参数表。

Product Description（商品详情描述）：推荐在 PC 端填写。手机端内容会自动生成，但可能图片尺寸不符合手机端，卖家可自行按规范要求制作手机端详情图片。

填写商品详情描述部分，建议采用图文结合的形式，先使用文字说明，再使用图片加以展示，使商品更具有吸引力。

针对服装、鞋类等产品，建议卖家附上国际尺码表，尽量避免买家因尺码不合身而造成退货。

（8）填写商品物流信息，见图 9-18。

Logistics Information

* Postage:	◉ Selling Area Use KiliExpress (Official) Sale area Select Postage set to 0 Ksh, the front of the goods will be shown as free shipping
Shipping:	5 Days-5 Days-DEFAULT ▼
* Weight(g)	
* Packing size(cm)	Length - Width - Height -
Shape	please select ▼
Hazardous Cargo:	○ Yes ◉ No Hazardous Cargo including explosive, gas, flammable, radioactive substances, corrosive substances, miscellaneous dangerous substances and articles.

图 9-18 物流信息填写

几个必填项（带 * 号）的填写要求如下：

Postage（运费）：中国卖家只能选择默认模板，即 Selling Area Use。此模板尾程派送费用在前台展示，主要由买家支付。

Weight（重量）：单个商品重量（带包装）。

Packing Size（包装尺寸）：单个商品包装尺寸，包括长、宽、高，只填数字，单位为厘米（cm）。

（9）填写其他信息。

Release（商品发布）：商品发布成功后，前端会立即显示。

Time（设定上线时间）：在到达设定时间时，系统自动上线商品。

Put in Warehouse（放入仓库区域）：商品暂不上线，仅在后台 Warehouse 区域展示，前端不展示，需卖家手动上线产品。

Recommend（商品推荐）：选择是否推荐。选择“Yes”商品将会在店铺首页“Recommend by Seller”（卖家推荐）位置展示，此位置只能展示 12 个商品。

填写完商品信息后，即可点击“Next，Upload Pictures”，进入上传多张图片页面。

（二）上传商品图片（Upload Image）

每个规格值的第一张图片为必填图片，并且每个规格值都要设置一张主图。平台默认第一张主图为买家端搜索这个产品的主图。

删除或替换图片都有相应的按钮，如图 9–19 所示。

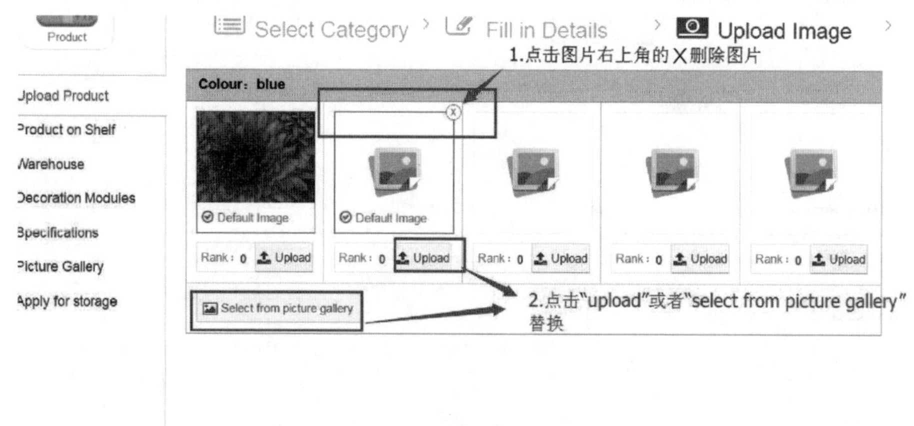

图 9–19　删除或替换图片

截至这一步，一个新品就已经上传成功了。

（三）添加礼物和捆绑销售

商品发布成功之后，卖家还可以为商品添加礼物（Add Gifts Bundled），或者与其他的商品捆绑销售（Add Recommended Combination）。

具体操作流程为：点击"Product" > "Product on Self" > "Edit" > "Gifts/Recommend"，出现产品列表，在列表中选择商品或通过商品名称搜索商品后，点击商品下方的"Add Product"（添加产品），即可为产品添加礼物或者捆绑销售，如图 9–20 所示。不过这两项都是非必填项，卖家可以根据自己具体的销售计划进行填写。

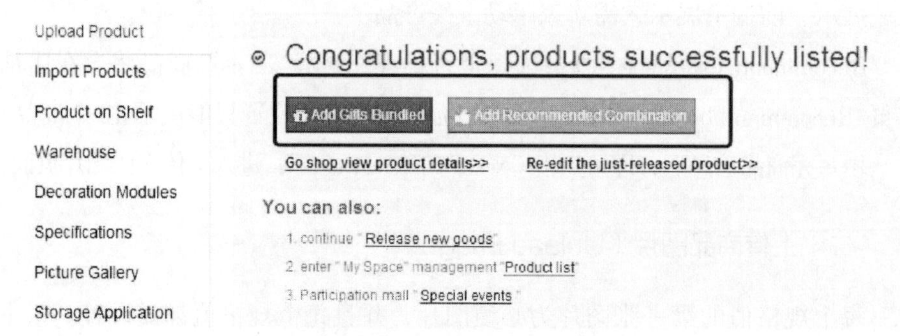

图 9–20　添加礼物和捆绑销售

二、平台规则

（一）售卖禁限售商品，账号将被关闭

Kilimall 禁止售卖的违禁商品有：毒品、易制毒化学品及毒品工具、枪支弹药、管制器具、军警用品、药品、医疗器械，以及色情、暴力、低俗及催情用品等非法用途产品。

Kilimall 限制销售的商品，指发布商品前需取得商品销售的前置审批、凭证经营或授权经营等许可证明，否则平台不允许发布商品。

（二）严禁品牌侵权

品牌侵权包括：商标侵权、著作权侵权、专利侵权。发布、销售涉嫌侵犯第三方知识产权的商品，有可能被知识产权所有人或者买家投诉，平台也会随机对商品（包含下架商品）信息、产品组名进行抽查，若涉嫌侵权，极有可能被平台关闭账号。

（三）商品信息不能违规

商品信息违规情况分以下几种。

（1）类目错放：指商品实际类别与发布商品所选择的类目不一致。

（2）属性错选：用户发布商品时，类目选择正确，但选择的属性与商品的实际属性不一致。

（3）标题或类目不符：指商品类目或者标题中部分关键词与实际销售产品不符。

（4）商品定价严重不符合市场行情：商品定价超高或超低，在价格排序时，吸引买家注意，骗取曝光。

（5）更换商品：指通过对原有商品的标题、价格、图片、类目、详情等信息的修改发布其他商品（含产品的更新换代，新产品应选择重新发布），对买家的购买造成误导。但如修改只涉及对原有产品信息的补充、更正，而不涉及产品更换，则不视为“更换产品”的行为。

（6）重复铺货：不同商品之间须在标题、价格、图片、属性、详细描述

等字段上有明显差异。

（7）描述不符：指标题、图片、属性、详细描述等信息之间明显不符。

（8）标题堆砌：指在商品标题中出现关键词多次使用的行为。

（9）其他不当发布行为：包括留联系方式、非 Kilimall 平台链接广告、盗图、发布中文信息等。

（10）对搜索作弊等违规行为，平台采取扣分机制。

第三节　Kilimall 物流发货及售后管理

一、商品运输类型

根据物流方式的不同，Kilimall 平台商品有 3 种运输类型，分别是 FBK（Fulfillment By Kilimall）、GS（Global Shipping）和 DS（Drop Shipping），中国卖家只能选择 FBK 和 GS。

FBK 类型：卖家预先备货到 Kilimall 非洲海外仓，由海外仓完成订单分拣和配送。这是目前占比最大的物流方式，主要优势是配送时效快，全程只需 1~5 天，支持货到付款。

GS 类型：卖家必须在订单付款后 7 个自然日内发货至 Kilimall 广州分拣中心，通过平台对接物流商发货。从订单付款到收货的时间为 15~30 天。

DS 类型：此项针对非洲本地卖家。订单付款后由卖家从自有仓库直接发货，快递时效 1~5 天。

商品运输类型是在上传产品的时候通过选择“Shipping”方式设置的，平台默认是 FBK 模式，卖家可手动更改。

二、物流方案

针对中国卖家，Kilimall 一共有两种物流解决方案，分别是 GS 和 FBK，也就是自发货和平台海外仓发货。

选择 GS 模式发货：卖家只需要在客户下单后，于 1~3 天内将商品发往平台在广州的中转仓即可，最迟不可超过 7 天。后续的清关、运输、配送等一系列流程均由平台负责，整个流程的物流时效控制在 15~30 天，这个速度在所有的跨境电商平台中都算得上是比较快的。运费标准为：不带电产品按每千克 8 美元收取，带电产品按每千克 10 美元收取。

选择 FBK 模式发货：卖家需要提前将一部分商品备货到平台在肯尼亚的海外仓，卖家下单后，平台会在 3 天左右将商品配送到客户手中。

（一）空运禁运产品列表

（1）化工品、运输危险品、药品、化妆品（包括粉底、眼霜、BB 霜、面膜等）。

（2）限制运输品包括：粉末状货物、液体货物、植物、动物、种子、零食、食品、管制刀具类、有干电池或者蓄电池的货物、烟酒、性用品等。内存卡，部分国家允许运输，但需要和货主签保证函。

（3）其他国际航空禁运的货物。

（二）单个国家空运禁运产品列表

（1）肯尼亚航线：禁运硒鼓、移动电源（航线要求）。

（2）乌干达航线：禁运情趣内衣、硒鼓、手机、电脑、平板电脑、假发、移动电源（航线要求）、内存卡及 U 盘和硬盘等移动存储类产品。若少量运输，可以和工作人员确认是否可以发运，但需要和货主签保函。

（3）尼日利亚航线：禁运硒鼓。

三、丢件处理

（一）丢件类型

货物丢件类型分为以下几种。

（1）分拣中心丢件：头程分拣中心接收后，国际物流发出前的货物丢失。

（2）盘库丢件（海外仓）：非客户要求发货时间，仓库按期盘点时发现货物丢失，且两个工作日内仍不能定位货物位置。

（3）货物出库丢件（海外仓）：海外发货时发现货物丢失，且在两个工作日内仍无法确认货物位置。

（4）国际空运丢件：货物离开 Kilimall 国际空运仓后，在承运该货物的物流单到达 Kilimall 海外仓上架后两个工作日内，未发现托运货物，且无法确认货物位置。

（5）国际空运丢件（FBK 备货）：货物离开 Kilimall 国际空运仓后，在承运该货物的物流单到达 Kilimall 海外仓上架后两个工作日内，未发现托运货物，且无法确认货物位置。

（6）"最后一公里"丢件：从 Kilimall 海外分拣中心发出，状态为"派送中"，派送超出服务时效后经追踪确认为包裹已经丢失。

针对前四种丢件类型和"最后一公里"丢件类型，Kilimall 会按丢失货物数量乘以不高于该产品实际正常销售价的 50% 进行赔付，单件赔付最高不超过 100 美元。

FBK 备货空运丢件则是赔偿货物不高于正常销售价的 50%，最高赔偿限额为 20 美元 / 千克（实际重量）。

（二）索赔时效

卖家可以在尾程出库日期 10 个工作日后，45 个自然日内申请索赔，超过时效不受理。索赔申请通过后，15 个工作日内 Kilimall 赔付到账。

四、售后管理

（一）订单取消

已发货的 GS 订单，买家不能取消，但超过 30 天（按付款时间）未收到货的订单，买家有权要求取消订单和退款，损失由卖家承担，非卖家原因导致的损失另行处理。

（二）退换货

需买家在收货后 7 天内提出。针对 GS 订单，若因卖家错发、漏发，或商品质量等问题导致买家收货后要求退货，货物将被退至海外仓库，海外仓按照“客户退货处理费”收取一定费用。卖家可向平台工作人员申请寄回国内，运费需卖家自理。自退货之日起 90 天内卖家未请求退回国内，平台将按报废处理。

（三）订单纠纷处理

若买家发起纠纷 3 天内卖家未作出回复，订单会自动提交至平台进行仲裁。平台将按照买家提出的处理方案处理纠纷，并记入卖家扣分项。

（四）售后处理操作

买家申请售后，平台自动审核通过售后申请并反馈到卖家中心后台。

第一步：登录卖家中心后台。

第二步：点击“Service” > “Apply AfterSales” > “View” 进入买家申请售后的详情页面。

第三步：查看买家退货的原因，根据买家提供的描述，卖家可以进行以下操作。

（1）可以直接给买家提供一个售后方案。售后方案有仅退款、退款退货、换货、维修 4 种。

（2）可以通过电话联系买家，沟通后，再做方案选择。

（3）如果遭遇买家恶意退货，与买家协商未果，卖家可以拒绝买家的售后申请。这种情况下可以让平台进行仲裁处理，平台也会根据实际情况进行仲裁。

根据仲裁决定，卖家可以设置仅退款、退款退货、换货、维修中的任意一项并提交，即可反馈至买家。

（4）卖家可以选择部分退款，可填写退款金额；若选默认，则是全额退款。卖家退款，平台佣金也会相应返还，不会让卖家增加额外的支出，如图 9–21 所示。

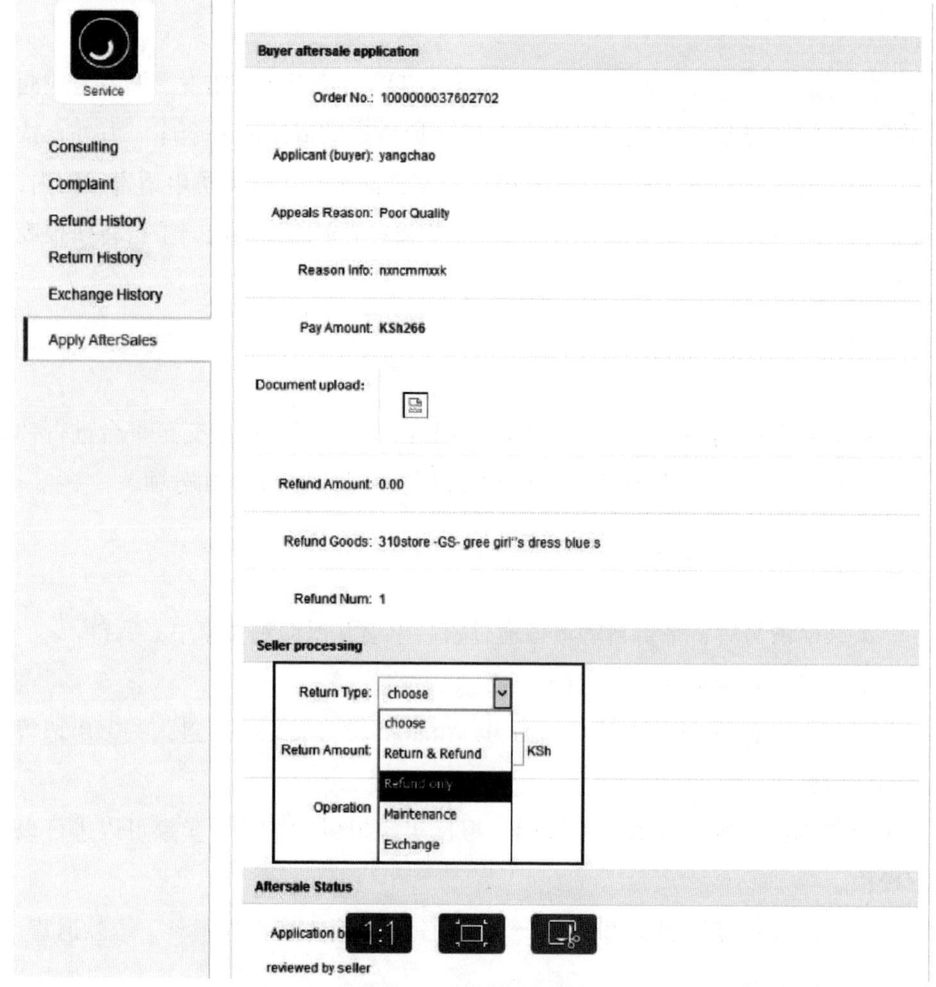

图 9-21　选择退款方式

第四步：等待买家同意售后方案，并提供相应的退货信息给平台。

第五步：查看售后情况。

卖家点击“Service”>“Apply AfterSales”>“View”，到买家申请售后的详情页面查看售后情况，如图 9-22 所示。

Service
Consulting
Complaint
Refund History
Return History
Exchange History
Apply AfterSales
Aftersale application
Buyers applied aftersale
Seller provide solution
Buyer accept or apply for intervention
Buyer aftersale application
Order No.: 1000000037604502
Applicant (buyer): yangchao
Appeals Reason: Poor Quality
Reason Info: hdlxklxxl nxlxmxl
Pay Amount: KSh1100
Document upload:
Service Mode: Return & Refund
Refund Amount: 1000.00
Refund Goods: 310store-GS-blue yi zi jian gir fashion blue m
Refund Num: 2
Aftersale Status
Service Completed

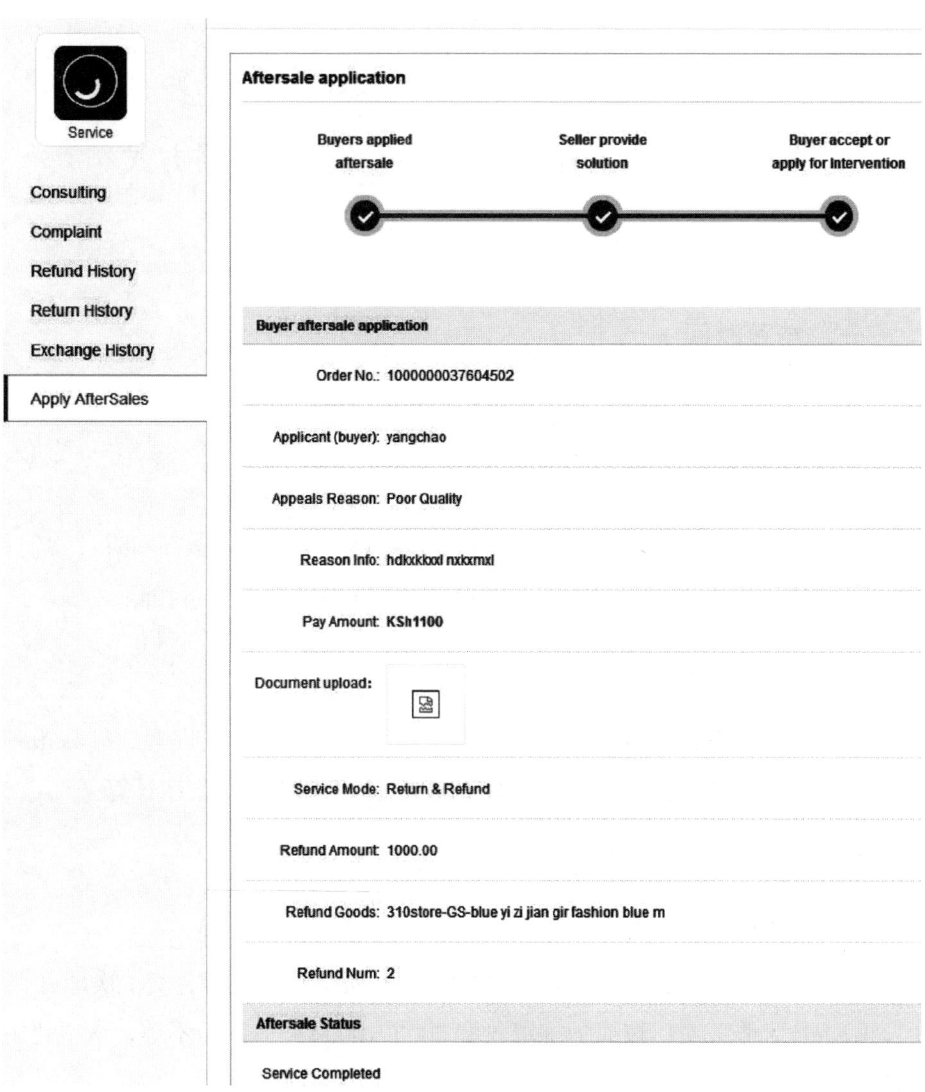

图 9-22 查看售后情况

第四节　Kilimall 平台费用及客服联系方式

一、结算时间

月结，每月 7—10 日核对账单并进行转账汇款。

二、结算条件

正常营业状态的店铺，在结算日对上个自然月内已完成 (Completed) 的订单进行统计核算，对自然月内产生的退货款在结算金额中进行扣除。

三、结算方式

采用银行转账的方式，打入卖家店铺信息中登记的银行账号，转账币种是人民币，按照平台核算账单当天的非洲当地货币对人民币汇率计算。

四、平台各项费用明细

（1）品类佣金：免费。

（2）保证金：按店铺等级收取 2000~10000 元人民币不等，交一次即可。

（3）技术服务费：按店铺等级收取 2000~10000 元人民币不等，该项费用每年都需要交一次。

（4）支付 / 收款服务费：收款通过平台官方支付系统 LipaPay 进行。

支付 / 收款服务费明细如下：

① 肯尼亚 / 乌干达站

肯尼亚 / 乌干达本地账户结算：KES/UGX，1.5%。

中国香港地区账户结算：美元，3%。

中国大陆地区账户结算：人民币，3.5%。

② 尼日利亚站

尼日利亚本地账户结算：NGN，2%。

中国香港地区账户结算：美元，5%。

中国大陆地区账户结算：人民币，6%。

（5）FBK 物流费。

① 头程费用：此段路程的配送需要卖家自行找第三方物流公司解决，费用以卖家与货运方达成的协议为准。

② 非洲本地物流费：由卖家支付，这意味着卖家需将产品邮费设置在产品本身的价格里。

③ 订单批次操作费：0.3 美元 / 单。

④ 跨境贸易代理费：订单交易金额的 5%。

需注意，GS 运输的产品只有头程费用、订单批次操作费和收款服务费。跨境贸易代理费只针对 FBK 运输的产品。

（6）FBK 仓储费。

仓储费涉及的收费项目一共有 6 个，分别是产品入库处理费、产品仓储费、商品报废处理费、订单处理操作费、退货处理费和出库处理费。前三项的费用在本书出版之际正在重新修改收费标准，修改之前的政策为平台补贴，修改之后需要卖家自行承担，故本项收费标准无参考。

订单处理操作费：每件 0.11 美元到 0.38 美元不等。

退货处理费：每件 0.11 美元到 0.38 美元不等。

出库处理费：每件 0.03 美元到 0.07 美元不等。

五、Kilimall 客服联系方式

Kilimall 客服联系方式见表 9–3。

表 9–3　Kilimall 客服联系方式

服务类别	服务明细	QQ1	QQ2
卖家服务类	卖家产品操作支持	2885859341 (Young)	2885696206 (Taylor)
	新入驻卖家培训支持	2885657928 (Zimer)	2885661810 (May)

续表

服务类别	服务明细	QQ1	QQ2
卖家服务类	订单售后问题支持	2885603290 (Irene)	
	卖家结算支持	2885859341 (Young)	
平台运营类	3C 电子品类运营订单咨询	2885678753 (Sophia)	
	Fashion 鞋子服装品类运营订单咨询	2885639009 (Jessica)	
	Kilimall 平台站内活动报名咨询	2885840625 (Sandy)	
	Kilimall 乌干达站点问题综合咨询	2885659176 (Crystal)	
	Kilimall 平台站内站外广告付费推广咨询	2885612317 (Anne)	
物流备货类	国内中转仓代打包、空运 FBK 备货查件咨询	1048946564 (Jun)	
	海运 FBK 集货、物流问题、丢失赔付、海外仓咨询	3474676428 (Carly)	

第十章

Kikuu 基础运营实操

第一节 Kikuu 平台概况及入驻指南

一、Kikuu 平台介绍

（一）平台简介

Kikuu 成立于 2015 年，是一家由中国人在非洲创立的 B2C 电商平台，创始人之一是阿里巴巴前高管，因为受阿里巴巴成功的商业模式启发，Kikuu 从成立之初就深耕非洲市场，主要消费者定位为非洲的白领，致力于将平台打造成非洲版的“阿里巴巴”。

截至 2018 年年初，Kikuu App 注册用户已超过 120 万户，平均日活跃量 15 万以上。目前，Kikuu 已经在加纳、乌干达、坦桑尼亚、喀麦隆、刚果（金）、刚果（布）、尼日利亚、科特迪瓦、塞内加尔 9 个国家建立了全物流配送中心。

（二）Kikuu 的平台优势

（1）平台不收取入驻费。

（2）平台在中国境内拥有自己的中转仓，卖家只需将待发货的产品运送至 Kikuu 广州中转仓即可，平台会负责后续的清关和尾程配送。

（3）平台会为卖家提供一对一的服务专员，卖家在日常的经营过程中可以根据服务专员的指导操作。

（4）新手卖家可参与平台提供的卖家成长计划，该计划会为各成长阶段的卖家提供相应的资源和扶持策略。

二、Kikuu 入驻指南

（一）Kikuu 入驻条件

Kikuu 会根据卖家的经营类目、平台经验、备货能力、企业资质等综合考量卖家入驻条件。个人卖家在 Kikuu 上可以申请 1 个账号，企业卖家最多可以申请 3 个账号，卖家成功入驻后，需要缴纳 3000 元人民币的店铺保证金。Kikuu 入驻要求如下：

（1）个人卖家需要提交个人身份证相关文件，企业卖家需要提供法人身份证明文件、营业执照、经营地址及联系方式等。

（2）提供其他平台经营信息：包括平台名称、网店地址、最近一年销售额。

（3）提供产品信息情况：包括主要商品类型、可网售商品数量。

（4）备注自身实力情况：个人注册需简要说明自身亮点，企业注册需要注明公司类型（工厂型或贸易型）。

卖家提交以下信息将有助于提高入驻的成功率。

（1）拥有自设工厂或有稳定的货源，并备注地址和经营情况。

（2）卖家在 Kikuu 平台的经营计划，例如主营的二级类目、人员配置等。

（3）有自主品牌或者品牌授权。

（4）有在非洲开展贸易的经验，并备注开展贸易所在国家、发货情况、年销量等。

（二）Kikuu 入驻流程

1. 卖家提交入驻申请

第一步：输入注册网址：https://vendor.Kikuu.com/，点击页面右上角“立即入驻”按钮，见图 10–1。

图 10–1　入驻入口

第二步：进入注册页面后，需要卖家依次填写的内容有：账号信息、商户信息和经营信息，如图 10–2 所示。账号信息需要填写邮箱并获取验证码，填写好商家名称，再设置好密码即可。

帐号信息　商户信息　经营信息　等待审核

1. 信息提交前，请务必先在"帮助中心"查看《商家入驻流程》
2. 商家入驻需要提交较多信息，建议先在"帮助中心"查看《商家入驻信息》再进行填写

账户信息

* 邮箱：该邮箱将用于登录Kikuu商家平台
* 验证码：　发送验证码
* 商家名称：
* 密码：请输入8–15位密码，字母与数字组合

图 10–2　填写账户信息

第三步：填写联系人、手机号（因为是国内创建的平台，所以不用再加区号）、QQ 号和收货地址。填写地址是为了方便仓库在收到卖家重复发送的

货物时及时退还。填写完毕之后，记得查看勾选《KIKUU 商家入驻协议》和《KIKUU 商家保证金协议》，然后点击“立即注册”即可进入下一步，如图 10–3 所示。

联系人信息

* 联系人：	请填写联系人姓名
* 联系手机：	请填写11位手机号
* QQ：	
* 收货地址：	请填写您本人能准确收货的地址，如仓库收到您重复发送的货物，将寄回此处

☐ 我已仔细阅读并同意协议《KiKUU商家入驻协议》

☐ 我已仔细阅读并同意协议《KIKUU商家保证金协议》

立即注册

图 10–3　填写联系人信息

卖家填写完账户信息之后，Kikuu 平台会对卖家的注册信息进行验证，并且会在每年的 1 月份进行复检，无法验证的卖家账号会被平台清退。

第四步：卖家填写了格式正确的“商户信息”“经营信息”之后，点击“提交入驻申请”按钮，此时状态为“审核中”。

如注册为个人用户，收款人需与注册人一致；如注册为企业用户，收款人需是企业账户。

第五步：审核通过后，系统将发送审核邮件给卖家，此时卖家可登录 Kikuu 商户后台创建店铺。

2. 创建店铺及修改相关信息

（1）创建店铺

申请完 Kikuu 平台店铺并且通过审核后，卖家就可以创建店铺了。创建店铺的步骤也非常简单。

第一步：打开卖家首页，点击“站点导航”，进入“创建店铺”页面。

第二步：按要求依次填写创建店铺所需信息（店铺类型、店铺名称、经营大类和店铺联系人电话），点击提交审核。

填写要求：

① 店铺名称：不能包含中文，不能大于 255 字符。不能填写以下词汇：China、Best、Cheapest、Top 等。除非可提供品牌证明或者代理证明等，否则不能使用知名品牌名，如 Dior、Chanel、Ikea 等。不能使用 Kikuu 官方名称（虽然很少有人会使用，但还是需要注意一下）。

② 店铺联系人电话：用于接收店铺相关信息。

③ 经营大类：经营大类分封闭类目和非封闭类目。封闭类目是指只能发布该类目下的商品，不能发布别的类目下的商品。

（2）修改相关信息

打开卖家首页，点击“站点导航”，进入“我的账户”。

注册完成后，卖家需要及时确认卖家平台账户信息及银行信息。只有银行信息正确，平台打款才能顺利进行。确认卖家信息和银行信息无误后，直接点击“确认信息”即可。

同样在“我的账户”页面，还可修改接收 Kikuu 平台提醒的邮箱，提醒邮箱可用于接收订单信息、订单超时信息、店铺处罚信息等。修改提醒邮箱之后，登录邮箱不会随之变动。

（三）Kikuu 卖家缴纳保证金

打开卖家首页，点击“保证金管理”，卖家进入保证金管理页面，可以缴纳保证金、查看保证金变更记录及申请保证金退款。卖家缴纳保证金后，需提交保证金证明，包括银行卡号、姓名、转账金额及转账的截图，然后等待平台审核，3~5 个工作日内即可审核完毕。

如果卖家的保证金余额大于 2000 元，则不需要补缴；如果余额低于 2000 元，则需要补缴，保证金余额低于 1500 元将自动停业。

当卖家撤销店铺时，保证金可返还。卖家只需登录卖家中心后台，进入

“保证金管理”页面，点击“保证金退款”，核对收款信息并填写撤店原因，就完成了申请。

（四）Kikuu 平台商品发布规则

除了航空禁运的产品外，所有品类均可在 Kikuu 平台上销售。

跨境平台对带电的产品要求一般都比较严格，Kikuu 平台可售卖的电池类商品也仅为干电池和小型入耳式蓝牙耳机的锂电池。使用干电池的手表可以入驻，而锂电池手表一律不能在 Kikuu 平台上售卖。

（五）Kikuu 合作的物流

Kikuu 平台订单由 Kikuu 官方合作的物流商——泛非速运承运，提供的物流服务是从广州仓收运至买家签收。卖家只需运送订单商品至 Kikuu 广州中转仓库，后续的国际航空运输、清关及“最后一公里”配送均由 Kikuu 物流商提供服务。

（六）Kikuu 平台佣金及结算规则

（1）佣金：每笔订单总金额的 12%。

（2）账单结算周期：每半个自然月为一个结算周期，每月的 1 日和 16 日为账单日（节假日顺延）。卖家需要在 3 个工作日内确认账单，确认账单之后的 3~5 个工作日内平台会完成打款，款项统一打进卖家入驻时填写的银行账户。如卖家晚于三个工作日确认账单，货款将延期至下一个周期。

（3）如果未收到打款，卖家需确认系统设置。点击“我的账户”，查看银行账户信息是否完整、准确。银行卡号、收款人、银行支行信息的格式必须是：××银行××市/县××支行，如：中国银行广州市白云支行。另外，卖家还要检查银行信息是否已经完成确认。点击“确认财务”，进入待确认账单，查看“操作”列的绿色“√”是否已经选择。

（七）Kikuu 平台清退规则

1. 发布涉嫌违反国家法律法规的商品

包含但不限于：毒品、武器、人体器官、易燃易爆相关化学物品等。

2. 发布平台禁售商品

禁售商品可在商家公告栏下载《Seller Notice—禁限售商品规定及处罚 1.0》进行查看。一经发现即刻清退。

3. 引导买家线下交易或去其他平台进行交易

包含但不限于：商品图片中含其他同类平台店铺链接或联系方式等，引导买家线下或去其他平台进行交易。一经发现即刻清退。

4. 账号或店铺长期不活跃

（1）从卖家账号注册成功的当日开始计算，超过 180 天未进行店铺创建和店铺开业操作，平台将对该类账号进行清退处理。

（2）未缴纳保证金导致停业或自行选择停业的店铺，从停业时间开始计算，超过 60 天没能重新营业的，将被清退。

（3）店铺创建时间超过 90 天，在售商品数量为 0 的店铺，将被清退。

（4）店铺创建时间超过 90 天，近 30 天未上新商品，在售商品数量小于 50，且近 90 天内销售额为 0 的店铺，将被清退。

5. 平台服务类经营指标考核

（1）入驻信息与实际不符合，考核不能通过。

（2）个人或企业在 Kikuu 注册超过一个卖家账号，考核不能通过。以卖家提交注册的信息为准。

（3）店铺 90 天内（含 90 天）未上线新商品，且店铺在售商品数小于 10 件，考核不能通过。

（4）店铺订单取消率等于或超过 10%，即该店铺在前一个完整自然月中，超过 10% 的生效订单因卖家原因被取消，考核不能通过。

店铺订单取消率 = 前一个自然月生效订单中卖家原因取消的订单数 / 前一个自然月总生效订单数。

注意，店铺订单取消数仅指卖家原因引起的订单取消，含卖家自行后台操作的取消订单及平台客服进行操作的取消订单。

（5）店铺订单物流超时率等于或超过 20%，即该店铺在前一个完整自然月中，超过 20% 的生效订单无法在 8 天（192 小时）内被广州仓库揽收，考核不能通过。

订单超时率 = 前一个自然月被广州仓揽收且从生效起到被揽收时间超过 192 小时的订单数 / 前一个自然月被广州仓揽收的总订单数。

每月第一周，Kikuu 将统计前一个自然月第四和第五条的考核数据，并以该数据作为最终考核数据。

6. 其他

（1）破坏 Kikuu 经营秩序或涉嫌违反国家法律法规的店铺，将被清退。

（2）其他损害他人权益、违反诚信经营原则的行为，将被惩罚。

（3）针对已缴纳保证金、开业经营的店铺，发起退出店铺申请的，平台仅受理一次。即正常经营的店铺发起退店申请，平台受理后，不再接受该店铺的重新开店申请。

7. 清退方式

（1）永久关闭相关 Kikuu 账号。

（2）Kikuu 全权处理仍在进行中的订单。

（3）因发布禁限售商品被清退的卖家，Kikuu 将冻结卖家账期一个月。如 2017 年 5 月 1 日的账单，Kikuu 将在 2017 年 6 月 1 日的账期进行结算。

第二节　Kikuu 商品上传及营销推广

一、商品管理

进入卖家中心后台，点击页面左边导航栏中的“商品管理”，即可对店铺中的商品进行管理。可操作的板块有：创建商品、未审核商品、在售商品、类目属性管理、用户咨询、运费模板和商品回收站等。

（一）创建商品

创建商品的具体步骤如下。

第一步：点击“创建商品”，选择商品所对应的类目。具体类目可点击页面上方的“下载类目表”参考。选择类目后，点击右下角的“确定选择”即可。如页面中未显示“确定选择”，可按 Ctrl+ 鼠标滚轮缩小页面比例，如图 10–4 所示。

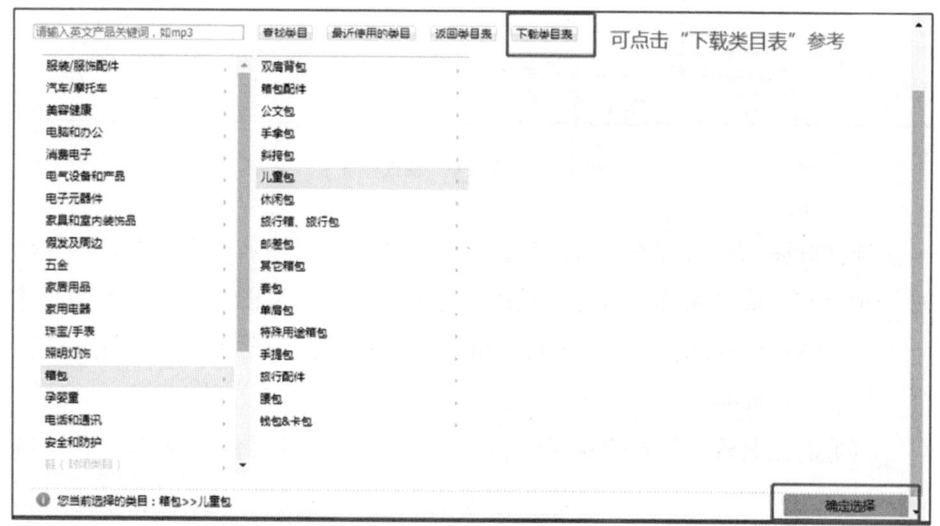

图 10–4　创建商品

注意：正确的类目选择有助于匹配搜索需求，类目放错的商品，平台发现后会被强制下架，如果重复或大量发生此项违规行为，将会导致卖家搜索降权或被屏蔽。

第二步：填写商品详情页面相关信息，如图 10–5 所示（带 * 的为必填项）。

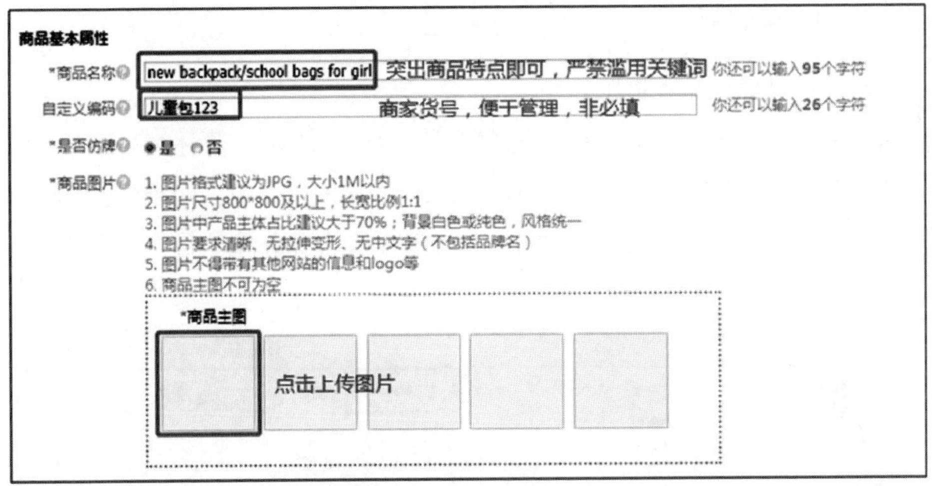

图 10-5　商品基本属性填写

选择好商品所对应的类目之后，即可进入商品基本属性的填写，需要填写的项目有：商品名称、自定义编码、是否仿牌、商品图片、商品类型、颜色选择、SKU 属性选择、尺寸上传、价格及库存设定、详情描述及其他信息。

填写注意事项：

（1）商品名称：尽量准确、完整、简洁，包含关键信息（商品名称、特点、材质、突出的亮点等）。以鞋子为例，突出商品名中的 single shoes（单鞋）、flannel（绒布材质）、pointed（尖头）、high heel（高跟）等关键信息。

（2）自定义编码：用于卖家发货拣货、区分商品，不强制填写。

（3）是否仿牌：根据商品实际情况勾选是否仿牌。

（4）商品图片：点击空白图片框，跳出“图片管理”，点击“上传”，勾选上传好的图片，点击“选择”。图片格式要求 JPG 或 JPEG，图片数量 3~5 张，1 : 1 正方形图片，不过度拉伸，建议使用白底图。

（5）商品类型：单一尺码和颜色的产品，选择“单 SKU 商品”；多种颜色和尺码的产品选择“多 SKU 商品 ”。

选择多 SKU 商品后，进入 SKU 信息页面，点击“颜色选择”，勾选商品对应的颜色。如没有商品对应的颜色，可点击“添加颜色”进行添加。

进入 SKU 信息页面，还可点击“SKU 属性选择”。点击下拉按钮，选择已经设置好的类目属性名称，勾选属性名称下的属性值。然后，再填写详细的尺寸信息。如图 10–6 所示。

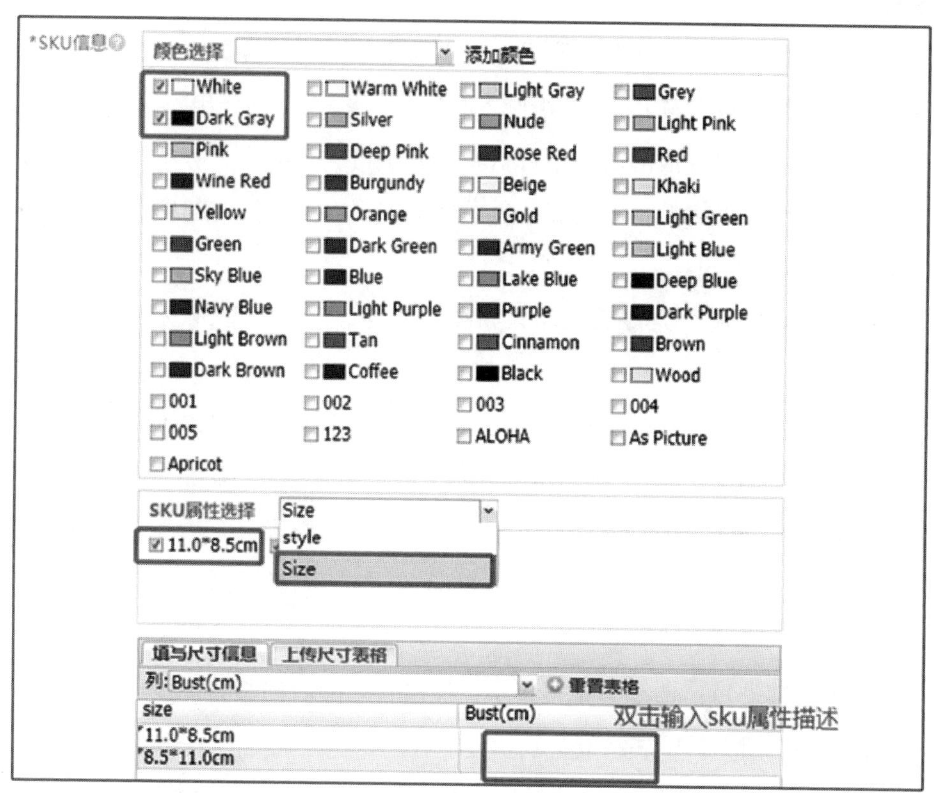

图 10–6　SKU 信息填写

（6）销售价：如实填写日常售卖价格。如为参加折扣活动而故意提高售价，一经查出，将无法参加相应活动。多 SKU 商品可在价格及库存设定处点击“一键设价、库存、小图”。

（7）销售库存：如实填写销售库存。如发生超卖、无库存发货，产生的相关费用由卖家承担。

（8）SKU 小图：1∶1 正方形图片，为必填项。

（9）详情描述：详情页需包含至少 1 张图片，以及相应的文字描述。建议添加细节图、上身图、实物对比图等，以减少买家疑惑，增加转化。

除以上信息外，还需填写一些其他信息。

（1）需填写是否含有电池，包括：锂电池，可充电、有蓄电能力的商品，带有强磁的航空禁运品等。

如果产品为电池，则需要注意，由于物流原因，可售卖的电池商品仅限于含有干电池（AA/AM）、纽扣电池，如石英手表，以及带锂电池的小型蓝牙耳机等。含大型锂电池的商品不可售卖，如手机、充电宝、游戏机、大型蓝牙音箱等。允许售卖的含电池商品需要准确填写电池属性，漏填会导致至少200元人民币的处罚。

（2）需填写是否为特殊商品，如高压喷嘴、含油商品或易燃易爆的商品等。

（3）“是否开启包邮”选项，如选“是”，则定价中已包含了邮费，消费者无须另付。如选“否”，则需填写毛重（商品+包装），系统会根据卖家填写的重量和不同国家的物流计算方式，计算出预付物流费，在App端对消费者进行展示，消费者需支付的价格为：商品价格+预付物流费。

第三步：填写店铺信息。

（1）店铺类目：选择下拉菜单中已经设置好的店铺类目。该商品将会在店铺首页的店铺类目中展示给买家。

（2）店铺排序：该商品在店铺所有商品中的顺序，数字越大越靠前。

（3）主推位置：商品直接展示在店铺首页，数字越大越靠前。

（4）服务信息：无须勾选，系统默认“7天无理由退货”。特殊类目商品（内衣、假发、婚纱等）系统会自动勾选“不支持7天无理由退货”。

第四步：商品基本属性填写完之后，即可按照页面导航进行其他操作。页面导航如图10–7所示。

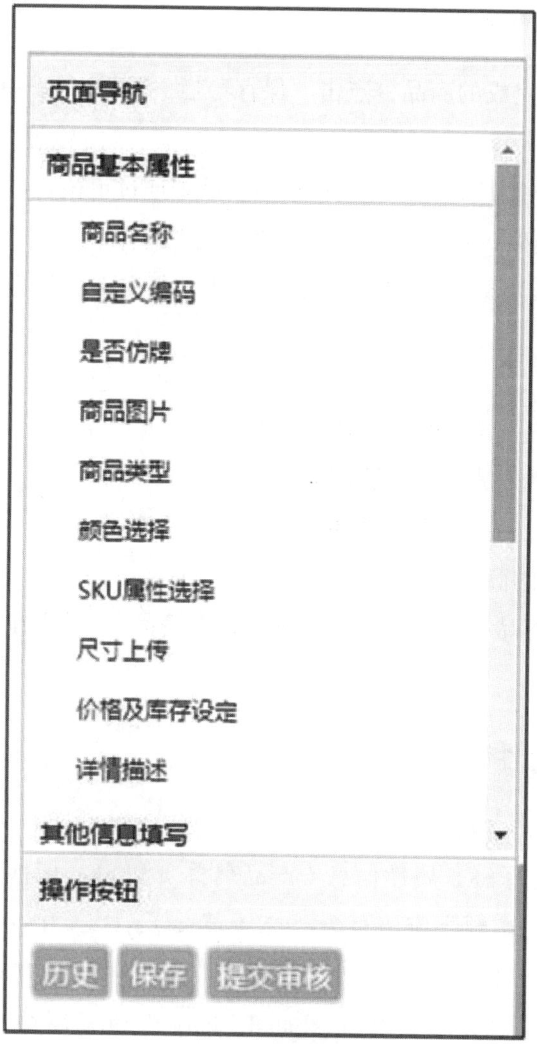

图 10-7　页面导航

（1）“历史”按钮，用于查看商品审核记录、商品审核不通过的原因等。可在“未审核商品”中的“审核不通过”中查看原因。

（2）“保存”按钮，用于保存未编辑完成的商品创建页面。被中断了编辑的商品创建页面，可在“未审核商品”中的“编辑中”打开，继续编辑。

（3）“提交审核”按钮，当商品完成所有编辑和创建后，点击即可将商品提交审核。审核通过后将会在“在售商品”中体现。

（二）未审核商品

（1）未创建完成的商品，点击“保存”后，处于“编辑中”状态，可进行二次修改编辑。

（2）“审核不通过”是指已提交审核但商品未通过审核。可点击“页面导航”中的“历史”按钮，查看商品审核不通过的原因。

（3）“待审核”是指创建完成后，已点击“提交审核”的商品。

（三）在售商品

（1）“销售中”表示正常售卖的商品状态。

（2）“已下架”是指因库存等因素，已经下架的商品。

（3）“售罄”是指库存等于零的商品，或活动期间增、删、改 SKU 信息导致非正常售罄的商品。

（4）“在售商品”中，可点击“所有在售商品”，导出在售商品表进行相应的管理。

（四）类目属性管理

第一步：点击“新建”。

第二步：填写 SKU 属性信息（产品名称）和 SKU 属性值（产品规格）。对应 SKU 属性名按顺序应填写为：EN（英文）；CN（中文）；FR（法文）。点击“添加行”，双击“SKU 属性值名称（英文）”和“SKU 属性值法文名称”并排序。如单肩包为属性名称，Small、Larg 为 SKU 属性值名称，S、L 为 SKU 属性值法文名称，排序分别为 1、2。

第三步：选择对应类目。如选择“箱包”中的“单肩包”，点击“确定选择”，然后点击“保存”，最后可创建至商品中，选择“箱包”>“单肩包”>“多 SKU 商品”后，下拉 SKU 属性可以查看是否设置成功。

（五）用户咨询

买家可以在店铺商品页面针对商品留言，询问商品相关问题。卖家可在该模块回复买家有关商品的疑问。

但是，由于非洲国家和中国会有 5~8 小时的时差，下单高峰时间可能是国内的傍晚，请卖家注意后台回复，以提升用户体验，促成订单。

（六）运费模板

1. 运价标准

运价标准即运费单价，是 Kikuu 平台代卖家向买家收取运费的标准，平台会将此金额结算给卖家，也是用户线上预付 Shipping Fee（运费）的标准。Kikuu 平台是根据货物的实际重量收取费用的，计重单位为克（g），运费单价为美元，回款汇率以回款当天的汇率为准。

2. 使用规则

创建商品时，可以通过单个商品的详情页选择“不包邮”，或者选择创建适用于多个商品的运费模板。如果选择运费模板，则该商品的运费标准以运费模板为准。点击“创建新模板”，可以在“运费模板详情”中对该商品设置运费单价。

如果选择“不包邮”，则需填写自定义运费单价。如：某商品的售价是 5 美元，加纳地区不包邮，重量为 2kg，自定义运费单价为 7 美元，那么加纳用户下单时的费用显示为：5+ (2 × 7) =19（美元）。

如果选择“包邮”，自定义运费单价即为 0（不可修改）。如：某商品的售价是 5 美元，包邮，重量为 2kg，用户下单时的费用仅显示 5 美元，相当于这个费用已经包含了运费。

在页面尾部，将适用于费用标准的商品编号填写进去，并保存，见图 10–8，即创建了运费模板。

运费模板详情

模板标题：模板1

商品类型：普通商品

请填写以下相关信息

国家	计费标准，单位（USD/KG）	是否包邮	自定义运费单价，单位：USD/KG，可点击编辑
Ghana	6.5	◉不包邮 ○包邮	7
Tanzania	7.4	◉不包邮 ○包邮	7.5

图 10–8　运费模板

3. 注意事项

（1）卖家可以按照自己的分类方法创建运费模板，或者按照商品类型，如普通商品和特殊商品（含电池），分开创建模板，见图 10-9。

图 10-9 按商品类型创建模板

（2）对于现有商品，若不自主设置运费模板，则平台默认为使用运费模板页面上部的运费标准。

（3）若需要自定义运费，需要到 Kikuu 后台进行设置，不可在 ERP 上设置。

（4）运费模板中的“运费”是向买家预收的物流费用。Kikuu 平台实际向卖家收取的物流费用，是货物到达中国国内中转仓后，根据实际称重的重量结合运费标准进行计算的。

（5）Kikuu 平台实际向卖家收取的运费内容，可在卖家后台“仓库信息” > “HT 单物流信息”中查看。

（七）商品回收站

卖家可将在售商品删除，此商品将流转至“商品回收站”中。原本店铺可发布商品的数量是有限制的，但“商品回收站”中的商品，不计入此限制中，在回收站中的商品可再次进行操作。

（八）I Want 用户需求

卖家可以在后台 I Want 用户需求中查看用户需要的是什么商品。如店铺中有用户需要的商品，卖家可 QQ 联系类目运营经理，提供商品编号和 I Want 编号，促进下单。

二、商品定价模板

卖家后台发布的价格为商品单价，App 前台展示的销售价是商品单价与干线物流费之和。

（一）基本公式

前台销售价 = 后台商品单价 + 干线物流费
后台商品单价 =FOB 价 + 退货成本 + 末端操作费 + 佣金
其中：
（1）FOB 价需要包含利润、国内运费、代打单费及其他成本费用。
（2）后台商品单价单位为美元，可参考近两周汇率。
（3）卖家可根据自己店铺的退货率计算退货成本。

（二）费用组成

1. 佣金比例：12%

平台佣金 =（商品单价 × 数量 + 干线物流费 – 店铺折扣金额）× 平台佣金比例 12%

2. 国内运费

包括商品至中转仓的快递费用和仓库代打单费用（如需要，1 美元 / 单）。

3. 物流费用

国际运费 = 商品重量（kg）× 运费标准
末端操作费用：0.65 美元 / 物流单

4. 国际运费标准（见表 10–1 和表 10–2）

表 10–1　Kikuu 平台中国卖家国际物流服务内容价格（普货）

始发地 – 目的地	货物类型	计费规则	运输方式	美元价格
广州 – 加纳	普货	1g 起计重，单个包裹最多不超过 32kg	空运	6.8/kg
广州 – 坦桑尼亚	普货	1g 起计重，单个包裹最多不超过 32kg	空运	7.8/kg
广州 – 尼日利亚	普货	1g 起计重，单个包裹最多不超过 32kg	空运	5.6/kg
广州 – 乌干达	普货	1g 起计重，单个包裹最多不超过 32kg	空运	7.3/kg
广州 – 埃塞俄比亚	普货	1g 起计重，单个包裹最多不超过 50kg	空运	15/kg

续表

始发地－目的地	货物类型	计费规则	运输方式	美元价格
广州－科特迪瓦	普货	1g 起计重，单个包裹最多不超过 32kg	空运	9.7/kg
广州－刚果（布）	普货	1g 起计重，单个包裹最多不超过 32kg	空运	10/kg
广州－加蓬	普货	1g 起计重，单个包裹最多不超过 32kg	空运	9.7/kg
广州－刚果（金）	普货	1g 起计重，单个包裹最多不超过 32kg	空运	10/kg
广州－喀麦隆	普货	1g 起计重，单个包裹最多不超过 32kg	空运	7.7/kg
广州－卢旺达	普货	1g 起计重，单个包裹最多不超过 33kg	空运	7.8/kg
广州－巴拉圭	普货	1g 起计重，单个包裹最多不超过 32kg	空运	9.7/kg
广州－塞内加尔	普货	1g 起计重，单个包裹最多不超过 32kg	空运	9.7/kg

表 10-2　Kikuu 平台中国卖家国际物流服务内容价格（特殊品）

始发地－目的地	货物类型	计费规则	运输方式	美元价格
广州－加纳	（电池、膏体）	1g 起计重，单个包裹最多不超过 32kg	空运	9/kg
广州－坦桑尼亚	（电池、膏体）	1g 起计重，单个包裹最多不超过 32kg	空运	10.5/kg
广州－喀麦隆	（电池、膏体）	1g 起计重，单个包裹最多不超过 32kg	空运	11/kg
广州－乌干达	（电池、膏体）	1g 起计重，单个包裹最多不超过 32kg	空运	12.8/kg
广州－尼日利亚	（电池、膏体）	1g 起计重，单个包裹最多不超过 32kg	空运	9/kg
广州－刚果（金）	（电池、膏体）	1g 起计重，单个包裹最多不超过 32kg	空运	12.8/kg

（三）商品单价计算举例

1. 尼日利亚（见表 10–3）

表 10–3　尼日利亚商品定价

商品信息		备注
产品 FOB 价 / 美元	2	FOB 价包含利润、中国国内运费、代打单费用及其他成本费用
商品重量 /kg	0. 1	
国际运费 / 美元	0. 56	假设每千克运费为 5.6 美元。0.1 × 5.6=0.56，运费报价包含清关费
退货率 /%	0. 3	平台平均退货率一般为 0.1%~0.3%，此处取 0.3%，2 × 0.3%=0.6%。实际操作中，卖家可参考店铺近 30 天退货率
佣金 / 美元	0. 12	假设佣金提取比例为 12%。 平台佣金 =（商品单价 × 数量 + 干线物流费 – 店铺折扣金额）× 平台佣金比例 12%
末端操作费 / 美元	0. 65	
商品单价 / 美元	3. 1	商品单价 =（FOB 价 + 退货率 + 末端操作费 + 运费 ×0.12）/ (1–0.12)
前台销售价 / 美元	3.66	前台销售价 = 商品单价 + 运费

2. 乌干达（见表 10–4）

表 10–4　乌干达商品定价

商品信息		备注
产品 FOB 价 / 美元	2	FOB 价包含利润、中国国内运费、代打单费用以其他成本费用
商品重量 /kg	0. 1	

续表

商品信息		备注
国际运费 / 美元	0. 73	假设每千克运费为 7.3 美元。 0. 1 × 7.3=0.73，运费报价包含清关费
退货率 /%	0. 3	平台平均退货率一般为 0.1%~0.3%，此处取 0.3%，2 × 0.3%=0.6%。实际操作中，卖家可参考店铺近 30 天退货率
佣金 / 美元	0. 12	假设佣金提取比例为 12%。 佣金 =（商品价 + 运费）× 12%
末端操作费 / 美元	0. 65	
商品单价 / 美元	3. 1	商品单价 =（FOB 价 + 退货率 + 末端操作费 + 运费 ×0.12）/(1−0.12)
前台销售价 / 美元	3. 83	前台销售价 = 商品单价 + 运费

3. 加纳（见表 10–5）

表 10–5　加纳商品定价

商品信息		备注
产品 FOB 价 / 美元	2	FOB 价包括利润、中国国内运费、代打单费用及其他成本费用
商品重量 /kg	0. 1	
国际运费 / 美元	0. 68	假设每千克运费为 6.8 美元。 0. 1 × 6.8=0.68，运费报价包含清关费
退货率 /%	0. 3	平台平均退货率一般为 0.1%~0.3%，此处取 0.3%，2 × 0.3%=0.6%。实际操作中，卖家可参考店铺近 30 天退货率
佣金 / 美元	0. 12	假设佣金提取比例为 12%。 佣金 =（商品价 + 运费）× 12%
末端操作费 / 美元	0. 65	

续表

商品信息		备注
商品单价 / 美元	3. 1	商品单价 =（FOB 价 + 退货率 + 末端操作费 + 运费 ×0.12）/(1−0.12)
前台销售价 / 美元	3.78	前台销售价 = 商品单价 + 运费

三、Kikuu 平台活动报名

（一）活动申报

第一步：打开店铺后台首页，点击左侧导航栏“活动运营”>“活动列表”，查找可以申报的活动，见图 10–10。

图 10–10　活动申报

第二步：输入活动编号或者活动关键字来检索活动，然后选中相应活动，点击“立即报名”，或进入活动详情页选择活动名称进行报名。

第三步：进入活动报名界面后，即可直接勾选需要参加活动的商品，并填写活动信息、设置活动价格和活动库存，设置好活动信息之后直接点击“确认”>“保存”即可。

注意：活动价格和活动库存可以设置单个商品，也可以选中多个商品，点击批量设置活动及库存。

（二）查看活动报名结果

回到活动列表页面，可以直接在页面上方的搜索栏中输入活动名称或者商品名称和商品编号，查看活动报名的结果。

第三节　Kikuu 物流发货及售后管理

一、发货管理

打开卖家中心首页，点击“合单发货”，如图 10–11 所示，即可进行发货操作。

图 10–11　合单发货

（一）发货操作说明

1. 审单操作

进行“合单发货”页面，可以看到左侧的订单都是支付状态为“Paid”的订单，可以对订单内容进行筛选、搜索、导出。多个筛选条件可以组合筛选，导出内容为筛选后的内容，方便卖家对导出的订单进行审单，如图 10-12 所示。

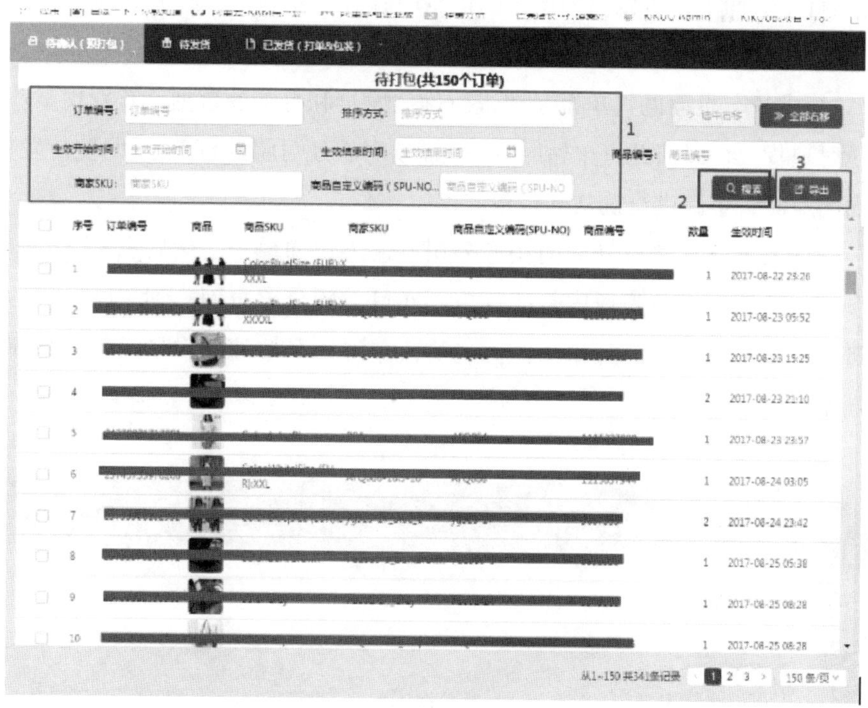

图 10-12　审单操作

进入“待确认（预打包）”页面。在页面左侧下单成功的订单中，选择要发货的订单，点击“全部右移”，然后打包，如图 10-13 所示。

图 10-13　点击“全部右移”

确认无误后勾选订单，点击“打包”，系统会自动判断哪些订单会被合并。系统若提示打包失败，会在弹窗中提示哪些订单失败了，哪些订单已经进入“待发货”页面了，可以对弹窗中的信息内容进行复制，方便核对。

2. 发货操作

“待发货”页面的订单都是要进行确认发货和打单的数据。若发现某些订单暂时缺货，可以将此订单暂时移除。需要时，还可将此订单返回到“待发货”页面的左侧，重新进行确认和打包。

确认要发货后，选择国内快递公司，输入快递单号，然后点击“发货”，如图 10–14 所示。在弹窗内打印订单，亦可关闭订单页面，到“已发货”页面进行批量打印操作。如果中国国内物流单号因某些原因没填，可到物流单管理处补填。

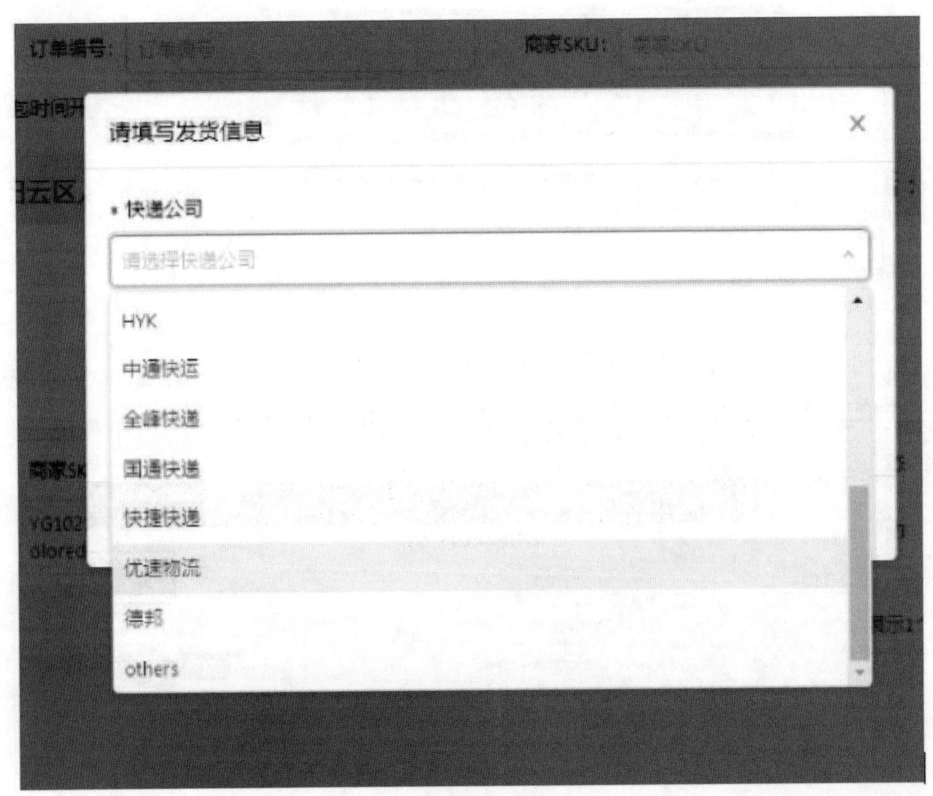

图 10–14 填写发货信息

3. 打单和包装

进入“已发货”页面，根据页面的筛选条件和订单的打印状态进行单个打印和批量打印操作。需要注意的是：

（1）一个 IAE 单号（国际运单号）最多对应 15 个 Kikuu 子订单。若超过 15 个子订单，会发货失败。

（2）发货失败的订单会在弹窗里显示原因。若其中包含已取消的订单，关掉弹窗后，页面上该订单会标红显示，以便卖家确认这些订单没有交接给快递。

（3）发货失败的订单经调整后发货成功，系统会把这部分订单自动移动到已发货页面。

（二）缺货取消订单

对于生效订单未发货和已发货状态下的订单，Kikuu 平台开放了卖家端缺货取消功能。选中缺货的订单，点击右键，跳出缺货取消订单界面，选择相应的原因，点击“取消”，如图 10–15 所示。

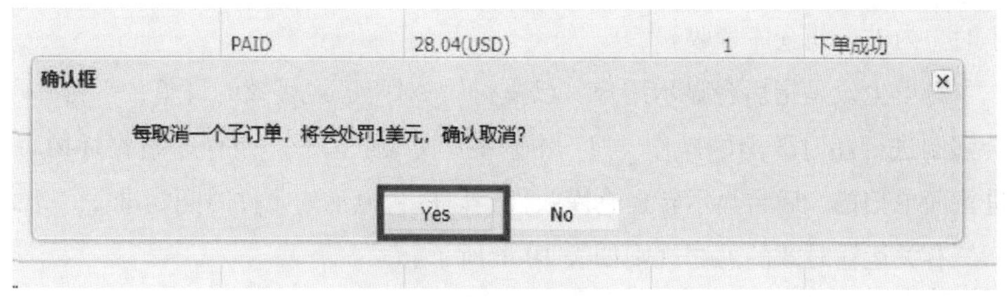

图 10–15　缺货取消订单

需要注意的是，所有因卖家原因（即缺货、国内快递丢包等）取消的操作，均计入订单取消率。订单取消率每月进行考核，超过平台要求的卖家将被永久性停业（具体请查看平台清退规则）。此外，因卖家原因导致的订单取消，均会扣除 1 美元用于赔偿用户。

注意：

（1）订单在未发货状态下，卖家后台自行取消，订单按照 1 美元 / 子订单处罚。

（2）订单在已发货状态下，卖家后台自行取消，订单按照 3 美元 / 子订单处罚。

（3）物流状态为订单未收运前，每个子订单处罚金额上限为 3 美元，如订单在第 13 天时卖家发现缺货，需要取消订单，则每个子订单会被处罚 3 美元。

（三）订单结算

在“订单管理”>“全部订单”中，双击订单号码，可查看订单详情。拉至底部可查看卖家结算账单号，如出现“No Balance”，则表明仍未结算；如出现类似 2018031603310057700000 的序列，则表明已经完成结算。

（四）物流违规操作的惩罚标准

1. 超时发货

从订单生效开始，该订单对应的货物需在 8 个自然日（192 小时）内被中转仓库揽收。但婚纱等特殊商品，可从订单生效开始，在 21 个自然日（504 小时）内被广州仓库揽收。

订单生效是指后台显示用户“已支付”。对于已经生效的订单，平台并不会强制进行超时取消的操作。“广州仓库揽收”是指，广州仓库签收货物后，进行面单扫描，后台显示转运仓库收件，以后台显示的收件时间为准。

有关运输时效的惩罚规则如表 10–6 所示。

表 10–6　有关运输时效的惩罚规则

订单状态	惩罚规则
已发货 & 未发货，且物流耗时≤ 192 小时	无
已发货 & 未发货，且 192 小时＜物流耗时≤ 264 小时（11 个自然日）	计入发货超时，订单按照 2 美元 / 子订单处罚
已发货 & 未发货，且物流耗时＞ 264 小时	计入发货超时，订单按照 3 美元 / 子订单处罚

续表

订单状态	惩罚规则
订单生效时间超过 13 个自然日及以上的订单，卖家未主动处理（主动处理指，卖家取消订单或实际发货），导致买家投诉或被平台查出	计入违规，订单按照 10 美元 / 子订单处罚
近 30 天国内物流时效≥ 8 天	店铺停业处罚，每月 1 日执行
婚纱等重要产品物流耗时＞ 504 小时（21 个自然日），后台显示转运仓未收件	订单按照 10 美元 / 子订单处罚
婚纱等重要产品物流耗时＞ 576 小时（24 个自然日），后台显示转运仓未收件或卖家未主动取消，导致买家投诉或被平台查出	订单按照 20 美元 / 子订单处罚

2. 错发

（1）贴错面单，包裹内货物与订单商品不一致，造成重量不符。

（2）错发其他平台包裹，卖家误认为转运仓收到未收运。

处罚：以上情况发生，处罚卖家 6 元人民币。

3. 漏发

（1）包裹实际未发出，导致转运仓未收运。

（2）包裹关联 A 快递单号，实际在 B 快递包裹里。

处罚：以上情况发生，处罚卖家 6~20 元人民币。

4. 面单破损

（1）快递包裹破损——仓库拒收包裹。

（2）订单商品破损——联系卖家补发。

（3）订单包裹破损——重新打单，包装转运，收取 6 元人民币转运成本。

5. 面单问题。

面单条码模糊、破损、缺失等原因导致无法扫描收运，需重新打印面单转运，收取 6 元人民币转运成本。

6. 包裹外包装不符合要求。

透明包装、能直接可视包裹内商品的简易包装，需重新打印面单，并重新包装好货物，收取 6 元人民币转运成本。

处罚：以上情况发生，除收取转运成本外，额外处罚卖家 6 元人民币。

7. 无信息件

包裹无粘贴订单的面单，无任何商品订单信息，且卖家误认为自己已发货，造成转运仓未收运或订单超时。

处罚：以上情况发生，处罚卖家 6~20 元人民币。

8. 重单

（1）两个包裹贴了同一个订单面单，导致其中一个订单无法收运，卖家误认为自己已经发货，造成转运仓未收运或订单超时。

（2）一个包裹上，有一张以上的订单，转运仓无法确定以哪张为准。

处罚：出现以上情况，处罚卖家 6 元人民币。

9. 取消订单

包裹到达仓库，订单却被卖家取消。

处罚：出现以上情况，处罚卖家 6 元人民币。

10. 瞒报电池货

以任何形式瞒报电池货，都将给转运仓及物流系统带来巨大的财产及人力成本损失。

处罚：以禁限售品类处罚标准为准。

以上罚款将以财务异常的形式直接从卖家物流账单扣除。所有页面的数据有效时间为 30 分钟，若页面无操作时间超过 30 分钟，需要重新登录，请注意把握操作时间。

二、售后管理

（一）售后处理流程

第一步：进入卖家中心后台首页，点击“退运中心”＞“售后管理”，查找需要处理的订单。

第二步：进入订单详情页，找到售后单号并点击进入售后详情页。

第三步：审核申请售后的订单。

（二）处理售后的两种形式

1. 退货退款情况下

退货退款又分为两种形式，分别是 7 天无理由退款和非 7 天无理由退款。

（1）7 天无理由退款

具体操作流程：买家发起申请（收货 7 天内）> 同意申请（系统自动，无须卖家确认）> 通知买家退货 > 退回商品（14 天内）> 核实商品 > 确认退货 > 买家收到退款。

注意事项：

① 买家线上发起 7 天无理由的售后申请，是不需要卖家审核的。

② 发起申请后，买家需线下将货物退回到当地仓库，超过 14 天未退回，系统则会关闭退款申请。

③ 由于海关、进出口成本等原因，买家退货，货物均不会退回国内。

④ 因“7 天无理由退货”产生退货，平台将承担订单金额的 50%（不含物流费）。

⑤ 商品是否支持 7 天无理由退货是由二级类目决定的，具体二级类目可在网站后台下载，或者直接进入这个网址查看：https://images-global.kikuu.com/upload-productDetailImg--1760849772.pdf.

（2）非 7 天无理由退款

退款原因：商品和描述不符，商品少发，漏发，质量问题，商品破损，错发等。

同意退款申请的卖家，可以选择退货退款和退款不退货两种方式。

① 退货退款

操作流程：买家申请退款（收货 14 天内）> 卖家审核（3 天内）> 同意 > 协商是否退回商品 > 退回商品（14 天内）> 核实商品 > 确认退货 > 买家收到退款。

② 退款不退货

操作流程：买家申请退款（收货 14 天内）> 卖家审核（3 天内）> 同意 > 协商是否退回商品 > 确认退货（自动）> 买家收到退款。

如果卖家不同意买家的退款申请，则可进行如下操作拒绝退款：

买家申请退款（收货 14 天内）> 卖家审核（3 天内）> 拒绝 > 平台仲裁 > 仲裁通过 / 不通过 > 买家退回货物 / 不退货 > 卖家退款 / 不退款。

2. 仅退款的情况下

（1）当买家因为各种原因未实际收到货物，但系统里的订单状态却已变成了买家已收货状态，则买家可使用仅退款选项发起售后申请。

（2）所有仅退款的售后申请默认均为平台责任。

（3）所有仅退款申请当前全都基于平台流程，无须卖家介入，也无须卖家承担费用。

注意事项：

① 卖家需要在收到退款申请后 3 天内完成审核，否则默认按照卖家意见进行处理（且默认规则是需要买家退货）。

② 针对“少发 / 漏发”原因产生的退款申请，若卖家拒绝，拒绝时需上传相应证据，此时买家无须退货；若发生卖家超时审核情况，买家同样无须退货。

③ 针对买一赠一活动产生的售后，无论是主商品还是赠品，均按照该商品的子订单维度处理售后流程。针对“少发 / 漏发”原因产生的售后，如经平台仲裁后双方有异议的，可以提供证据进行申诉。针对因赠品未发而产生的买家投诉，卖家承担子订单金额的 50%。

第十一章

非洲其他电商平台入驻指南

第一节　Konga 入驻指南

一、Konga 平台介绍

Konga 于 2012 年在尼日利亚成立，是非洲地区最早的一批电商企业之一。成立之初，便迅速融资扩张，连续多次募集到所处的市场环境下最大的投资，成为 Jumia 非常重视的竞争对手。

Konga 是一家全品类电商平台，主要销售的产品包括消费电子产品、时装、家用电器、书籍、儿童用品、医疗保健和个人护理产品等。作为非洲最早的电商之一，Konga 早已形成了成熟的运营模式。2015 年，Konga 和尼日利亚商业银行合作推出了自有的支付业务 KongaPay，很好地解决了平台支付信用缺失的问题。物流和支付一样，都是非洲电商亟待解决的困难之一，Konga 也推出了自有运输业务 Konga Express，只需 1~3 天，客户便可收到在平台购买的产品。

二、Konga 入驻条件

（1）不得出售假冒产品。应尊重版权，不得侵犯和盗用版权。

（2）卖家负责包裹的保险。

（3）不得出售有色情内容的 DVD。

（4）不得转租账户或出售给第三方。

（5）不得进行带有赌博、抽奖和彩票等性质的活动。

（6）出售的产品必须有相关机构的认证。

三、Konga 入驻流程

第一步：输入官网链接：https://www.konga.com/sell，点击“现在注

册”，网页将自动跳转至需要填写的表格页面。然后提交表格，即可创建卖家账户。

第二步：填写店铺的基础信息，见图 11–1。

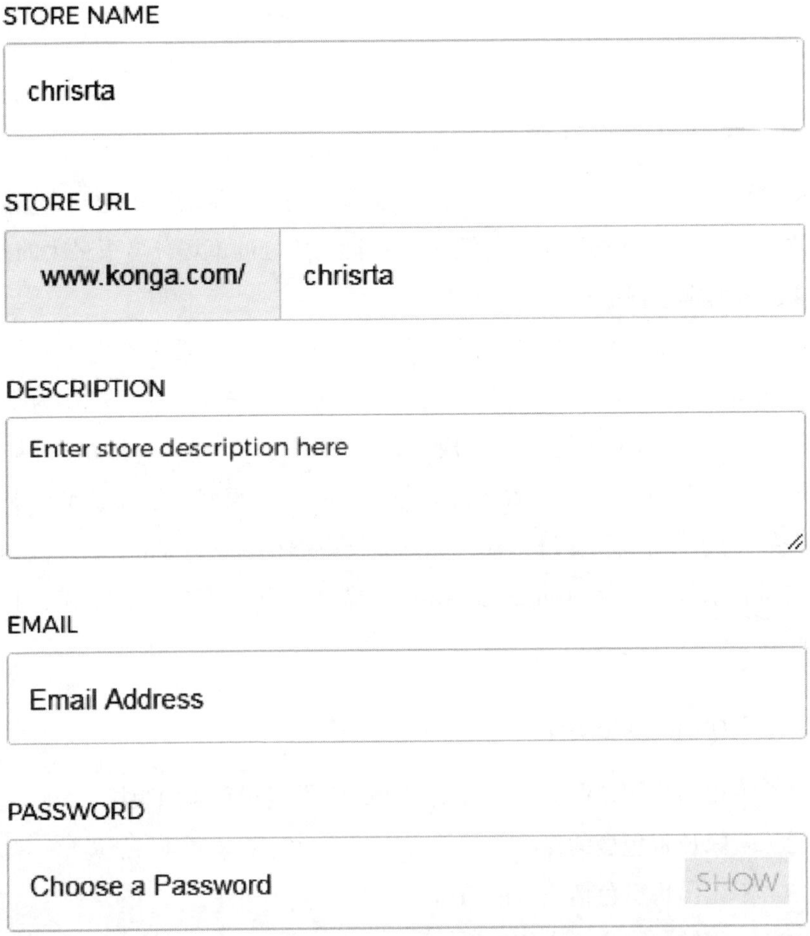

STORE NAME

chrisrta

STORE URL

www.konga.com/ chrisrta

DESCRIPTION

Enter store description here

EMAIL

Email Address

PASSWORD

Choose a Password SHOW

图 11–1 填写店铺基础信息

第三步：填写个人信息（姓名、手机号、地址等），见图 11–2。填写手机号非常重要，不仅仅是为了验证，当卖家收到新的订单时，平台会发送信息通知卖家。平台也可以通过邮件的方式通知卖家有新的订单。

Enter Personal Details

TITLE

Select One

FIRST NAME

First Name

LAST NAME

Last Name

PHONE NUMBER

We'll send a verification code to your number

STREET ADDRESS

Enter your address

SELECT STATE

Anambra

SELECT LGA

Awka North

CITY

Enter your city/town

LANDMARK

Closest landmark to your location

图 11-2 填写个人信息

第四步：填写完个人信息后，Konga 会向卖家提供的邮箱和手机号发送验证码。提交验证码后，点击“Verify & Continue”（验证并继续）即可跳转到登录账户的页面，输入邮箱和密码即可进入店铺后台。

第五步：进入店铺后台，将个人信息上传完整，即可完成全部入驻流程。

资料通过验证后，就可以开始销售商品了。

四、Konga 开店费用

Konga 平台佣金比例低至 3%，开店免费。

五、Konga 后台操作注意事项

（一）Konga 平台上传产品

进入卖家店铺后，点击“Sell an Item”（卖一件商品），接下来选择想要的产品类别。如果不知道选择哪种类别，可以查看其他卖家的同款产品类别，或者直接发邮件给 rejectedlistings@konga.com。这里建议大家直接查看同款产品类别即可，更方便、快捷。

（二）Konga 平台对产品图片的要求

（1）白底，没有水印和文字。
（2）光线充足。
（3）产品图像占据图片比例应达到 80% 以上。
（4）一个 Listing 至少有 1 张图片，最多 5 张图片。
（5）分辨率为 500px × 500px。
（6）尺寸大小控制在 100KB~2MB。

（三）如何上传产品图片

单击“上传”按钮，在弹出的屏幕中调整图像大小，拖动剪裁框调整图片。卖家在上传产品进行销售之前，需要购买会员，价格为 1000 尼日利亚奈拉的白银等级卖家允许每个月上线 10 个产品，价格为 2500 尼日利亚奈拉的黄金等级卖家则没有上限。

（四）Konga 平台物流介绍

Konga 平台有自己的仓库和物流系统——FBK（Fulfillment By Konga）。目

前 Konga 有 3 个仓库，分别位于拉各斯、阿布贾和哈克特港。FBK 的优势是，可通过自有的配送团队 Konga Express 在 1~3 个工作日将商品配送到客户手中，而通过海外自发货的方式配送至少需要 7 天。

（五）如何吸引到更多的客户

（1）标题一定要详细描述产品，重要的信息放在最前面，标题不能太长。

（2）产品图片一定要清晰，自己没有条件拍摄的，可以找摄影工作室合作。

（3）坚持产品为王，产品质量一定要过关。

（4）包装一定要用心，做到按时发货。

第二节 Zando 入驻指南

一、Zando 平台介绍

Zando 是南非首屈一指的在线时尚购物平台，由德国 Rocket Internet 公司创立于 2012 年。Zando 是 Jumia 集团的子公司，在许多非洲其他国家都设立了分公司。

Zando 平台销售超过 550 个品牌，包括鞋类、服装、家居用品和美容产品，并拥有自己的品牌，如 Utopia。Zando 致力于为购物者提供每个季节的最新趋势和必备品。

二、Zando 平台优势

（1）免费送货：在南非地区，超过 R250（250 南非兰特）的订单，均免费送货。

（2）购物保障：如果消费者不喜欢购买的商品，可按照流程退回商品。

（3）多样化支付：包括 EFT、借记卡、信用卡、支票、现金、eBucks、货到付款等多种支付方式，简单又安全

（4）配送时效快：5~7 个工作日交货，准时、高效。

（5）平台访问量大：从平台子站点页面访问比例可见，服饰与鞋靴页面

访问占比达到45%以上，人均页面浏览量达到7页/次以上。

（6）企业卖家和个人卖家均可以入驻Zando平台。

三、Zando入驻

（一）Zando入驻所需信息

卖家入驻Zando平台，需要提供以下信息：姓名、手机号、邮箱、店铺名、公司名称（中文）、公司名称（英文）、企业详细地址（中文）、企业详细地址（英文）、银行账户等。

（一）Zando入驻流程

1. 卖家自注册

第一步：登录https://www.zando.co.za/sell-online/，点击“Register Now”（立即注册），进入卖家注册页面，见图11-3。

图11-3 点击“Register Now”进入卖家注册页面

第二步：进入账户注册页面，填写卖家信息（如果是中国的手机号码，在输入手机号码前需加上 +86），填写完所有信息，点击“Continue”，见图 11–4。

SELLERCENTER

Register and start selling today - create your own seller account

❶ Seller Account ▸ ❷ Business Information ▸ ❸ Bank Account ▸ ❹ Summary

Add Seller Account Information

First and Last Name * 姓名

Phone Number * 手机号码

Display Name / Shop Name * 店铺名称

Email Address * 邮箱号码

Retype Email Address * 重新输入邮箱号码

Password * 店铺密码

At least 8 characters containing a capital letter, a lower letter and a numeric character

Retype Password * 重新输入密码

Marketplace Vendor Agreement * ☐ I have read and accepted Marketplace Vendor Agreement

是否同意平台规则

Continue

图 11–4　填写卖家信息

第三步：填写公司信息，如果没有公司信息，点击“Skip Step”（跳过），进入下一页面，见图 11–5。

Register and start selling today - create your own seller account

❶ Seller Account ▸ ❷ Business Information ▸ ❸ Bank Account ▸ ❹ Summary

Add Business Information 添加公司信息

Legal Name / Company Name 个体/公司名称

Legal Form * Limited liability company 企业/个体

Address 1 * 公司地址

Address 2

City / Town * 城市

Country * South Africa 国家

Postal Code * 国际邮编

Person in Charge * 法人

Business Registration No. * 企业税号

VAT Information File Select file 营业执照文件

Allowed types are images, PDF files and MS Word documents

Seller VAT 增值税

VAT Registered No 是否注册税号

Skip step　Continue

图 11–5　填写公司信息

第四步：填写银行收款账户信息，见图 11–6。

SELLERCENTER

Register and start selling today - create your own seller account

❶ Seller Account ► ❷ Business Information ► ❸ Bank Account ► ❹ Summary

Add Bank Account

Account Name 账户名称

Account Number 银行账户号码

Bank 银行名称

Bank Code 银行代码

IBAN 国际银行账户（欧盟国家）

SWIFT SWIFT代码

Bank information Select file 银行账户文件

Allowed types are images, PDF files and MS Word documents

Back　Skip step　Continue

图 11–6　填写银行收款账户信息

第五步：核对注册信息，见图 11–7，确定无误后，点击“Start Selling”（开始销售），卖家即可进入销售页面。

Register and start selling today - create your own seller account

❶ Seller Account ► ❷ Business Information ► ❸ Bank Account ► ❹ Summary

Summary

▾ Seller Account Information

Seller ID

First and Last Name *

Email Address *

Phone Number *

Display Name / Shop Name *

▸ Business Information

▸ Bank Account

Back　Start Selling

图 11–7　核对注册信息

第六步：卖家提交完注册信息之后，表明已经注册完成，然后可以点击“click here to request a new verification email”，进行邮箱验证，见图 11-8。

SELLERCENTER

Sign up completed

Thanks for signing up with us!

An email has been sent to your email account.
Please click on the provided link to verify your email address

If you did not receive this email:

click here to request a new verification email　点击验证邮箱

图 11-8　点击链接进行邮箱验证

第七步：当卖家收到如图 11-9 所示的邮件，说明已经注册成功。然后登录 https://new-sellercenter.zando.co.za/user/auth/login，即可进入卖家中心后台。

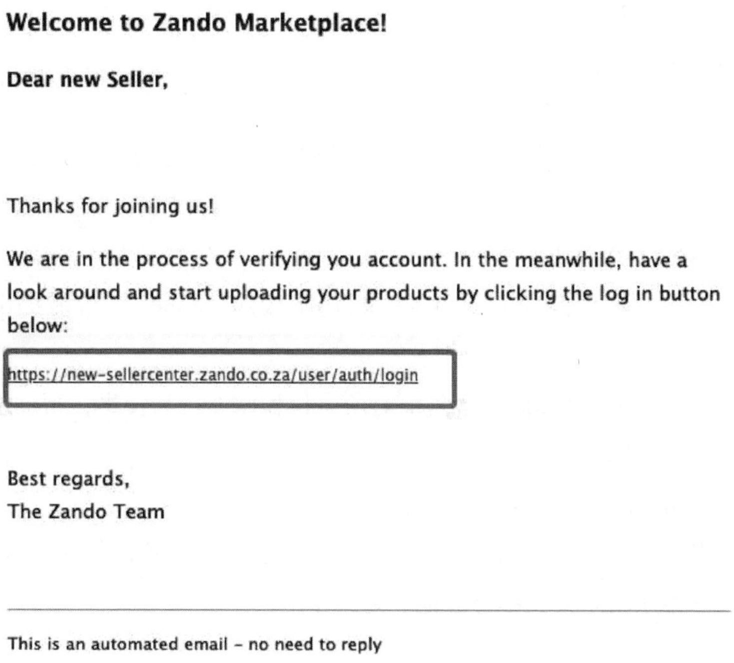

Welcome to Zando Marketplace!

Dear new Seller,

Thanks for joining us!

We are in the process of verifying you account. In the meanwhile, have a look around and start uploading your products by clicking the log in button below:

https://new-sellercenter.zando.co.za/user/auth/login

Best regards,
The Zando Team

This is an automated email - no need to reply

图 11-9　注册成功通知邮件

2. 邮箱注册

卖家也可以将电子邮件发送至 marketplace@zando.co.za 进行注册，发邮件时，告知平台自己的品牌和产品，然后等待平台的反馈和下一步指导即可。

四、Zando 卖家常见疑问

Q：卖家没有增值税号，可以成为注册账户么？

A：可以。卖家只需提供公司或个体营业执照信息即可。

Q：Zando 对产品类目有限制吗？

A：有限制。平台上只能售卖鞋子、服装、配饰、美妆个护、家居等类目的产品。

Q：卖家收到订单后，物流发货怎么解决？

A：卖家收到订单后，需要在第一时间将产品发货至 Zando 仓库，平台会对产品重新打包发货，然后再配送给客户。

Q：卖家如何收款？

A：订单完成后，平台将在 15 天内通过电子转账将交易金额直接存入卖家的银行账户。

Q：完成平台注册后，卖家什么时候可以上架产品？

A：在 Zando 注册平台上，当所有必填文件均已通过验证后，卖家便可以上架产品。卖家至少要有 10 条产品信息，才能开始销售，并且建议零售价最低为 R140（140 南非兰特）。

Q：鉴于非洲地区的电商目前发展还不成熟，Zando 平台能提供欺诈保护吗？

A：可以提供。Zando 平台目前对所有付款欺诈行为负责，帮助卖家消除产品的欺诈性订单。

Q：Zando 平台的退货流程是什么？

A：买家发起退货申请，平台审核成功后，买家将产品寄至 Zando 仓库，平台将产品寄回给卖家，整个周期一般是 14 天。

结语

跟随跨境电商的“生长之旅”，我们探索了东南亚和印度，了解了中东，熟悉了拉美和非洲，到这里就告一段落了。

中国跨境电商的发展史不过十多年，却谱写出了非常精彩的篇章。从初步了解，到成为跨境电商的卖家，再到创立跨境电商平台，不得不说，中国人的商业嗅觉真的很灵敏，实际行动也很准确、快速。

纵观这十多年的跨境电商发展史，能从中获得财富的人无疑都是第一批“吃螃蟹”的卖家。他们不断完善和发展的过程也促进了更多的服务企业（如物流、申诉、翻译等）诞生，可谓是卖家养活了整个行业链。时至今日，跨境电商这个行业已逐渐普及，它被更多人知晓，也被更多人参与。这时候的卖家若是想在众多的竞争者中“分得一杯羹”，就必须明确自己的策略：是与众多卖家一起走向知名度更高的亚马逊、速卖通、Wish？还是从一个探索者做起，做第一批“吃螃蟹”的人，勇敢进入新的平台，换个地方收获财富？

历史的轨迹告诉我们，新的平台意味着新的机遇，指示着下一个“掘金地”。